Meine Seele will Freiheit

Meine Seele will Freiheit

Frauen setzen sich durch

Dreißig Frauenschicksale in Selbstzeugnissen,
ausgewählt und bearbeitet von
Hilde D. Kathrein und Rita Herbig

Mit Porträts und zeitgenössischen Illustrationen

EUGEN SALZER-VERLAG HEILBRONN

Konzeption: Bücher-GmbH, Bayreuth

Umschlaggestaltung: Klaus Pohl
(Der Umschlag zeigt von links nach rechts Ottilie Wildermuth, Caroline Schlegel-Schelling und Fanny Lewald)
Satz, Reproarbeiten, Montage: Typo-Studio Lehner, Weiden
Druck und Bindearbeiten: Wilhelm Röck, Weinsberg
Printed in Germany. ISBN 3-7936-0305-9

Inhaltsverzeichnis

IV. Die adeligen Damen an Höfen und Herrensitzen

V. Aus der Welt des Bürgertums

VI. Die Frauen ganz unten und der Einsatz für sie

Vorwort

Die dreißig Frauen, die in ihren Lebensläufen und Selbstzeugnissen hier vorgestellt werden, lebten zwischen dem ersten Drittel des achtzehnten Jahrhunderts und der Mitte des unsrigen. Sie entstammten den verschiedensten Schichten, und ganz unterschiedlich war auch der Weg, auf dem sie die eigenen Vorstellungen zu verwirklichen suchten oder ihren Platz in der Gesellschaft oder einfach im Leben fanden.

Da sind zunächst einmal Frauen, die zielstrebig ihre Talente nutzten, zu Ruhm als Künstlerinnen gelangten und sich dann mit Herz und Verstand in jenen ‚höheren Kreisen' zu behaupten wußten, in die sie durch ihre Eheschließung gelangt waren: so etwa die Schauspielerin Caroline Bauer, spätere Gräfin Broel-Plater. Dann Frauen, die in bisherigen Männerdomänen Hervorragendes leisteten — die Astronomin Caroline Herschel und ‚die erste bedeutende Redakteurin Deutschlands', Therese Huber, und Elise Averdieck mit ihrer Knabenschule. Und dann die Ehefrauen bekannter Männer, die diesen nicht nur ‚Heimchen am Herde', sondern ebenbürtige Partnerin waren und später oft allein die Familie durchbringen mußten: Clara Schumann, Johanna Kinkel, Johanna Schopenhauer.

Wir finden Schriftstellerinnen, die sich aus ärmsten Verhältnissen zu anerkannter Bedeutung hocharbeiteten, wie etwa Anna Louisa Karsch, unbeirrbar sozialkritisches und revolutionäres Gedankengut verbreiteten wie Bettina von Arnim und Mathilde Franziska Anneke, oder sich höchst streitbar für die Rechte der Frau engagierten: Luise Aston, Lily Braun, Hedwig Dohm. Wir nehmen teil am verzweifelten Bemühen junger Frauen (etwa Paula Modersohn-Beckers oder Franziskas zu Reventlow), ihren eigenen Weg zu gehen, und am Schicksal der Mädchen aus den sogenannten ‚unteren Schichten', die als Dienstmädchen, Arbeiterin, Bauernmagd in einer uns heute unvorstellbaren Weise ausgenutzt wurden.

Ein zweites Ziel aber bei der Zusammenstellung dieses Bandes, neben der Darstellung der persönlichen Lebenswege dieser Frauen, war die Schilderung der Verhältnisse während verschiedener Zeitepochen in den jeweiligen Bevölkerungsschichten in ihren eigenen Worten. So wird das Leben ‚bei Hofe' lebendig in den Texten einer Elise von Bernstorff, Helmina von Chézy oder Paula von Bülow, das in den Salons des Großbürgertums in denen von Henriette Herz und Fanny Lewald, das auf kurländischen Gutshöfen in jenen von Sophie von Hahn. Professorenfrauen wie Agnese Schebest, Caroline Schlegel-Schelling und Ottilie Wildermuth schildern ihr oft gar nicht so glänzendes Umfeld ebenso wie Margarete Nicolaus, die Frau eines Hüttenverwalters, und die Bedrängnis der armen Leute wird anschaulich in den Berichten einer Adelheid Popp, Maria Gremel, Anna Meyenberg und Marie Sans-Gène, zu denen die unbekümmert-natürlichen Briefe von Klopstocks früh verstorbener Frau Meta einen heiteren Kontrapunkt bilden.

Die ausgewählten Texte wurden, allerdings ohne ‚Dudenfetischismus', weitgehend heutiger Schreibweise angepaßt; um jedoch das zeitgeschichtliche Kolorit nicht zu verfälschen, beließen wir es trotz Straffung bei manch typischer Weitläufigkeit und auch bei altmodischen oder erklärungsbedürftigen Ausdrücken, die in einem Anhang erläutert werden.

I
Frauen, die den Aufstieg schafften

G.F. Schmidt Fecit aqua Forti 1763.

Vom Hirtenmädchen zur gefeierten Dichterin: Anna Louisa Karsch

Mit Anna Louisa Karsch, genannt die Karschin, weist die deutsche Literatur eine Dichterin auf, der es in einer Zeit festgefügter Standesschranken gelang, aus ärmlichen Verhältnissen zu einer gefeierten Persönlichkeit aufzusteigen. Am 1. Dezember 1722 als Tochter des Land- und Gastwirts Dürbach bei Züllichau in Niederschlesien geboren, scheint ihr ein weltabgeschiedenes, einfaches Leben vorherbestimmt. Doch im Jahr 1728 tut sich ihr eine kleine Chance auf, Anna Louisa kommt zu ihrem Großonkel, der ihr Lesen und Schreiben beibringt. Wie damals durchaus üblich, wird sie mit sechzehn Jahren mit dem Tuchmacher und -händler Hirsekorn verheiratet, von dem sie drei Kinder (eines stirbt später) bekommt. Sie beginnt mit den ersten Dichtversuchen. Dann geschieht etwas bis dahin Undenkbares: Hirsekorn läßt sich 1745 von ihr scheiden, und dies ist die erste Ehescheidung in Preußen überhaupt. Vier Jahre später trifft sie in Fraustadt den herumziehenden Schneider Karsch und heiratet ihn. Auch diese Ehe geht nicht gut. Karsch versäuft alles, und Anna Louisa muß sehen, wie sie sich und die Kinder alleine durchbringt. Sie besinnt sich aufs Dichten und verfertigt zu jeder sich bietenden Gelegenheit Lobgedichte auf Ereignisse und Personen, deren Vortrag sie sich entgelten läßt. 1755 werden erstmals Gedichte von ihr gedruckt. Der Durchbruch erfolgt mit einem Gedicht auf den preußischen Sieg bei Torgau im Jahr 1760 (im Siebenjährigen Krieg). 1761 geht ihr Ehemann zum preußischen Heer und sie übersiedelt nach Berlin. Sie lernt den Dichter Gleim in Halberstadt kennen, der ihre naive Art des Dichtens auf die mythologisierende, metrische Höhe des Rokoko zu heben sucht und den sie in unerwiderter Liebe verehrt. Er ist es auch, der sie zur „deutschen Sappho" kürt. Doch noch immer lebt sie von der Hand in den Mund. Auch eine Audienz bei König Friedrich dem Großen im Jahr 1763 führt nicht zu einem von ihr erhofften regelmäßigen Einkommen mit seiner Hilfe. Ein Jahr darauf erscheinen von ihr „Auserlesene Gedichte" und „Poetische Einfälle" im Druck. So schlägt sie sich weiter, vielfach gefeiert, ohne festes Auskommen durch. Erst 1789 kann sie in Berlin ein Häuschen beziehen, das ihr König Friedrich Wilhelm II. schenkt. Auf einer Reise nach Frankfurt/Oder 1791 wird sie schwer krank und stirbt, nach Berlin zurückgekehrt, dort am 12. Oktober des gleichen Jahres.

Ihren täglichen Kampf ums Dasein hat die Karschin im „Lebenslauf in Briefen" bis zum Jahr 1761 selbst beschrieben, aus dem wir Auszüge folgen lassen wollen.

Magdeburg, den 1. September 1762

Man hat bei meiner Wiege weder von Ahnen noch von Reichtümern gesungen. Mein Großvater war in einer ländlichen Hütte mit dem Titul eines ehrlichen Mannes vergnügt. Sein gnädiger Herr und mehr als fünfzehn umliegende Dörfer gaben ihm noch überdem den Lobspruch des besten Bierbrauers in Schlesien. Er unterrichtete seinen Sohn, der hernach mein Vater ward, in ebendieser Wissenschaft, und der Sohn verdoppelte seinen Fleiß in Zubereitung des Malzes, um gleich berühmt wie sein Vater zu werden. Seine Jünglingsjahre waren vorüber, als ihm meine Mutter bekannt ward. Sie war die Enkeltochter eines ehemaligen Amtsmannes und von einer großmütigen Landedelfrau erzogen. Dieser hatte sie aus Dankbarkeit vom zehnten bis zum siebenundzwanzigsten Jahr als Mädchen aufgewartet und zum Überfluß die Stelle einer Ausgeberin und eines Kochs bekleidet. Drei Ämter zugleich. Mein Vater erlöste sie von diesen vielen Ämtern, und die Dame gab ihr eine Aussteuer, die meine Großmutter ihr nicht geben konnte, weil sie arm und eine Witwe mit sieben Kindern war. Indessen hatte sie Ursach zu glauben, daß diese Tochter glücklich sein würde, und sie betrog sich nicht. Mein Vater bezog auf einer Meierei das Wirtshaus. Die Herrschaft ließ in Ansehung meiner Mutter ihm einige Vorteile.

Er verfertigte die Getränke selbst, die der Reisende forderte, bestellte die Küche, um dem hungrigen Wanderer Essen zu schaffen, und meine Mutter beschäftigte sich an seiner Seite. Er unterstützte sie in jedem Geschäft, und sie hat mir oft gesagt, ich hätte mein Leben dem besten und zärtlichsten Vater zu danken.

Unschuldigerweise verdrängte ich meinen Bruder, als den Erstgeborenen, von der mütterlichen Brust. Er erlebte meine Ankunft am 1. Dezember 1722 nicht, und meine Mutter versagte mir ihren Kuß wegen der finstern Stirn, unter der ich hervorsah, als sie das erste Mal mich anblickte. Ich war niemals der Liebling ihres Herzens, und ich glaube, diese wenige Achtsamkeit auf mich ist schuld, daß ich meine ersten Jahre durchlebte, ohne mir meines Daseins bewußt zu sein. Sechs Frühlinge ungefähr mochte ich überlebt haben, als der Bruder meiner Großmutter unser Haus besuchte, um sich wegen des Verlustes seiner Gattin zu trösten. Er verlangte seine Schwester auf ein Jahr in seine Wirtschaft, und meine Mutter konnte ihm diese Bitte nicht abschlagen, so nötig sie auch selbst die Gegenwart einer alten haushälterischen Frau hatte. Die Reise ward beschlossen. Mein Oheim fragte eines Tages nach den Maßregeln meiner Erziehung, „oh“, sagte meine Mutter, „das unartige Kind soll lernen, und es ist nichts in sie zu bringen“.

Mein Oheim bewies ihr die Unmöglichkeit in dem Geräusch des Wirtshauses. Er nahm mich mit. Seine Wohnung war in Polen. Er genoß in einem kleinen Hause der Ruhe des Alters und lebte von dem, was er in jugendlichen Jahren als Amtmann erspart hatte. Die liebreichste Seele sprach in jedem Wort seines Unterrichts, und in weniger als einem Monat las ich ihm mit aller möglichen Fertigkeit die Sprüche Salomonis vor. Ich fing an zu denken, was ich las, und von unbeschreiblicher Begierde entflammt, lag ich unaufhörlich über dem Buche, aus welchem wir die Grundsätze unserer Religion erlernen. Mein ehrlicher Oheim freute sich heimlich, aber er riß mich oft vom Buche und wandelte mit mir durch ein kleines Gehölz oder durch eine blumige Wiese. Beides war sein Eigentum, und beides gab ihm Gelegenheit mit mir von den Schönheiten der Natur zu reden. Ich wiederholte ihm alles Gelesene und verlangte die Erklärung derjenigen Stellen, die über meine Begriffe waren. Er vergnügte sich, mein Ausleger zu sein, und ich belohnte ihm seine fromme Mühe mit tausend kleinen Schmeicheleien. Er hatte selbst keine Kinder, und sein Herz war mir umsomehr offen, je mehr es leer war, als er die Pflichten eines Unterweisers übernahm. Ich lag ihm an, mich schreiben zu lehren; meine Großmutter widersetzte sich und wandte alle Beredsamkeit an, um diesen Vorsatz zu zernichten. Es mißlung ihr; ich suchte aus irgendeinem Winkel ein Brett hervor und brachte es meinem gütigen Oheim. Er zeichnete mir Buchstaben darauf, ich malte sie ihm nach. Sehr bald ergriff ich die Feder, und als einstmals meine Eltern uns besuchten, stürzte ich ihnen mit einem Papier in der Hand entgegen und rief voller Empfindung: „Vater, ich kann schreiben!" Dieser gute Vater küßte mich, und ich sah ihn nicht mehr, er starb wenige Monate nach diesem Besuche. Meine Mutter blieb nicht lange Witwe. Sie gab ihr Herz einem andern Manne und kam in seiner Gesellschaft uns zu besuchen. „Herr Vetter", sagte sie, „ich komme meine Tochter abzuholen! Ich brauche sie künftig zur Wiege, und ich fürchte, sie wird verrückt im Kopfe werden, wenn sie fortfährt, Tag und Nacht über den Büchern zu liegen. Sie kann lesen und schreiben, dies ist alles, was ein Mädchen wissen muß!" „Ja", sagte mein Oheim, „es ist wahr, aber wollte sie nicht, daß ich sie soviel Latein lehrte, als ich selbst weiß? Sie bezeigt große Lust und weiß schon eine Menge Vokabeln auswendig!" „Das kann sein", sagte meine Mutter, „aber sie wird nicht studieren, und ich danke Ihnen für den guten Willen." Alle Vorstellungen waren umsonst. Mein Oheim segnete mich, und ich reiste mit seiner Träne auf den Wangen fort. Meine Mutter gab ihrem zweiten Manne einen Sohn, und ich bekam das Amt einer Kinderwärterin.

Die Familie zieht um nach Tirschtiegel im Fürstentum Glogau, wo Anna Louisa auf dem gepachteten Vorwerk das Vieh hüten muß und ihrer Leseleidenschaft nur im geheimen nachgehen kann.

Meine Mutter übergab mich einem Bürgermädchen, um bei derselben mit der Nadel meine Übungen zu machen. Ich war gelehrig, denn in einem Sommer begriff ich verschiedene Wissenschaften der Näherin. Aber meine Lehrerin ward mir ungetreu; es fand sich ein bemittelter Witwer aus Polen bei ihr ein, der sie heiratete. Ich war unwillig über mein Schicksal, bester Freund, meine einzige Zuflucht war das geliebte Buch, und schon hatte ich wieder vergessen, daß ich ein Mädchen war, als eines Tages ein prächtiger Jagdschlitten vor unserem Hause hielt: Ich erkannte meine Lehrmeisterin, trotz des karmoisintaftenen Pelzes, den sie trug. Sie sprang vom Schlitten herab, kam mit der Munterkeit einer Amazone, umarmte meine Mutter und verlangte mich zu ihrer Gesellschafterin. Ich lasse ihre Beredtsamkeit unwiederholt. Genug, sie überredete, und ich mußte noch an demselben Abend mich reisefertig machen. Ich, die gleich einer jungen Spanierin den Kopf voller Abenteuer hatte, willigte in alles ein. Ich küßte meine Mutter und war stolz, auf einem so schönen Schlitten zu fahren. Zwo Stunden vor Abends befanden wir uns an Ort und Stelle. In den ersten Wochen befand ich mich zum Überfluß versorgt. Aber hernach litt ich Mangel an allem. Es ward eine Teuerung im Lande durch Überschwemmung der Äcker. Man besorgte zu verarmen, und man teilte mir mein Brot in kleine Bissen ab. Meine Frau, von üblen Begegnungen ihres Mannes aufgebracht, übte ihre Rache an mir aus. Ich sollte ihre Magd vorstellen, und mein Alter von zwölf Jahren gab mir nicht Kräfte genug. Wasser schöpfen, mit einem Schiebkarren Getreide zur Mühle hinauffahren war meine Tagesarbeit.

Als sich die Gelegenheit bietet, reist sie zu ihrer inzwischen erneut umgezogenen Mutter. Doch das Leben zu Hause verläuft kaum angenehmer als früher. Dann vereinbart ihre Mutter ihre Heirat mit dem Tuchmacher Hirsekorn.

Ich ward Frau und wußte mir noch kein anderes als das Ansehen eines Kindermädchens zu geben. Mein Mann erkundigte sich vor meiner Verheiratung nicht nach meinem väterlichen Erbteil. Aus einer angenommenen Großmut unterließ er dies, aber ich empfand in der Folge, daß mein Vermögen für ihn zu klein gewesen. Unsere Gemüter harmonierten schlecht; mein reiches schmelzendes Herz, meine Zärtlichkeit und seine Begierde nach Reichtümern waren viel zu sehr verschieden, als daß eine Glückseligkeit in unserer Vereinigung möglich war. Meine einzige Erquickung fand ich in Büchern, mit welchen der Hirtenknabe mich versorgte. Denn ich muß nicht vergessen, Ihnen zu sagen, daß ich wieder in derjenigen Stadt lebte, auf deren Wiesen Rinder vor mir hergingen. Nun hingegen waren meine Tage arbeitsam. Ich zerzausete entweder mit einem Holzblatt voll krumm gebogener Stacheln Wolle und bereitete sie der Spinnerin zu, oder ich drehte in meiner Hand unaufhörlich ein kleines Rad, Garn aufzuwinden für den schnellaufenden Weberspul. Hundert geistliche Lieder waren in meinem Gedächtnis; meine Geschäfte hinderten mich nicht, die schönsten davon zu singen. Vorzüglich waren Loblieder meine Wahl; ich fühlte Zufriedenheit, wenn ich sie sang, und tat mir selbst die Frage: Sollte es wohl möglich sein, ein Lied zu machen?

Ich beschloß, nun selbst Versuche zu machen. Ich wählte die Melodie irgendeines geistlichen Liedes, saß bei dem murmelnden Rade und wiederholte den jetzt gedichteten Vers so lange, bis er in meinem Gedächtnis haften blieb. Die Nachmittagsstunden des Ruhetages ließen mir Muße, ihn aufzuschreiben.

Immer lag ein Buch unter dem Kopfkissen meines Kindes. Ich langte es hervor, so oft ich die Pflichten einer mütterlichen Amme erfüllte oder die Stelle der Wärterin vertrat. (...)

Aus diesem häuslichen Leben, das ihr wenigstens finanzielle Si-

cherheit bot, wird sie durch die Ehescheidung im Jahr 1745 herausgerissen.

3. September 1762

Von nun an, glauben Sie, hörten meine Drangsale auf? Oh nein, das Schicksal verändert nur zuweilen unsern Schauplatz: Aus dem Lande meiner Geburt ging ich wieder zurück in das angrenzende Polen, wo meine Mutter lebte. Ich wiederhole nur den wichtigen Ausruf, daß ich frei war. Aber nicht lange: meine gütige Mutter wollte mich zum zweiten Mal verheiratet wissen, ich war noch jung, und von dem Segen meiner liebreichen Schwiegermutter war mir noch ein großes Glück geweissagt worden. Die rechtschaffene Frau wußte nicht, welche steilen Anhöhen meine Geduld übersteigen mußte, bis sie den Ausgang ihrer wünschenden Prophezeiung erleben und sich darüber freuen könnte. Die Vorsehung ergriff das härteste Mittel, mein Herz zu prüfen und meinen Verstand zu schärfen. Sie ließ geschehen, daß es dem, der längst an seinem Glück verzweifeln mußte, einfiel, mich zu wählen. Er war nicht viel über meine Jahre und seiner Hantierung nach ein Kleidermacher, und in seinem äußerlichen Ansehen war nichts für meine Wahl.

Aber genug, er gefiel meiner Mutter; sie wiederholte ihre Beschwörung beim Verlust ihrer mütterlichen Gunst und ihres Segens.

Auf starken Druck der Mutter heiratet sie 1749 den Schneider Karsch.

Der Winter des Jahres 1751 und sein Nachfolger sahen mich alle Ungemächlichkeiten der Armut leiden; schlecht bedeckt gegen den grimmigen Frost, ging ich und kaufte einzelne Bündel Holz, meine Kinder zu erwärmen. Nimmer soll es meine Seele vergessen, wie tief herunter ich gesunken und wie hoffnungslos mein Zustand war.

Die Verzweiflung gab meinem Mann ein, mich in den Mittelpunkt von Polen zu führen; ich flehte zum Himmel um Abwendung dieses Schritts, und er hörte mich. Ein Reisender kehrte in einem außerordentlichen Gasthause ein; die gütigen Bewohner wiesen ihn mit Arbeit zu meinem Gatten, und er ließ seinen Vorsatz fahren. Ich half treulich bei der Verfertigung zweier neuer Kleider, vertraute dem alles sorgenden Gott und dankte dem Hause, dessen alter vierundsiebzigjähriger Wirt bald darauf starb. Mein erkenntliches Herz befahl mir, den Töchtern und der Witwe eine Art von Trauerlied zu singen, dies war ihnen ein angenehmes Geschenk. Sie begegneten mir nach etlichen Wochen, von einem sehr ansehnlichen Manne begleitet; ich machte der Gesellschaft meine Verbeugung, mit Scham auf der Stirn wegen des armseligen Anzugs, in welchem sie mich sahen. Des andern Tags rief eine von den Schwestern mir nach und sagte, ich möchte ihr zu dem Leichencarmen verhelfen, sie habe es verliehen, ohne es wiederzubekommen, und jetzt stritt' ihr Bruder wegen der Unmöglichkeit, daß ein Weib von so schlechtem Ansehen Verse machen könnte. Ich ging zurück in meine schwarzbalkigte Wohnung und schrieb aus meinem Kopf das Gedicht nebst einigen Versen an den Sohn des Verstorbenen. Dieser war Obereinnehmer in einer Stadt zwischen Berlin und Magdeburg und war nur gekommen, seine Familie zu trösten. Ich brachte ihm mein Geschriebenes; er war staunend, gab mir ein kleines Geschenk, hieß mich den Sonntag wiederkommen und ermahnte mich, mein Talent nicht vergraben zu lassen. Ich erschien mit ebenso niedergeschlagenen Augen als beim ersten Begegnen. Er hatte seinen alten Freund, den Rektor Ribow, bei sich, beide vereinigten ihre Ermahnungen; ich schützte Dürftigkeit vor, empfahl mich, ging in ein Nachbarhaus und brachte nach Verlauf einer Stunde ein bogenlanges Gedicht über die Mühseligkeiten eines Schulmannes. Bald hätten mich diese Männer eine Zauberin genannt, so bestürzt saßen sie da; der Rektor hieß mich in sein Haus kommen und gab mit schöne Bücher. Ich las den

Günther, den von Besser, den von Haller, Gellert und die fünf ersten Gesänge der „Messiade". Sein Kollege beschenkte mich mit den „Nachtgedanken" des tiefsinnigen Engländers und mit seinen Gesängen vom Jüngsten Tage. Die Bücher machten meine Bibliothek aus; der Rektor empfahl mich zween ansehnlichen Häusern. Sie verachteten nicht, meine Lieder anzunehmen.

Meine Umstände wurden jetzt weniger erbärmlich, als ich die Nachricht von dem Tode meiner Mutter erhielt; sie bat auf ihrem Sterbebette den Himmel, daß er mich aus dem Labyrinth führen möchte, in welches ich auf ihr Ratgeben gegangen war. Warum ließ er sie nicht leben nach diesem Gebete, um alle Wunder zu sehen, die seine Hand an mir getan hat?

Ich ergriff jede Gelegenheit, Verse zu machen. Das Lob und noch etwas mehr als Lob machten mein Genie hervordrängend, doch immer noch etwas schwach. Noch hatte ich keine von meinen Geburten aus der Presse kommen sehen; nun aber, o stellen Sie sich meinen aufschwellenden Autorstolz vor! Ein junger Postmeister in Lissa verheiratete sich, er ward mein Bewunderer; ich sang seinem Bunde ein Lied, und er sandte mir dieses Lied gedruckt zurück unter Begleitung eines sehr lobsprechenden Briefchens. Ich bin nicht genug rednerisch, um Ihnen von meinem damaligen Vergnügen eine Beschreibung zu machen; mich dünkt, mein Genie war jetzt gleich einem Vogel, der zum ersten Mal sich seiner Gabe zu fliegen bewußt ist. (...)

Ihre Berühmtheit verschaffte ihr dann am 11. August 1763 mit Hilfe des Generals von Seydlitz eine Audienz bei König Friedrich II. Sie selbst schildert (nach Gleim) dieses Zusammentreffen so:

Die fünfte Nachmittagsstunde des II. August also war diejenige, in der ich zum Marquis d'Argens gerufen ward. Er und Herr von Katt, Vorleser des Königs, stellten mich vor. Ich stand im großen Marmorsaal, aus welchem vor etlichen Tagen die Prinzessinnen in den Vorhof tanzten, zehntausend Lampen erhellten den Saal! Hier stand ich und erwartete den Monarchen, den großen, welchen ganz Europa, welchen Indien kennen will. Das Herz klopfte mir in zwölf gewaltigen Schlägen hoch empor, doch gewann ich soviel Zeit, daß ich meine Lebensgeister, ehe der König die Tür aufmachte, noch ganz gut in Ordnung bringen konnte. Nun aber trat er herein!

Ist Sie die Poetin?

Ja, Ihro Majestät, man nennt mich so!

Sie ist doch aus Schlesien?

Ja! Ihro Majestät!

Wer war Ihr Vater?

Er war ein Brauer aus Schweidnitz beim weinreichen Grünberg!

Aus Schweidnitz? Gehört das nicht den Gräflichen?

Bei Lebzeiten meines Vaters war ein Herr von Kößelitz der Eigentümer!

Aber wo ist Sie gebohren?

Auf einer Meierei, wie Horaz eine gehabt hat.

Sie hatte, sagt man, niemals Unterweisung?

Niemals, Ihro Majestät, meine Erziehung war die schlechteste!

Durch wen aber ward Sie eine Poetin?

Durch die Natur und durch die Siege von Ew. Majestät!

Wer aber lehrte Sie die Regeln?

Ich weiß von keinen Regeln!

Von keinen Regeln? Das ist nicht möglich! Sie muß doch das Metrum wissen!

Ja! Ihro Majestät! aber ich beobachte das Metrum nach dem Gehör und weiß ihm keinen Namen zu geben!

Wie denn kommt Sie mit der Sprache zurecht, wenn Sie sie nicht lernte?

Meine Muttersprache hab' ich so ziemlich in meiner Gewalt!

Das glaub' ich, was die Feinheit betrift, wie aber steht's mit der Gramatik?

Von der hab' ich die Gnade, E. Majestät zu versichern, daß ich nur kleine Fehler mache.

Man muß aber gar keine machen! (Er lächelte.) Was liest Sie denn?

Plutarchs Lebensbeschreibungen!

Wohl auch Poeten?

Ja, Ihro Majestät, zuweilen auch Dichter, den Gellert, den Haller, den Kleist, den Uz und alle unsre deutschen Dichter!

Aber liest Sie nicht auch die alten Dichter?

Ich kenne ja nicht die Sprache der Alten!

Man hat doch Übersetzungen!

Ein Paar Gesänge Homers von Bodmer übersetzt, und den Horaz von Lange las ich.

Also den Horaz! Hat Sie auch einen Mann?

Ja! Ihro Majestät! aber er ist von Ihren Fahnen entlaufen, irrt in Polen umher, will wieder heiraten und bittet mich um die Scheidung, die ich ihm verwillige, denn er versorgt mich nicht!

Hat Sie Kinder von ihm?

Eine Tochter!

Wo ist die?

Zu Berlin! Hofrat Stahl bezahlt für sie.

Ist sie schön?

Mittelmäßig, Ihro Majestät! Sie hat keine schöne Mutter gehabt!

Diese Mutter war doch wohl einmal schön!

Ich bitte untertänig um Vergebung! Sie war niemals schön! die Natur vergaß den äußern Putz an ihr!

Wie wohnt Sie denn?

O, Ihro Majestät! Sehr schlecht! Ich kann kein Haus bekommen in Berlin, und, um Ew. Majestät eine Idee zu machen von meiner Wohnung, muß ich bitten, eine Kammer in der Bastille zu Paris sich zu denken.

Aber, wo wohnt Sie eigentlich?

Im alten Consistorium, drei Treppen hoch, unter dem Dach!

Wovon lebt Sie?

Von Geschenken meiner Freunde! Hofrat Stahl gibt mir sehr oft zu essen.

Wenn Sie Lieder in Druck gibt, was gibt man Ihr für den Bogen?

Nicht viel, Ihro Majestät, ich ließ acht Lieder auf Ihre Triumphe drucken –

Was gab man Ihr?

Nur zwanzig Taler.

Zwanzig Taler? In Wahrheit! davon lebt man nicht lange! Ich will schon sehn, will sorgen für Sie!

Mit diesen Worten entließ mich der König! Ich taumelte den Saal hinaus! General Lentulus begegnete mir. Ich weiß nicht, was ich ihm sagte …

Arbeitszimmer Friedrichs II. in Sanssouci

Die Sternenguckerin: die Astronomin Caroline Herschel

Lucretia Caroline, die Schwester des berühmten Astronomen Friedrich Wilhelm Herschel, ist am 16. März 1750 in Hannover zur Welt gekommen. In ärmlichen Verhältnissen aufgewachsen, haben sich die beiden Geschwister ihr Wissen autodidaktisch erworben. Nachrichten aus ihrem Leben erhalten wir erst wieder, als Carolines ledig gebliebener Bruder sich im Jahr 1782, finanziell abgesichert durch ein Jahressalär von König George III., in Dachet in der Nähe von London einrichtet; Caroline lebt bei ihm und führt ihm den Haushalt. Doch dabei bleibt es nicht, sie widmet sich gleichfalls astronomischen Studien und macht in der Folgezeit — 1786 sind die Geschwister nach Slough gezogen — eine Reihe von Entdeckungen, darunter acht Kometen. Weiter veröffentlicht sie einen Katalog mit 561 Flamsteedschen Sternen. Nachdem ihr Bruder 1822 gestorben ist, kehrt Caroline Herschel nach Hannover zurück, wo sie bis zu ihrem Tod am 9. Januar 1848 lebt.

Caroline Herschel hat sich auf einem Gebiet als fähige Forscherin erwiesen, das zu ihrer Zeit noch als reine Männerdomäne galt.

Im folgenden schildert sie bescheiden, ja beinahe entschuldigend, wie sie ihre Erfahrung in der Beobachtung von Gestirnen erwarb.

… Während der Abwesenheit meines Bruders vom Hause blieb ich allein und unterhielt mich mit meinen eigenen Gedanken, die nichts weniger als freundlicher Art waren. Man suchte mich zum astronomischen Assistenten auszubilden, und um mich zu ermutigen, hatte ich ein zum Kometensuchen passendes Instrument, einen Tubus mit zwei Gläsern, erhalten, wie sie gewöhnlich dazu benutzt werden. Ich fing an, nach Kometen auszuschauen und ersehe aus meinem Journal, daß ich am 20. August 1782 begonnen habe, alle bemerkenswerten Erscheinungen aufzuzeichnen und zu beschreiben, welche mir bei den Beobachtungen aufstießen, die ich in horizontaler Richtung machte. Aber erst während der letzten zwei Monate desselben Jahres gewann ich etwas mehr Mut, die sternenhellen Nächte auf einem taugetränkten oder mit Reif bedeckten Rasenplatze ohne ein menschliches Wesen zuzubringen, das nahe genug gewesen wäre, um meinen Ruf zu hören. Auch wußte ich zu wenig Bescheid am Himmelsgewölbe, um jedes Objekt ohne das zeitraubende Nachsehen im Atlas bezeichnen und finden zu können. Alle diese Störungen waren nicht vorhanden, wenn mein Bruder in nicht allzugroßer Entfernung mit seinen verschiedenen Instrumenten Doppelsterne, Planeten usw. beobachtete und ich ihn zu Hilfe rufen konnte, wenn ich Nebelflecke oder Sternhaufen auffand, über die ich einen Katalog anfertigen wollte. Aber ich hatte bis zu Ende des Jahres 1783 noch nicht mehr als vierzehn derselben verzeichnet, als mein Suchen ein Ende nahm, weil ich gebraucht wurde, um die Beobachtungen niederzuschreiben, welche mein Bruder mit dem großen Zwanzigfüßigen machte. Indessen ich hatte den Trost zu sehen, daß er mit meinen Bemühungen ihm behilflich zu sein, zufrieden war, mochte es sich nun darum handeln, nach den Uhren zu sehen, ein Memorandum niederzuschreiben, Instrumente herbeizuholen oder fortzubringen, oder mit der Rute Messungen auszuführen usw., usw., Dinge, wie sie jeden Moment vorkamen. (...)

Der Sommer verging in den tätigsten Vorbereitungen, um das große Zwanzigfüßige bis zum nächsten Winter fertig zu haben. Die Zimmerleute und Schmiede von Datchet waren täglich in Anspruch genommen, und sobald Modelle für Spiegel etc. fertig waren, ging mein Bruder damit nach London, um sie gießen zu lassen. Während der drei oder vier Monate, die Alexander von Bath abwesend bleiben konnte, wurden die Spiegel und die optischen Teile des Instruments so ziemlich vollendet.

8. Juli. Ich fing an, den neuen, kleinen Newtonschen Kometensucher zu benutzen (...), aber ich hätte kaum geglaubt, daß ich in dem Teile des Himmelsgewölbes, den ich durchforschte, auf irgendeinen Kometen stoßen könnte, denn ich pflegte meine

Stellung in der Nähe meines Bruders zu nehmen, um gleich bei der Hand zu sein, wenn ich nach den Uhren laufen oder Notizen niederschreiben sollte. Zu Anfang Dezember wurde ich ganz an das Schreibpult gefesselt und hatte von da an selten Gelegenheit, mein neu erworbenes Instrument zu benutzen.

Mein Bruder begann seine Serie von Beobachtungen, während das Instrument noch in unfertigem Zustande war, und ich fühlte mich dabei nicht eben in behaglicher Stimmung, denn jeden Augenblick wurde ich durch einen Krach oder Fall aufgeschreckt und wußte, daß mein Bruder auf einem interimistischen Gerüste von fünfzehn oder mehr Fuß Höhe stand, anstatt auf einer sichern Galerie. Die Staffeln waren noch nicht einmal mit Streben versehen, und in einer windigen Nacht hatte er kaum den Boden erreicht, als der ganze Apparat zusammenbrach. Einige Arbeiter wurden herbeigerufen, um den Spiegel herausholen zu helfen, der glücklicherweise unbeschädigt war, aber die Zimmerleute hatten am nächsten Tag viel zu tun.

Dafür, daß meine Angst vor Unfällen keine ganz eingebildete war, hatte ich in der Nacht des 31. Dezember einen schlimmen Beweis. Der Himmel war bewölkt gewesen, aber gegen zehn Uhr wurden einige Sterne sichtbar, und in größter Eile wurde alles fertig gemacht, um sie zu beobachten. Mein Bruder, der vor dem Teleskop stand, hieß mich in der Bewegung seitwärts etwas ändern, was durch eine Maschinerie geschah, auf welcher der vordere Teil des Rohres und der Spiegel ruhten. An jeder Seite dieser Maschine befand sich ein eiserner Haken, wie ihn die Fleischer zum Aufhängen des Fleisches benutzten, und indem ich im Finstern im fußtiefen, schmelzenden Schnee hinlief, fühlte ich plötzlich, wie ich mir einen dieser Haken oberhalb des Kniees ins Fleisch stieß. Ich konnte meines Bruders Zuruf: „Mach schnell!“ nur durch den kläglichen Schrei: „Ich bin eingehakt!“ erwidern. Er und der Arbeiter waren augenblicklich bei mir, aber sie konnten mich nicht befreien, ohne daß mir etwa zwei Lot Fleisch aus dem Beine gerissen wurden. Man rief die Frau des Arbeiters, aber diese war zu ängstlich, um etwas zu tun, und so sah ich mich genötigt, mein eigner Wundarzt zu sein. Ich legte Arkebusade auf und band ein Tuch darum, bis endlich Dr. Lind, der von dem Unfalle hörte, mir eine Salbe und Charpie brachte und mir sagte, wie ich sie anwenden sollte. Nach Verlauf von sechs Wochen fing ich an, für mein Bein zu fürchten, und holte noch einmal Dr. Linds Rat ein. Er sagte mir, daß ein Soldat, der eine solche Wunde davongetragen, jedenfalls auf sechs Wochen ins Hospital geschickt worden wäre. (...)

In den langen Sommertagen wurden viele zehn- und siebenfüßige Spiegel vollendet; man sah und hörte nichts, als Schleifen und Polieren. Die zehnfüßigen hatte man versuchsweise, um das Gewicht zu vermindern, mit gerippter Rückseite gegossen. In meinen Mußestunden schliff ich siebenfüßige und mittlere Spiegel von dem ersten rohen Zustande bis zur höchsten Feinheit, und man gestattete mir, einem sehr schönen Spiegel für Sir William Watson sogar die letzte, feinste Politur und Vollendung zu geben. (...)

Und in Slough wird auch zwei Jahre nach ihrer Übersiedlung an diesen Ort noch immer gebaut ...

Das Polieren und Schleifen durch Maschinen begann erst gegen Ende des Jahres 1788. Diese großen Gegenstände wurden in London gegossen und zwangen meinen Bruder zu häufigen Reisen dorthin. Sie wurden dann per Schiff bis nach Windsor gebracht ... In Slough konnten wir zum Drehen des Instruments keinen außer dem Hause wohnenden Arbeiter bekommen, und so wurde ein Diener engagiert, sobald sich ein dazu passendes Individuum fand. Inzwischen half Campion aus, aber manche Notiz aus dieser Zeit lautet: „Durch die Ungeschicklichkeit des Mannes an der Kurbel einen Nebel aus dem Gesicht verloren." Wäre nicht zuweilen eine bewölkte Nacht oder Mondschein eingetreten, so wüßte ich nicht, wann mein Bruder und ich hätten schlafen sollen, denn am Morgen kamen die Arbeiter, deren

Zahl sich auf nicht weniger als dreißig bis vierzig belief und welche ziemlich den ganzen Monat zu tun hatten. Die einen mit dem Fällen und Ausrotten der Bäume, die anderen mit dem Ausgraben und Vorbereiten des Bodens für die Maurer, welche den Grund für das Teleskop legten. Dazu kam noch der Zimmermeister in Slough mit allen seinen Leuten. Der Schmied verwandelte inzwischen das Waschhaus in eine Schmiede und fertigte ein vollständiges Sortiment von Werkzeugen an, die zu der Arbeit, welche man vorhatte, erforderlich waren. Viele kostspielige Werkzeuge, sowohl für die Schmiede, wie für die Drechsler und den Messingarbeiter, wurden auch durch die Eisenhändler in Windsor geliefert. Genug, der Platz war für eine Weile eine komplette Werkstätte zur Anfertigung optischer Instrumente, und es war ein Vergnügen, hinzugehen und zu sehen, wie aufmerksam die Männer den Anweisungen ihres Meisters lauschten und sie ausführten. (...)

Tagebuchartig erzählt Caroline Herschel von ihren vielfältigen Aufgaben in Slough.

Aber ich will jetzt zum Juli 1786 zurückkehren. Mein Bruder hatte damals vom König den Auftrag empfangen, dem Observatorium in Göttingen ein zehnfüßiges Teleskop als Geschenk des Königs zu überbringen, ehe er aber Slough am 3. Juli verließ, stand das Gerüst des vierzigfüßigen Teleskops, zur Aufnahme des Tubus bereit, auf zwei kreisförmigen Mauern, die mit Portlandsteinen bekleidet waren. Letztere Steine, die durch den Frost zersprangen, wurden späterhin mit Eichenholz bedeckt. Der Schmied fuhr fort, nach den erhaltenen Anweisungen, an dem Rohre zu arbeiten, und hatte daran, bis er neue Befehle empfing, hinlänglich zu tun. Der Spiegel war ebenfalls schon weit vorgerückt und zum Polieren bereit. (...)

Um eine Schilderung der Aufgabe (oder vielmehr der Aufgaben) zu liefern, die mir zufielen, wird es, glaube ich, am besten sein, wenn ich das Tagebuch kopiere, das ich damals zu führen begann und mein „Buch über getane Arbeit“ nannte.

3. Juli. Meine Brüder, Wilhelm und Alexander, verließen Slough, um ihre Reise nach Deutschland anzutreten. Mrs. Alexander Herschel blieb mit mir in Slough. Um meine Betrübnis zu bekämpfen, fing ich an tüchtig zu arbeiten. Ich putzte alles Messingzeug an den sieben- und zehnfüßigen Teleskopen und brachte Vorhänge vor den Regalen an, um den Staub von ihnen abzuhalten.

4. Juli. Ich reinigte das Polierzimmer und brachte es in Ordnung, ließ durch den Gärtner den Arbeitsschuppen aufräumen, brachte alles in Verwahrung und besserte den Zaun aus.

5. Juli. Ich brachte den Vormittag mit Nadelarbeiten zu. Am Nachmittage ging ich mit Mrs. Herschel nach Windsor. Wir wählten die Zeit von zwei bis sechs Uhr, um Einkäufe und andere Besorgungen zu machen, weil es in diesen Stunden am unwahrscheinlichsten war, daß jemand Besuch bei uns machte, dennoch waren vier fremde Herren dagewesen, hatten die Instrumente im Garten besehen, ihre Namen aber nicht genannt. Abends kamen Dr. und Mrs. Kelln und Mr. Gordon, um mich zu besuchen.

6. Juli. Ich ordnete alle Briefe wissenschaftlichen Inhalts und legte jeden Jahrgang in einen besonderen Umschlag.

12. Juli. Ich falzte Papier zu einem Register und machte Berechnungen zu Flamsteeds Katalog.

20. Juli. Prinz Karl (Bruder der Königin), Herzog von Sachsen-Gotha und der Herzog von Montague, waren diesen Vormittag hier. Ich empfing eine Botschaft des Königs, ihnen die Instrumente zu zeigen.

24. Juli. Ich trug einige Durchsuchungen des Himmels nach Zeit und Poldistanz ein. Fürst Resonico kam mit Dr. Shepherd, um die Instrumente zu sehen. Ich durchmusterte den Himmel von zehn bis ein Uhr.

28. Juli. Ich schrieb einen Teil des Flamsteedschen Katalogs ins Reine. Es war eine stürmische Nacht, und wir konnten uns nicht schlafen legen. (...)

Und dann kam der Tag, an dem sie alleine ihren ersten Kometen entdeckte:

1. August. Ich habe heute einhundert Nebulae berechnet, und diesen Abend erblickte ich ein Objekt, das sich, glaube ich, morgen nacht als Komet ausweisen wird.

2. August. Heute berechnete ich einhundertfünfzig Nebulae. Ich fürchte, es wird heute abend nicht klar sein. Es hat den ganzen Tag geregnet, scheint sich aber jetzt ein wenig aufzuhellen.

Ein Uhr. Das Objekt ist ein Komet.

3. August. Ich ging nicht zur Ruhe, bis ich an Dr. Blagdon und Mr. Aubert geschrieben, um ihnen den Kometen anzuzeigen. Nach einigen Stunden Schlaf ging ich am Nachmittag zu Dr. Lind, welcher mich, mit Mr. Cavallo, nach Slough begleitete, um den Kometen zu sehen, aber der Himmel war bewölkt und blieb es die ganze Nacht.

Caroline Herschel an Dr. Blagdon.

2. August 1786.

Sir!

In Anbetracht der Freundschaft, welche, wie ich weiß, zwischen Ihnen und meinem Bruder besteht, wage ich, Sie in seiner Abwesenheit mit dem folgenden noch unvollständigen Berichte über einen Kometen zu belästigen.

Da ich, wenn mein Bruder den zwanzigfüßigen Reflektor benutzt, damit beschäftigt bin, seine Beobachtungen niederzuschreiben, so habe ich selten Zeit, den Himmel selbst zu observieren. Gegenwärtig besucht mein Bruder indessen Deutschland, und ich habe die Gelegenheit benutzt, in der Nähe der Sonne nach Kometen zu suchen. In der gestrigen Nacht, der des 12. August, gegen zehn Uhr, fand ich einen Gegenstand, an Farbe und Glanz dem 27. Nebel der Connaissance des Temps sehr ähnlich, nur mit dem Unterschiede, daß er rund war. Ich vermutete, daß es ein Komet wäre. Da indessen eine Nebelschicht heraufzog, so war es mir erst heute abend möglich, mich über seine Bewegungen zu vergewissern. Ich machte mehrere Zeichnungen von den Sternen, die sich gleichzeitig im Sehfeld befanden, und habe eine Kopie sowie meine Beobachtungen beigelegt, damit Sie beide miteinander vergleichen können.

An Alex. Aubert, Esqu.

Slough, 2. August 1786

Fig. 1. Ich beobachtete den Nebelfleck im Zentrum, einen glänzenden, roten, aber kleinen Stern darüber, und einen andern ihm folgenden matten, weißen Stern in der Stellung, wie ihn die Zeichnung angibt. Diesem geht noch ein dritter Stern voraus, der aber sehr matt ist. Ich vermute, daß noch viele andere Sterne vorhanden sind, die in schöneren Nächten sichtbar werden, jetzt aber nicht deutlich genug waren, um sie in Beachtung zu ziehen.

Fig. 2, vom 2. August, zeigt nur den roten und den ihm folgenden Stern; der in Fig. 1 bemerkte vorangehende ist zum Teil durch die Strahlen des Kometen verdeckt, und nach einen oder zwei flüchtigen Blicken, die ich auf ihn zu tun vermochte, glaube ich, daß der Komet vor ihn getreten ist.

In Fig. 3 brachte ich den Kometen an den Rand, indem ich noch einen andern Stern von beinahe derselben Größe und Farbe, wie den im Zentrum, in das Gesichtsfeld zog.

Die einzigen Sterne, die ich möglicherweise mit unbewaffnetem Auge zu sehen vermag und die dazu dienen können, den Platz des Kometen zu bezeichnen, sind 53 und 54 Ursae Maj., von welchen er sich in gleicher Distanz befindet wie von 14, 15 und 16 Comae Ber., und mit welchen er einen stumpfen Winkel bildet. Ich glaube, er muß ungefähr 1 Grad über dem Parallelkreise des Sternes 15 Comae stehen.

Ich machte diese Beobachtungen mit meinem kleinen Newtonschen Kometensucher und benutzte eine etwa dreißigfache Vergrößerung, das Gesichtsfeld beträgt ungefähr 1 1/2 Grad.

Ich hoffte, geehrter Herr, Sie werden entschuldigen, daß ich Sie mit einer so unbestimmten Beschreibung belästige, die davon herrührt, daß ich ein schlechter oder vielmehr gar kein Beobachter bin. Ich habe in den letzten drei Jahren nicht Gelegenheit gehabt, das Teleskop auch nur drei Stunden zu benutzen.

Schließlich bitte ich Sie, geehrter Herr, diesen Kometen, falls er noch nicht beobachtet sein sollte, in Betreff der A. R. und D. unter Ihren Schutz zu nehmen.

Mit den hochachtungsvollsten Grüßen für Ihre Schwestern habe ich die Ehre

Caroline Herschel

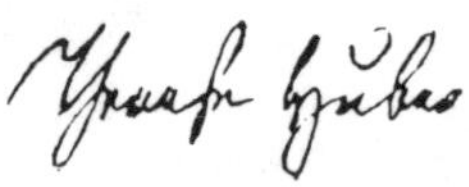

„Die erste bedeutende Redakteurin Deutschlands“: Therese Huber

Die ehrende Kennzeichnung in der Überschrift geht auf Wilhelm Kosch in seinem ‚Biographischen Staatshandbuch – Lexikon der Politik, Presse und Publizistik‘ zurück. Für den Lebenslauf dieser bemerkenswerten Frau geben wir gleich Anna Brunnemann das Wort:

Therese Huber, die Leiterin des „Stuttgarter Morgenblattes für gebildete Stände“, muß als die erste deutsche Journalistin von weitgehender literarischer Bedeutung betrachtet werden. Eine der Göttinger Professorentöchter, die den Romantikerkreis berührten, hat sie zunächst, gleich ihrer Jugendgenossin Karoline, die Welt durch die Erlebnisse ihres Herzens beschäftigt und ist eine Zeitlang nur als anonyme Mitarbeiterin der Männer, die ihr nahestanden, tätig gewesen. Später aber stellte sie sich ganz auf sich selbst und wußte sich durch rastlose Energie, unerschütterlichen Lebensmut und bewundernswerte geistige Beweglichkeit zu einer Siegerin über die widrigsten Schicksale, zu einer innerhalb der weiblichen Sphäre tüchtigen und auf dem Gebiete geistiger Berufsarbeit vorbildlichen Frau zu machen. (…)

Marie Therese Heyne wurde am 7. Mai 1764 als Tochter des Philologen und Altertumsforschers Christian Gottlob Heyne zu Göttingen geboren. Nach einer, infolge Pflichtvergessenheit ihrer eigenen Mutter vernachlässigten, wenig frohen Kindheit, gestaltete sich ihre Mädchenjugend, als ihr eine tüchtige Stiefmutter gegeben worden war, weit sonniger. Therese, die in der kinderreichen Familie der Mutter wacker zur Hand ging, durfte sich daneben geistig beschäftigen. Sie las viel, bevorzugte frühe schon wissenschaftliche Lektüre und hörte, dank des väterlichen Gelehrtenkreises, viel kluge Männer reden. (…)

Im Jahre 1784 verlobte sie sich mit dem Naturforscher Georg Forster (1754–1794), einem der vielseitigsten Schriftsteller des

18. Jahrhunderts, dessen Geist sie fesselte. Forster duldete, im Sinne des romantischen Gefühlsüberschwangs der Zeit, unheilvollerweise ein ‚Seelenbündnis' seiner Braut mit dem Schriftsteller F. L. W. Meyer (1759—1804), das bei einem Wiedersehen mit diesem vier Jahre später eine Entfremdung der Gatten herbeizuführen drohte. Während ihres dreijährigen Verweilens in Wilna jedoch, wo Forster an der Universität wirkte, erfüllte Therese gewissenhaft ihre Pflichten als Gattin und Hausfrau und wußte, dank der gründlichen praktischen Schulung durch das Elternhaus, die unerquicklichsten polnischen Verhältnisse zu besiegen. Verhängnisvoll aber wurde, aus den oben angeführten Gründen, für die junge Ehe ein vorübergehender Aufenthalt in Göttingen und zu befriedigenderen Stimmungen kam es erst wieder, als Forster als Bibliothekar und Universitätsprofessor nach Mainz übersiedelte. Das Ehepaar führte dort ein interessantes, geistig sehr angeregtes Leben und durfte manchen bedeutenden Besucher in seinem Heim empfangen, darunter Goethe und die Gebrüder Humboldt. Therese war nun schon Mutter von vier Kindern; eine Tochter und den einzigen Sohn mußte sie in Mainz begraben.

Tiefgreifende Umwälzungen erfuhr ihr Geschick, als im Jahre 1788 der durch seine Beziehungen zu Schiller und Körner bekannte Schriftsteller Ludwig Ferdinand Huber (1764 bis 1804) als sächsischer Gesandtschaftssekretär nach Mainz kam und bald eine leidenschaftliche Neigung zu Therese faßte, die von ihr auch erwidert wurde. Der Gatte hatte sich inzwischen durch Parteinahme für französische Interessen stark politisch kompromittiert und hielt es für geraten, seine Familie aus Mainz zu entfernen. Unter Hubers Schutz, dem sie Forster anvertraute, verließ Therese mit ihren Kindern am 1. Dezember 1792 die Stadt, und zwar noch als Forsters Gattin, aber innerlich überzeugt, daß sie niemals wieder zu ihm zurückkehren würde. Zwei Jahre darauf starb Forster in Paris und Therese vermählte sich mit dem leidenschaftlich geliebten Mann, der seine Stellung aufgegeben und sich als Publizist nach dem kleinen Ort Bôle bei Neuchâtel zurückgezogen hatte. Später übernahm Huber die Redaktion der bei Cotta erscheinenden „Allgemeinen Zeitung" und übersiedelte nach Stuttgart. Durch ein Verbot der württembergischen Regierung gezwungen, verlegte er 1803 diese Zeitung nach Ulm, wo er kurz zuvor zum Landesdirektionsrat der neuen bayrischen Provinz Schwaben, bei der Sektion des Schulwesens ernannt worden war, doch raffte ihn schon 1804 eine Lungenentzündung dahin. (...)

Therese zog sich nach Stoffenried und später nach Günzburg zurück, wo sie, aus Sparsamkeitsgründen, bei ihrem Schwiegersohn von Greyerz, dem Gatten ihrer Tochter Claire, der eine angesehene Stellung im bayrischen Forstwesen bekleidete, in ländlicher Zurückgezogenheit lebte. Sie hatte in sehr verwickelte Finanzen Ordnung zu bringen und eine Tochter Forsters sowie zwei noch ganz junge Kinder Hubers zu erziehen. Zum Erwerb gezwungen, setzt sie ihre schriftstellerische Tätigkeit fort. Mit einem weitverzweigten Freundeskreis steht sie in lebhaftem, geistigen Austausch; um sich herum übt sie mit frauenhafter Güte Werke der Menschenliebe aus.

Im Jahre 1816 endlich tritt die rastlos und vielseitig tätige, nunmehr 52jährige Frau an die breitere Öffentlichkeit. Cotta betraut sie mit der Leitung des der „Allgemeinen Zeitung" verbundenen „Morgenblattes für gebildete Stände", dessen fleißige Mitarbeiterin sie seit seiner Gründung, 1807, gewesen war.

Zehn Jahre hindurch hat sie dieses Blatt mit einsichtsvollem Verständnis für seinen literarisch-ästhetischen Charakter und die Bedürfnisse seines Leserkreises geleitet, es nach der wissenschaftlichen Seite hin bereichert und ihm hervorragende Mitarbeiter gewonnen. (...)

Feinstes weibliches Taktgefühl half ihr über innere und äußere Schwierigkeiten im Verkehr mit ihren Kollegen hinweg. Sie selbst leistete vor allem auf dem Gebiet der literarisch-wissenschaftlichen Kritik Vorbildliches und wußte mancherlei praktische Vorschläge zur Vermittlung der Kenntnis älterer und neuerer Literaturdenkmäler zu machen. (Sie schlug u. a. vor, ältere bedeutende Dichtungen in neuer Beleuchtung zu zeigen.) Ihre Belesenheit, ihre Vertrautheit nicht allein mit den bedeutendsten Erscheinungen der Weltliteratur, sondern zugleich mit den vielseitigsten Erzeugnissen der unmittelbaren Gegenwart, ist um so staunenswerter, als sie jahrelang in ländlicher Einsamkeit gelebt hatte. Ebenso überraschend erscheint die Sicherheit, mit der sie unter der damals schon üppig wuchernden Produktion des Flachen das Geniale herauszuspüren weiß und bei aller gedrängten Knappheit ihrer kritischen Würdigungen mit plastischer und gelegentlich wohl einmal drastischer Lebendigkeit darauf hindeutet. (...)

Therese Hubers sehr fruchtbare Produktion auf dem Gebiet des Romans und der Novelle bleibt, trotz mancher guten Charakteristik, mancher interessanten Mitteilungen über Ereignisse und Stimmungen ihrer Zeit, weit hinter ihren kritischen Arbeiten zurück. Eine dauernde Stellung in der Literatur gebührt ihr dafür nicht, und sie war sich dessen auch selbst bewußt.

Unstreitig besaß diese tüchtige Frau starke Einseitigkeiten und Schwächen. Ihre politischen Ansichten sind teilweise anfechtbar. Als eine sich selbst genügende Persönlichkeit führten sie die schroffen Ecken und Kanten ihres Wesens zu Hartnäckigkeiten, die manches Leid über sie und die, die ihr nahe standen, brachten. Wahrhaft aber blieb sie immer gegen andere und gegen sich selbst. Und von frühester Jugend an trieb sie ein warmes altruistisches Empfinden, sich ihren Nächsten, ob hoch ob niedrig, praktisch und moralisch helfend hinzugeben. Dank begehrte sie dafür nicht und erwartete erst recht keine Wiedervergeltung. (...)

Zerwürfnisse mit Cotta machten 1824 ihrer Redaktionstätigkeit ein Ende. Von ihrer liebgewordenen Arbeit losgelöst, fühlte sich Therese nun als alte müde Frau. In Augsburg, wohin sie, um ihrer Tochter Claire nahe zu sein, verzogen war, vermochte sie nicht mehr heimisch zu werden; am 15. Juni 1829 erlag sie verschiedenen Übeln, die sich nach und nach eingestellt hatten. Ein Jahr vor ihrem Tode, am 26. April 1828, hatte sie noch den unerfreulichen Zwistigkeiten mit Cotta einen versöhnenden Abschluß gegeben.

Auf die vielseitige Ausbildung der späteren Schriftstellerin und Journalistin in ihrer Jugend wirft die folgende Bemerkung aus einem ihrer Briefe ein Licht:

„Ich hörte Archäologie von meinem Vater sprechen, Naturgeschichte von Blumenbach, Anatomie und Medizin von meinem Bruder, Politik und Staatenkunde von meinem Onkel Brandes ...“

Wie schwer sie in ihrem Leben zu kämpfen hatte, läßt sich aus den folgenden Zeilen aus einem Brief an die Freundin Emilie von Reinbeck vom Mai 1824 erahnen:

„Ich kann nun noch eins so leicht sterben. Meine Kinder hätten nur Kummer gehabt, zu lernen, wie vieles ich erkämpfte und ertrug. Ich bin davon sonderbar bewegt. Manch einer ging schlecht mit mir um und helfen tat mir fast keiner. ‚Hast du nicht alles selbst vollendet, heilig glühend Herz?‘ — So kann ich auch von mir sagen.“

Einen Blick auf die Probleme, die ihre Tätigkeit am ‚Morgenblatt‘ mit sich brachte, gestattet uns der folgende Brief an einen Bekannten:

„Mit dem ‚Morgenblatt‘ gibt's immer kleine Differenzen über die Komposition, weil Cotta heute diesem, morgen jenem Grundsatz zu folgen überzeugt ist. Aber das tut im ganzen nichts. Mit dem ‚Literaturblatt‘ hat er nun einen Weg genommen, dessen Vorteil ich nicht begreife. Er hat sich dieser Übersichten so viele verschafft, daß kein Platz zu Kritiken bleibt, ja nun fügt er einen monatlichen Katalog aus Leipzig bei, der einen heillosen Raum einnimmt. Diesen Artikeln zu Gefallen, welche er sich drängen muß, schnell zu geben, mußte das Kunstblatt lange zurückgesetzt werden. Bitte ich ihn um Vervielfältigung der Blätter, so sagt er: ‚Dafür zahlt mir das Publikum nichts, das muß seine Schranken haben' oder: ‚Drängen Sie nur die Druckerei' — dränge ich die Druckerei, so sagt sie: ‚Wir haben keine Setzer, um mehr zu tun.' Das alles ficht meinen Frieden nicht an."

Die beiden folgenden Notizen zeigen uns, daß sich Therese Huber bei ihren Entscheidungen über Annahme oder Ablehnung von Beiträgen auch von menschlicher Rücksichtnahme leiten ließ:

„Diese Papiere von Carl Fernow enthalten nichts, was nicht unter der Kritik schlecht wäre, so daß ich unredlich an Herrn v. Cotta verführe, nähm ich als Redaktion etwas davon auf. Der arme Knabe verrät einen sehr blinden Dünkel, daß er mit dergleichen Zeug vors Publikum treten will, und dieser Dünkel scheint sich bei ihm mit religiöser Schwärmerei zu paaren. Herr v. Cotta, der Hunderte und mehr Gulden zum Wohltun verwendet, wird mir auch noch die Bemerkung erlauben, daß es eine Wohltat ist, wenn der Knabe nicht gedruckt, sondern seine Ansicht seiner selbst früh zurechtgewiesen werde durch abschlägige Antwort."

[Notiz vom 5. Juli 1823:] „Ich weiß nicht, was wir mit Nostiz seinem Gedicht auf Matthisson machen sollen, es ist platt, aber Nostiz und Matthisson haben ihr Publikum, der eine als sächsischer Minister, der andere bei allen gebildeten Leuten zwischen 60 und 70 Jahren und noch jüngeren. Senden wir's Böttigern zurück, so grämt er sich, Nostiz wird es nicht für möglich halten und Matthisson ist kapabel und stirbt vor Kummer."

Die beiden Auszüge aus Briefen Therese Hubers an Cotta beleuchten ihr Verhältnis zu dem bedeutenden Verleger:

„Wenn ich mir zutraute, Ihnen nützlich sein zu können, so war es durch eine gewisse Vielseitigkeit der Bildung und der Lebensweise, Umgang mit allen gebildeten Ständen, welcher mir Gelegenheit gibt, den Geschmack des Publikums kennenzulernen, und vielfaches Interesse an Wissenschaft und Literatur in einigen Sprachen. Sie werden mir es daher nicht verdenken — denn, wie könnten Sie Vertrauen zu mir haben, wenn ich nicht ein heiteres Selbstvertrauen hätte, welches allein Gelingen und Bestreben gibt? —, wenn ich Sie recht herzlich bitte, meiner Beurteilung des Werts und Unwerts eines Aufsatzes, des Interesses und Nichtinteresses mehr Glauben beizumessen, als Sie tun. Gestehen Sie, werter Freund, daß ich in diese Ansichten und Urteile ja mein heiliges Gewissen setze, wozu nütze ich sonst? Ich verfahre bei keiner Zeile leichtsinnig, suche meine Persönlichkeit immer zu beseitigen und aus einem allgemeinen Gesichtspunkt zu urteilen, aber dann haben Sie auch ein bißchen mehr Glauben an meine Wahl. Ihre Bemerkungen muß ich ja ehren, ich ehre ja Sie und Ihren Verstand, aber meine Motive, bester Freund, müssen auch bei Ihnen ein bißchen gelten."

„Wir müßten ja gegenseitig unseren Verstand nicht achten, wenn wir uns nicht Einwürfe machten. Ich darf bei Anlässen glauben, daß Ihnen eine Seite der Sache entgangen ist; sagen Sie dann: ich will es doch lieber also, so gebe ich nicht nach, sondern folge, weil ich Ihrer Ansicht den Vorzug gebe. Wenn Sie Ihren Tadel in Fragen einkleiden, muß ich doch antworten, weil ich nach Gründen handelte und einen freien Geist habe. Sagen Sie mir ein Gebot oder Verbot, so bedarf es deren nicht. Es wär' schmerzlich für Ihr sehr tieffühlendes Gemüt, mir Unrecht getan zu haben, daher sag' ich Ihnen recht ernst und treu: ich will nicht beschönigen. — Fehl ich, tue ich nicht recht — weisen Sie mich an! belehren Sie mich! Aber, teurer Freund, bezeigen Sie mir nicht ein Mißvergnügen, das mein Gemüt unendlich drückt. Ich glaube nicht, daß ich besser oder beachtenswerter wär', wenn ich das verschwiege und mich stärker machte, als ich bin. Ich lebe nur in dem Wohlwollen meiner Freunde — je lieber sie mir sind, je schwerer drückt es mich, wenn sie mir Unmut zeigen, und je redlicher ich mit ihnen umgeh', je leichter wird es mir, mein Unrecht gegen sie einzugestehen."

Setzen wir an den Schluß einen Auszug aus jenem Brief, mit dem Therese Huber einen versöhnlichen Schlußstrich unter die mancherlei Zwistigkeiten setzte, die sie zur Aufgabe ihrer Tätigkeit für Cotta veranlaßt hatten:

„... Haben Sie Dank, daß Sie mich auf die Bahn literarischer Tätigkeit leiteten. Sie hat meinen Geist entwickelt, meine Vernunft gereift und so mich besser gemacht. Ich bin mir bewußt, stets mit Vorliebe für mein Geschäft, mit Eifer für das Beste Ihres Instituts und mit Anhänglichkeit an Sie gearbeitet zu haben. ... Wenn man so, wie ich vor kurzem, am Rand des Grabes wankt, schwindet aller Dünkel — wenn der da war — nur die Stimmung des Guten bleibt und wirft einen sanften Schimmer auf das immer weiter zurücktretende Leben."

Der Verleger Johann Friedrich Cotta

Von der Schauspielerin zur Gräfin: Caroline Bauer, spätere Gräfin Montgomery und Broel-Plater

Die erfolgreiche Schauspielerin Caroline Bauer wird am 29. März 1807 in Heidelberg als Tochter eines Rittmeisters geboren. Nachdem ihr Vater 1812 in der Schlacht bei Aspern gefallen war, übersiedelt sie 1814 nach Karlsruhe. Bereits mit fünfzehn Jahren tritt sie 1822 zum ersten Mal in einem Schauspiel auf, und zwar in der Rolle der Margarete in dem Stück „Die Hagestolzen" des damals gefeierten Theaterdichters und Dramaturgen August Wilhelm Iffland. Ihre natürliche Darstellung und ihr großes Talent, dem anscheinend komische Rollen mehr liegen als tragische, lassen sie schnell zum Liebling des Karlsruher Publikums werden. 1824 folgt sie einem Ruf ans Königstädtische Theater in Berlin und nimmt sechs Monate später ein festes Engagement am dortigen Hoftheater an. Doch bereits fünf Jahre später sagt sie der Bühne vorläufig ade; sie wird die Geliebte des verheirateten Prinzen Leopold von Coburg und lebt mit ihm zusammen – unter dem Namen einer Gräfin von Montgomery –, bis dieser König von Belgien wird. Danach kehrt sie zum Theater zurück und reist 1831 zu einem Engagement nach St. Petersburg. 1834 unternimmt sie eine ausgedehnte Gastspielreise durch Deutschland und Österreich, bei der sie besonders in Wien, Pest, Leipzig, Hamburg, Berlin und Lübeck große Erfolge feiert. Im folgenden Jahr verpflichtet sie sich am Hoftheater in Dresden, wo sie neun Jahre lang bleibt, bis sie den aus Polen emigrierten Grafen Ladislaw von Broel-Plater heiratet. Mit der Eheschließung verabschiedet sie sich endgültig von der Bühne und lebt bis zu ihrem Tod am 18. Oktober 1878 auf Villa Broelberg bei Zürich. Mit ihren unterhaltsam erzählten Erinnerungen, die einen guten Einblick in das Theater und auch in das Leben einer selbständigen und selbstbewußten Künstlerin der damaligen Zeit vermitteln, bleibt sie beim Publikum weiterhin präsent. 1872 erscheinen von ihr „Aus meinem Bühnenleben" und 1875 die „Komödiantenfahrten".

Caroline Bauer steht hier stellvertretend für Frauen, die sich zur Zeit eines Frauenverständnisses, das diese in die drei Ks – Küche, Kirche, Kinder – verbannt, über bestehende Schranken hinwegsetzen und sich auch nicht scheuen, einem Talent nachzugehen, dessen Ausübung zum Gelderwerb von der Gesellschaft stets mit Argusaugen betrachtet wird. Ihr Erfolg hat ihrem Entschluß zu diesem Leben nachträglich recht gegeben.

Im folgenden erzählt sie von ihrer Zeit in Dresden, wo sie besonders mit dem Dichter Ludwig Tieck ein enges freundschaftliches Verhältnis verband.

Nach meiner Rückkehr nach Deutschland trat ich an den verschiedenen Bühnen in fast allen größeren Städten Deutschlands mit immer gleichbleibendem Erfolge auf. Auch in Berlin zeigten Publikum und Kollegen mir in liebenswürdiger Weise, daß ich unvergessen sei. Anfang April 1835 hielten die Mutter und ich unseren hoffnungsfröhlichen Einzug in Dresden.

Ich gastierte mit steigendem Beifall als Donna Diana, Blinde Gabriele, Käthchen von Heilbronn, „Menschenhaß und Reue" und in den „Hagestolzen". Dann kam der Probierstein für tragische Rollen: Maria Stuart, bei Tieck und nach den Traditionen von Friederike Bethmann einstudiert. Der Dramaturg war sehr mit meiner Leistung zufrieden, die Dresdener beglückten mich durch Beifall – und so unterschrieb ich nach der Vorstellung von Maria Stuart fröhlichen Herzens den Engagementskontrakt, den Herr von Lüttichau mir vorlegte und der mich zunächst auf vier Jahre an Dresden fesselte. Und ich habe es nie zu bereuen gehabt. –

Der von mir schwärmerisch verehrte Tieck und die Bühne waren der Mittelpunkt meines neuen Lebens. Der alte Dramaturg wurde mein Lehrer, mein Freund. Jede neue Rolle ging er mit mir durch und nach jedem neuen Auftreten holte ich mir sein kritisches Urteil. Das alte düstere Eckhaus am Altmarkt wurde mir eine liebe Heimat. Dort oben in dem büchertraulichen Gelehrtenstübchen habe ich unvergeßlich reiche Stunden verlebt und bin von Meister Ludwig belehrt, beraten, gelobt und gescholten worden, ganz wie eine gute Tochter vom guten Vater. Die milde Hofrätin, die ihre schmerzhafte Krankheit, die Wassersucht, still und ergebungsvoll trug, die Töchter, die geist- und gemütvolle Dorothea, der wir so manche treffliche Übersetzung Shakespeares verdanken, und die heitere blonde Agnes mit der herrlichen Altstimme, waren lieb und gut zu mir und selbst die Gräfin Finkenstein schüttete das Füllhorn ihrer Gunst reich über mich aus, so lange – ihres vergötterten Freundes Tieck Gnadensonne freundlich über mir lachte.

Die Dresdener sagten: „Der alte Dramaturg hat mal wieder einen neuen Liebling; er will zeigen, daß Julie Rettig auf der Bühne und in seinem Herzen vollständig ersetzt ist und daß ihr Abgang nach Wien ihn nicht schmerzt ... Aber wie lange wird's dauern?" – Nun, es dauerte lange, schöne, glückliche Jahre, und dafür bin ich dem viel gelobten und viel geschmähten großen Toten von Herzen dankbar.

Unvergeßlich teuer sind mir besonders die seltenen Abendstunden, die ich in Tiecks engerem Familienkreise verleben durfte.

Der Dichter blieb dann in seinem kleidsamen talarartigen schwarzen Samtrock und in seinem ganzen Auftreten und Sprechen ungeschmückter, menschlicher, liebenswürdiger, als an den offiziellen Vorleseabenden. Wie heiter gemütlich erzählte er von seiner ärmlichen Kindheit, seiner stürmischen Jugend, seinen bunten Manneserlebnissen und Erfahrungen und seinen liebsten „Komödianten!"

In diesen Jahren lernt sie eine Reihe von Berühmtheiten kennen, die das „Elbflorenz" besuchen. Ein für sie höchst amüsantes Erlebnis ist die Begegnung mit der noch in allseitiger Gunst stehenden Tänzerin Lola Montez, die „1842 plötzlich in Dresden auftaucht" und die Schauspielerin sofort zu sehen wünscht.

Ich sollte mit Eduard von Bülow in ganz eigenartige intimere Berührung kommen durch — Lola Montez. Die damals noch wenig berühmte und noch weniger berüchtigte „Spanische Tänzerin“ tauchte 1842 plötzlich in Dresden auf, um auf der Hofbühne zu tanzen. Sie sollte gewichtige Empfehlungen an den Hof haben, aus vornehmer spanischer Familie stammen, wunderschön sein und bereits den Hof in Pillnitz durch ihren Gesang spanischer Nationallieder zur Gitarre entzückt haben. Kein Wunder, daß die interessante Tänzerin das Dresdener Theaterpublikum schon vor ihrem Auftreten lebhaft beschäftigte. Ich hatte die Heldin noch nicht gesehen, aber der Theaterdiener kam eines Morgens ganz echauffiert zu mir und machte seinem Herzen Luft: „Heute ist wieder die Spanierin los, und erst gestern hat sie uns allen den Kopf heiß gemacht. Nein, was die für Raupen im Kopf hat! Sie verlangt ganz apart für sich Draperien, Beleuchtung, Dekorationen. Sie will sich erst in der Tiefe der Bühne unter roten Draperien, und von vielen Extralampen von oben herab beleuchtet, als lebendes Bild in phantastischer Stellung bewundern lassen, ehe sie vorchassiert. Niemand kann es ihr zu Dank machen und selbst unser Ballettmeister versteht ihr närrisches Französisch oft nicht recht. Da blitzen denn ihre Augen und sie stampft mit dem Fuß, wie ein ungezogener Junge. Ich sollte auch nur sagen, daß das Fräulein heute nicht um neun Uhr auf die Probe zu kommen braucht, sondern erst um zehn Uhr. Denn bis dahin nimmt die Spanierin noch allein die Bühne in Anspruch.“

Kaum war der Alte fuchswild fortgerannt, so ließ Herr von Bülow, der mit mir in demselben Hause wohnte, bitten, trotz der frühen Morgenstunde seinen Besuch machen zu dürfen — in wichtiger, unaufschiebbarer Angelegenheit! — Es mußte allerdings etwas Wichtiges sein, was den gelehrten Herrn so früh schon aus dem Schlafrock herausgebracht hatte. Er, der sonst so leise und langsam bedächtig sprach und einherschritt, trat mir in größter Aufregung, mit geröteten Wangen entgegen und sein erstes geflügeltes Wort war: „Lola Montez!“

Also auch Sie, Graf Oerindur? Wer löst mir diesen Zwiespalt der Natur? unterbrach ich ihn lachend.

„Lola Montez möchte Sie näher kennenlernen. Sie haben gestern abend als ‚Donna Diana' das feurige Kind Spaniens im Sturm erobert. Die schöne Lolita saß neben mir und schlug wie ein Kind jubelnd in die Hände und rief ein Mal über das andere fast etwas zu laut für unsere Dresdener Gewohnheiten aus: „Oh, la bella Donna! Je voudrais la connaître!"

„Sehr schmeichelhaft! Aber wer und was ist denn eigenlich dies ‚Mädchen aus der Fremde'!"

„Das entzückendste, holdeste, liebenswürdigste Wesen ..."

„Und das sagen Sie mir ins Gesicht — der bella Donna?" unterbrach ich neckend den Enthusiasten.

„Pardon! ich wollte hinzusetzen: das unter Spaniens Sonne erblühte! Sie ist die Tochter eines tapferen Generals, der für Don Carlos fiel. Sie mußte aus der Heimat fliehen — mittellos, schutzlos. Aber sie hatte Mut, Energie und reiche Talente. Ihre angeborene graziöse Tanzkunst entwickelte sich wunderbar unter einem französischen Ballettmeister; dazu singt sie entzückend spanische Nationallieder zur Gitarre. Frei und glänzend wie ein Schmetterling flattert das bezaubernde Wesen durch die Welt und ..."

„Bezaubert unsere ernsthaftesten Gelehrten und Dichter!" lachte ich dazwischen. „Aber so ganz allein — ohne Schutz flattert dieser gefährliche Schmetterling durch die Lande?"

„O, sie ist tugendhaft — tugendhaft und stolz und tapfer, wie Jeanne d'Arc. Als meine Frau, die auch von Lola entzückt und bezaubert ist, wie alle, die sie sahen, leise an die Gefahr ihrer Schutzlosigkeit erinnerte, da zog Lolita mit flammenden Augen einen kleinen nadelspitzen Dolch hervor, machte eine entzückende Bravogeste und sagte stolz: „Voilà mon protecteur!" — Ist das nicht kostbar? ... Und wie ehrlich, wie naiv offenherzig sie ist! Als ich sie gestern durch unsere Gemäldegalerie führte, sagte sie: Raphael und Correggio langweilten sie durch ihre ewigen rothaarigen Madonnen — dagegen blieb sie mit leuchtenden Augen vor den nur mittelmäßig gekleckšten Bildern eines spanischen ‚Stierkampfes' und eines ‚Fandango' stehen und klatschte vor Entzücken in die Hände — und vorgestern Abend gähnte sie laut bei der herrlichen Tenorarie Morianis und sagte: Lucia sei zum Einschlafen ..."

„Und das bewundern Sie — der Dichter?"

„Ja, ich bewundere die reine, unverfälschte Natur in diesem Mädchen. Sie ist noch nicht von unseren ästhetischen Tees angekränkelt. Ich finde das originell, frappant, kühn ..."

„Aber Dresden!"

„Ja, in unseren lauwarmen Lebensanschauungen könnte das Alleinstehen, die Selbständigkeit, die ganze freimütige kühne Originalität der schönen Lola nicht ganz so beurteilt werden, und da komme ich, Sie zu bitten, das holde Kind auf der Bühne ein wenig unter Ihre Flügel zu nehmen ..."

„Mit andern Worten, ich soll die Theatertante der schönen Spanierin machen? Ich, bis heute immer noch Dresdens erste Liebhaberin? Wirklich eine eigentümliche neue Rolle, die Sie mir da zuerteilen ..." Aber ich versprach schließlich doch, mich Lolitas freundlich anzunehmen.

Und Caroline Bauer kommt diesem Wunsch neugierig nach.

Ich ging um zehn Uhr in die Probe des Lustspiels: „Die Wasserkur". Aber ich kam noch viel zu früh. Lola Montez war immer noch nicht fertig mit ihren neuen Arrangements und Draperien und Attitüden. Endlich fiel die Beleuchtung strahlend genug auf ihr „lebendes Bild" und sie konnte zum spanischen Nationaltanze hervorchassieren. Ihr Tanzen war eigentümlich. Sie tanzte weder kunstvoll noch graziös. Ihre Pas kamen ruckweise, quecksilbern hervor. Aber ihre Sprünge waren kühn, überraschend, feurig — und sie sah wunderbar schön aus. Ich hatte Muße, sie von der Kulisse aus anzuschauen. Ihre Gestalt war zu hager, um vollkommen schön zu sein, aber ihr feiner, mädchenhafter Kopf mit dem rabenschwarzen, glänzenden Haar, die durchsichtige, zarte Blässe des jungen Gesichts, die regelmäßigen edlen Züge — und vor allem ihre Augen — ihre großen, tiefblauen, leuchtenden Augen und ihr liebliches Lächeln waren berauschend schön. Und dies wunderbare Gemisch von Kindlichkeit, Übermut, aufblitzender Glut und ungebändigtem Trotz in ihrem ganzen Auftreten hatten etwas dämonisch Berückendes. Jetzt erst war mir der momentane Wahnsinn des sonst so ernsthaften Herrn von Bülow verständlich. Fesselte mich doch selber schon dies tolle, verzogene, schöne Kind unwiderstehlich.

Als der Tanz zu Ende war, trat ich aus der Kulisse vor. Kaum hatte Lola mich erblickt, so stürzte sie mir jubelnd an den Hals und rief: „Enfin! ma bella Donna. Çe vous çaime, nous nous préçenterons çe çoir ençemble! moi çe dançerais, vous parlerez, çe çera çarmant ...“, und weiter schwirrte es sinnverwirrend in ihrem Idiom: „Ich liebe die Schönheit und den Tanz. Ich will auch berühmt werden, wie Sie — aber als Tänzerin. Ich tanze leidenschaftlich. Wir beide sind schön — ich wie der Süden, Sie wie der Norden. Ich liebe Sie, und Sie müssen mich wieder lieb haben ...“, und forthüpfend rief sie mir noch mit ihrer klingenden, fröhlichen Stimme und ihrem kindlichen Lächeln zu: „au revoir, ma bella Donna — à çe çoir, à çe çoir!“

Aber merkwürdigerweise blieb das Publikum am Abende bei der Attitüde der schönen Spanierin und bei ihrem tollen Quecksilbertanze ziemlich kühl. Wo waren denn nur die Verehrer? Ich hatte doch schon am Nachmittage Kränze und Buketts gesehen, die für Lola Montez bestimmt waren. Durften die Herren Ehemänner der Tänzerin nicht öffentlich huldigen? Ich erfuhr, daß die Blumen für den zweiten Tanz aufgespart waren. Aber — Lola wollte nicht mehr tanzen vor so undankbaren Barbaren! Das sagte mir der Intendant von Lüttichau sehr aufgeregt. Ich war auf dem Wege nach dem Konversationszimmer und trug meine beiden kleinen Wachtelhunde auf dem Arm, mit denen Fräulein

Berg im zweiten Akt als überschwengliche Hundefreundin erscheinen sollte. „Sie müssen mir beistehen, den Trotzkopf zur Räson zu bringen!" fuhr der Intendant fort. „Mein Latein ist zu Ende, und an Ihnen hat der Kobold ja einen Narren gefressen. Mußte ich ihr doch versprechen, morgen schon wieder ein Lustspiel zu geben, in dem Sie auftreten. Nein, so ein unerzogenes, ungezogenes Fräulein ist mir auf den Brettern noch nicht vorgekommen — da sehen Sie selber ...", und damit öffnete Herr von Lüttichau die Tür zur Garderobe der Tänzerin.

Das war allerdings ein urkomisches Bild, das sich uns im Rahmen der Tür bot. In der Mitte stand Lola Montez in ihrem winzigen spanischen Ballettkostüm; die Hände auf den Toilettentisch gestützt, hüpfte sie mit beiden Füßen zugleich wild in die Höhe, wie ein Schulkind, und schlug dabei trotz des mobilsten jungen Fohlens hintenaus ... und im Halbkreise und in respektvollster Entfernung — wegen des Hintenausschlagens — umstanden sie mit trübseligen, ratlosen Mienen die Konzertmeister Lipinski und Reissiger, Theatersekretär Winkler, Hofrat Carus, Herr von Bülow und noch ein halb Dutzend anderer glühender Kunstenthusiasten, während Lola bei ihrer Gymnastik fortwährend schrillte: „Non! çe ne dance plus! on n'a pas applaudi quand çe faiçais ça — (Pantomime des Kußhandwerfens) — çe ne dance plus devant un tel publique ..."

Ich hatte Mühe, nicht hell in diese Szene hineinzulachen, besonders als die Verehrer mich mit verlegenen Gesichtern pantomimisch baten, ihnen zu Hilfe zu kommen. Ich trat in die Garderobe. Kaum hatte Lola mich und meine Hündchen gesehen, so stellte sie ihre tollen Sprünge ein, machte einen kühnen Salto mortale auf mich zu und jubelte: „Oh, ma bella Donna! Oh! çes çolis petits çiens! oh! çes bijoux ... mais, çe ne dance plus devant un tel publique méconnaissant —" und das Aufstemmen, Hüpfen, Hintenausschlagen sollte wieder lustig losgehen.

„Und was soll mit den vielen schönen Blumen werden, die für Sie schon durch das Haus duften?" sagte ich französisch.

„Blumen? — Blumen im Theater? Ich hab' keine gesehen, mir hat man keine geworfen, obgleich ich meine schönste Kußhand warf ...“

„Die Blumen sollen Ihnen ja auch erst nach dem zweiten Tanze huldigen. So ist es in Dresden Sitte.“

„Pas possible!“

„Und es sind Kränze darunter mit langflatternden Atlasbändern und darauf gedruckten Gedichten ...“

„Çe dançerais! çe dançerais! Quel bonheur! de çolis bouquets, des rubans, des vers — çe dançerais! çe dançerais!“ ... und mir ein Hündchen entreißend und dasselbe hoch in die Luft werfend und wieder auffangend pirouettierte Lola Montez wie ein Quirl in der kleinen Garderobe umher, daß die Verehrer sich scheu in die Ecken drückten.

Aus dem trotzigen Kinde war ein fröhlich jauchzendes geworden. So tanzte sie den zweiten Tanz und wurde applaudiert und von ihren Verehrern hervorgerufen und Kränze und Buketts und Gedichte flogen zu ihren Füßen ... Glückstrahlend raffte sie dieselben auf und konnte nach dem Fallen des Vorhangs nicht müde werden, uns ihre Schätze zu zeigen und zu rufen: „Oh! que çe çuis heureuse! voyez donc çes fleurs, çes rubans et çes vers!“

Und dies Entzücken hatte etwas so Kindliches, Aufrichtiges, Ungekünsteltes, daß alle ihr diesen kleinen Triumph gern gönnten und kein spöttisches Lächeln ihn trübte.

Ein anderes vergnügliches Zusammentreffen ist das mit der damals viel verehrten schriftstellernden Gräfin Ida Hahn-Hahn. Caroline Bauer schildert eine Teegesellschaft mit der Dichterin, bei der die Schauspielerinnen gegenüber herrschenden Vorurteile deutlich werden.

Einer damals weltberühmten und vielgelesenen — heute fast vergessenen Schriftstellerin bin ich in Dresden begegnet: der

Gräfin Ida Hahn-Hahn, die mit dem Kurländer Herrn von Bistram, der ihr heimlicher Gatte sein sollte, im Winter 1842 in Elbflorenz auftauchte.

Ihr Roman „Faustine“ war kurz vorher erschienen und machte in der Gesellschaft das größte Aufsehen. Wußte man doch, daß die Gräfin stolz darauf war, sich selber als „Faustine“ gezeichnet zu haben, daß sie sich gleich ihrer Heldin rühmte, „den zweiten Teil des Faust zu leben“, und daß sie in diesem Roman ihr Verhältnis zu Herrn von Bistram ebenso kühn enthüllte, wie vor wenigen Jahren in anderen Romanen ihre Liebe zu dem schönen, geistvollen Greifswalder Regierungsassessor Heinrich Simon …

Die Hauptpriesterin des Hahn-Hahn- und Faustinenkultus war Frau von Bardeleben. Sie gab mehrere ästhetische Hahn-Hahn-Tees. Auch ich wurde eingeladen. – Ich hatte bis um neun Uhr im „Majoratserben“ zu spielen. Dann fuhr ich, um keine Zeit zu verliern, in der eleganten Toilette, die dem Majoratserben Emil Devrient das Herz bestrickt hatte, zu Frau von Bardeleben. Alle Damen gerieten in heitere Aufregung über diese pompöse Bühnentoilette an ihrem Teetisch – nur Gräfin Ida Hahn-Hahn hob schweigend das Näschen in den Teeduft, als wollte sie sagen: „Nachbarin, Euer Fläschchen – hu! hu! ich wittre Lampenluft! Wie shoking„ mich mit der Komödiantin einzuladen!“

Und aus dieser hohen Nasendirektion kam die Frau Gräfin eigentlich den ganzen Abend nicht heraus. Als Frau von Lüttichau sie fragte, ob sie den „Majoratserben“ der Prinzessin Amalie schon auf der Dresdener Bühne gesehen habe, wo das Lustspiel anerkannt im vollendeten Ensemble gegeben würde – da glitt es leicht, kühl über die schmalen roten Lippen: „Ja, ich hab' ihn gesehen!“ Weiter kein Wort, und doch zählten Emil Devrient und ich diese Rollen zu unseren besten.

Nein, ich rächte mich nicht, indem ich der Frau Gräfin von ihrem cher père erzählte, dem fahrenden herabgekommenen närrischen „Theater-Grafen", bei dem ich vor drei Jahren in Lübeck gastiert und der sich so liebenswürdig erboten hatte, mich mit seiner vielgeliebten Hasenpfote höchsteigenhändig zu schminken – und wie bewunderungswürdig er es verstehe, höchstselbst Theaterblitz und Donner zu machen …

Ich wußte, daß der Papa Theatergraf die fatalste Erinnerung im Leben und in der „immensen Seele" der Gräfin Ida war und daß sie sich redlich und mit bestem Erfolg bemühte, sich an ihn so wenig wie möglich zu erinnern.

Ich beobachtete. Gräfin Ida war damals siebenunddreißig Jahre alt und trotz aller Stürme, die durch ihr Leben gegangen waren, noch immer eine interessante, anziehende Erscheinung. Durchaus nicht schön, oder doch nur schön, wie's in ihren Romanen steht. Sie könnte zu allen ihren blaublütigen Heldinnen in den weißen und himmelblauen Kaschmirkleidern, mit den „rosa Atlashändchen unter weißem Mullüberzuge", Modell gestanden haben. Farben ändert ja auch der Maler, Formnuancen der Bildhauer.

Die Figur groß, schlank, beinahe hager, in der Haltung vornehm-elegant. Die Züge fein und regelmäßig, der Teint rein und zart. Rote Lippen lächelten graziös und zeigten beim Sprechen weiße, nur etwas zu große und vorstehende Zähne. Schöne blonde Locken deckten kunstvoll das eine, vor einem Jahre von dem berühmten Dieffenbach in Berlin so unglücklich operierte Auge. Das andere blickte lebhaft und geistblitzend, daß man das fehlende kaum vermißte.

Ich sollte Gelegenheit haben, zu beobachten, daß die Dichterin Hahn-Hahn alle ihre Heldinnen auch mit den echtesten gräflich Hahn-Hahnschen Händen und Fingern beschenkt hatte. Die Gräfin erzählte belustigt von einer gar drolligen Karrikatur auf die Dichterin der Faustine: ein krähender Hahn mit einem gelockten Frauenkopf! – und ließ sich herab, uns die kommunen gespreizten Hahnenfüße durch ihre eigenen Hände auf der roten Tischdecke zu veranschaulichen … Wirklich die schmalsten weißesten Hände und feinsten Fingerchen, die ich gesehen habe. Man fürchtete fast, daß diese zärtlichen Nippes unter der Last einer Teetasse zerbrechen könnten.

Die Gräfin plauderte mit angenehmer Stimme, reinstem norddeutschen Akzent, graziös und witzig von ihren vielen Reisen und ihren vornehmen und berühmten Bekanntschaften ... Sie vertraute uns sogar an, daß es ihr in Dresden endlich gelungen sei, gute reine Kuhmilch zu bekommen, die für ihre zarte Gesundheit so wohltuend, und daß sie aus Gesundheitsrücksichten nur mit dem besten, teuersten Buchenholz heizen lasse ... Kurz, ihr liebes, kostbares, hochgräfliches Ich schwebte den ganzen Abend als Göttin der Vornehmheit, Weisheit und Blasiertheit über dem ästhetischen Teetisch ...

Am Ende ihrer Dresdner Zeit ist Caroline Bauer reifer und erwachsener geworden. Das festumrissene Feld ihrer schauspielerischen Möglichkeiten genügt ihr nicht mehr, sie entschließt sich, den Ort zu verlassen.

... Und die Jahre kamen und gingen — und sie gefielen mir immer weniger: im täglichen Leben und auf der Bühne. Nur die drei ersten Jahre meines Dresdener Engagements gehören zu meinen glücklichen — zu meinen glücklichsten Lebensjahren überhaupt. Das war die sonnige Zeit, in denen mein Verhältnis zum dramaturgischen Altmeister und zum väterlichen Freunde Ludwig Tieck noch ganz ungetrübt war. Nur zu bald gab es der tiefen erkältenden Schatten mehr und mehr auch zwischen uns ...

Ich war kein Kind mehr auf der Bühne und im Leben. Ich konnte und ich durfte mich nicht immer und immer wieder den Launen des Dramaturgen opfern und für mich unpassende Rollen, wie die Lady Macbeth, übernehmen. Ich trat Tieck gegenüber als Künstlerin selbständiger auf, auch in meinem Urteil über die in Ungnade gefallenen Kollegen. Ich benützte immer öfter und lieber Gelegenheiten, dem Lesepult hinter die Schule zu gehen, so daß ich manche Woche nur einmal als getreue Zuhörerin notiert werden konnte. Im Eckhause des Altmarktes ging die Gnadensonne täglich trüber für mich nieder. Tieck wurde kühler, einsilbiger, die Gräfin gereizter, kampflustiger. Und dann tauchte eines Tages in Dresden ein junges Mädchen aus Graz auf — und Tieck, die Gräfin Finkenstein und die Zahl ihrer Nachbeter wurden nicht müde, täglich zu Ehren dieses jungen, glänzenden Schauspielertalentes lauter in die Lobposaunen zu blasen — um mir bange zu machen, die Debütantin würde mich verdunkeln. Tieck studierte ihr eifrig meine liebsten Rollen ein. Schon sprach man von dem „neuen Liebling" des Dramaturgen und daß der alte nun endlich auch in Ungnade gefallen sei. Und dann trat die Grazerin auf und — fiel mit Glanz durch. Sie sprach nicht mal richtig deutsch. Dieser gescheiterte Plan, mir wehe zu tun und mich in der Gunst der Dresdener zu verdrängen, verstimmte den launischen Tieck nur noch tiefer gegen mich. Er, der sich sonst immer gefreut hatte, wenn meine Fröhlichkeit etwas Sonnenschein in sein melancholisches Studierstübchen brachte, ließ sich sogar bei meinen Besuchen einige Male verleugnen. Da kam ich dann nicht wieder und sah den Meister nur bei den Leseproben. Und so wurden die Schatten zwischen uns dunkler und länger. Zu einer Szene, zu einem Aussprechen ist es nie gekommen, auch nie zu einem offenen ehrlichen Bruch. Ich gehörte einfach zu den vielen, vielen „in Ungnade Gefallenen".

AGNESE SCHEBEST.

Von der armen Rittmeisterstochter zur erfolgreichen Sängerin: Agnese Schebest

Die später gefeierte Sängerin Agnese Schebest, am 15. Februar 1813 in Wien geboren, wächst – durch den frühen Tod des Vaters bedingt – in ärmlichen Verhältnissen auf der Festung Theresienstadt auf, wo ihre Mutter von einer kleinen Witwenrente leben muß. Doch im Laufe einer rudimentären Schulbildung wird ihre Stimme und musikalische Begabung entdeckt und sie wird durch einen Förderer zu dem Chordirektor und Gesangslehrer Johann Miksch nach Dresden vermittelt. Hier darf sie erst nach einigen Jahren, in denen sie auch Schauspielunterricht erhält, am Dresdner Hoftheater öffentlich auftreten. Dieser Auftritt begeistert so sehr, daß ihr gleich eine Anstellung angeboten wird. In der Folgezeit spielt sie vielerlei Rollen und erweitert dadurch ihre Darstellungsmöglichkeiten. Nach Gastspielen in Berlin und Leipzig verläßt sie 1832 Dresden und geht mit ihrer Mutter, deren Lebensunterhalt sie fortan sichert, nach Pest, wo sie bis 1836 festes Mitglied an der Oper ist. Hier entwickelt sie ihre „Spezialität", die Darstellung von Helden und Liebhabern im Sopran. Bereits in jenen Jahren reist sie zu mehreren Gastspielen. Die Erfolge dieser „Tourneen" veranlassen sie, kein festes Engagement mehr einzugehen. Bis 1841 zieht sie von einer Oper und Bühne zur nächsten, so ist sie etwa in Stuttgart, München, Straßburg, Paris, Zürich, Weimar und Königsberg gewesen. Dann lernt sie den freidenkerischen Theologen David Friedrich Strauß kennen und nimmt 1842 in Karlsruhe nach ihrer Heirat mit ihm von der Bühne für immer Abschied. In ihrem „zweiten Leben" als Hausfrau und Mutter ist ihr allerdings nicht viel Erfolg und Glück beschieden. Die Eheleute verstehen sich nicht und die Ehe wird geschieden. In ihren letzten Jahren bildet sie in Stuttgart junge Sängerinnen aus und versucht sich schriftstellerisch über ihre Kunst („Aus dem Leben einer Künstlerin", Autobiographie, 1857; und „Rede und Geberde"). Sie stirbt am 22. Dezember 1869 in Stuttgart.

Auch Agnese Schebest war nicht durch Geburt und Lebensumstände *ihrer Familie begünstigt. Als sich ihr jedoch die Chance bot, ihr weiteres Leben selbst zu gestalten, es also nicht von anderen bestimmen lassen zu müssen, ergriff sie beherzt diese Möglichkeit und nutzte den Freiraum, der sich ihr mit ihrer Stimme eröffnete.*

Über ihre erste Zeit in Pest erzählt sie:

... Mein Glück war nun gemacht, und ich sang dann noch von meinen größten Rollen, die mir durch meinen Lehrer und meine Lehrerin in Dresden einstudiert waren, den Tankred, die Agathe im „Freischütz", die Eglantine in der „Euryanthe", die Zerline im „Fra Diavolo" und die Oberpriesterin in der „Vestalin". Das waren alle meine Partien, die ich mitgebracht hatte; die weit größeren und schwierigeren, die ich später auf meinen Reisen sang, habe ich mir ohne anderer Einwirkung (obgleich scharfsinnige Rezensenten sich ermüßigt sahen, daran zu zweifeln) in dem von allen Vorbildern so fern gelegenen Pest hübsch für mich allein eingeübt. Das machte mir auch unbeschreibliche Freude; denn danach hatte ich schon längst Verlangen, selbst einmal etwas zu schaffen.

Der Direktor, der mir nach jenem glücklichen Erfolg nicht nur zwölf Gastrollen sogleich antrug, was für meine Kasse und für mich nur sehr schmeichelhaft sein konnte, unterhandelte nun auch mit mir über ein längeres Engagement. Das Höchste, was er geben konnte und was er noch nie gegeben hatte, waren zweitausend Konventions-Gulden und die Einnahme von zwei Benefizvorstellungen für das Jahr, nebst Reiseurlaub. Das klingt schon ganz stattlich; aber wenn man sich Kostüme und Garderobe dafür anzuschaffen hat, kann man von solcher Einnahme doch keine allzugroßen Schätze aufhäufen. Indes hatte mir mein Gastspiel so viel eingebracht, daß ich nicht nur meine Schuld an die gute Billig abtragen, sondern auch die Reisekosten für die Mutter bestreiten konnte; denn nach ihr verlangte es uns am allermeisten, und so waren wir denn bald wieder glücklich beieinander. Anfangs mußten wir noch im Gasthofe bleiben, wo der Wirt um denselben billigen Preis wie anderwärts uns die nötigen Zimmer überließ. Die Kost war auch nicht zu teuer, und so konnten wir die Zeit ruhig abwarten, bis wir Mittel hatten, uns eine recht hübsche eigne Einrichtung anzukaufen.

Der Direktor suchte nun alle Opern hervor, in denen seine beiden Sängerinnen recht glänzend beschäftigt werden konnten, vornehmlich solche, in denen ich einen Mann machen durfte. Daß ihm dadurch sämtliche Damen gesichert waren, weil diese eine förmliche Leidenschaft hatten, mich als zärtlichen Jüngling zu sehen, wußte er. Ich dankte nur meinem Schöpfer, daß ich kein wirklicher Mann war; alle Herrn hätten mit mir Händel angefangen und mich am Ende gar auf Pistolen gefordert. Der Direktor kalkulierte ganz richtig. Wo die Damen hingehen, werden auch die Herrn nicht ausbleiben; wobei er dann in der Tat stets die reichlichsten Einnahmen machte.

Arsace in „Semiramis", Malkolm im „Fräulein am See" und noch viele andere derartige Helden wurden mir zugeteilt. Rossini hatte, so scheint es, mehr Freude daran, sich die Frauen als Männer zu denken, während umgekehrt die alten Griechen ihre Frauen durch Männer darstellen ließen. Wenn man sich freilich die Klytämnestra, Iphigenia und Elektra noch heutzutage von Männern und gar vielleicht auf Rossinischen Passagen gesungen denkt, so würde man doch wohl ein wenig mehr davor erschrecken, als vor einem weiblichen Heldenjüngling.

Indes mögen mir's diejenigen, die so gar vornehm auf Rossini herabblicken, immerhin glauben, daß seine zwar leichten und einschmeichelnden Melodien doch nicht so gar leicht in des Meisters genialem Sinne aufgefaßt und wiedergegeben sind. Erst bei eigener Erekution seiner Musik ist es mir fühlbar geworden, was die Österreicher und Italiener darunter verstehen, wenn sie sagen: „Das ist eine lutherische Musik oder ein lutherischer Sänger." Damit wollen sie ohne allen Zweifel aussprechen, es töne zwar recht solid, ehrbar, und auch wohl recht erhaben, aber — kalt. (...)

Zuweilen mußte ich auch wohl eine Partie über Hals und Kopf einüben, gewöhnlich dann, wenn ein berühmter Gast erwartet wurde. Mein geliebter Lehrer Miksch hatte über solche Exzesse keinen kleinen Schreck; doch da ich mit dem bloß flüchtigen Einüben einer Partie mich selbst nie hätte begnügen mögen und ich dann, wenn der Gast fort war, eine mir zusagende Rolle nach besten Kräften nur um so gründlicher durchzufeilen mich bemühte, so war seine Angst und Sorge, wie die Folge lehrte, ohne Not, wenn mir auch seine innige Teilnahme unbeschreiblich rührend war. (...)

Als alleinstehende Frau und noch dazu Künstlerin mußte sich Agnese Schebest mancher Nachstellungen seitens der Männerwelt erwehren, die sie nur zu leicht als „Freiwild" betrachtete. Die kühle Abfertigung eines zudringlichen Herren war in der damaligen Zeit nicht ganz ungefährlich, wie die nachstehende Schilderung eines solchen Erlebnisses zeigt.

Mittlerweile hatte sich ein gewaltiger Auftritt mit einem vornehmen Manne ereignet. Dieser wußte, daß ich allen gefährlichen Herrn-Besuchen ein für allemal die Tür verschlossen hatte. Er dachte ohne Zweifel: Kann das Fräulein mit ihren Noten so artig und säuberlich umgehen, so könnte sie's noch viel eher mit einem k. k. Oberstlieutenant, der nicht nur ein schöner, sondern sogar ein berühmt schöner Mann ist, und dem darum vielleicht auch noch nie, aber doch selten unzart begegnet worden ist. Er ließ sich deshalb als ein von Wien, mit angenehmen Aufträgen versehener Freund bei uns melden. Ich meinte nicht anders, als daß vielleicht gar der Kaiser meines verunglückten Vaters wegen irgendein Zeichen seiner besonderen Gnade uns zugedacht habe, und wir konnten den Besuch dieses hohen Abgesandten kaum erwarten. Er kam — rühmte alle möglichen Wiener Schönheitsmittel und die verschiedenen Operntheater und Künstler und brachte mir Grüße von einer Dame, deren ich mich ganz und gar nicht erinnern konnte. Unwahrheiten hatten mich immer tief erbittert, wir ließen daher den Herrn sehr kleinlaut ablaufen. Am folgenden Tag lauerte er mir auf der Treppe auf; da ich ihm aber kein Gehör gab, so ging er mir bis auf die Straße nach und rühmte alles mögliche an mir, wofür ich doch gar nichts konnte, schilderte auch seine Verehrung in einer Weise, daß ich ihm davon und in ein Haus lief, wo ich mich so lange verbarg, bis ich dachte, daß er fort sein könnte. Zu Hause angekommen, riefen Mutter und Schwester aus: „Was ist denn geschehen, du siehst ja todesbleich aus?" Ich nahm Papier und Feder zur Hand und schrieb ein kleines Zettelchen, das ich unversiegelt durch den Kellner an jenen Herrn absendete. Der Kellner hatte nichts Eifrigeres zu tun, als den Zettel zu lesen und ihn sämtlichen jungen Offizieren, welche im Gastzimmer anwesend waren, mitzuteilen. Endlich trat auch jener Herr ein. Die jungen Leute sahen mit verbissenem Lachen dem eitlen Manne ins Gesicht, der sich beim Lesen des Briefchens von Grimm und Scham entfärbte. Das erste war, daß er mir drohen ließ, er werde mich einsperren lassen. Ich ging abends nicht mehr aus, fürchtend, er könne mir ein Leid antun. Die Folge war, daß ich zum Stadthauptmann gefordert wurde; ich schickte aber für mich den Direktor dahin, der meine Sache ausfechten sollte. Danach wurde ich zum kommandierenden General vorgefordert; dorthin ging ich selbst. Es war ein alter Herr mit weißem Haar; der redete mich sehr ernst an und sagte: ob ich wohl wisse, daß ich einen der bedeutendsten Offiziere vor der ganzen Stadt lächerlich gemacht habe? „O ja, Herr General, das weiß ich; aber eben darum, weil er mir ein vornehmer Mann zu sein schien, hätte ich auch erwartet, daß er sich etwas nobler betragen hätte. Was geht's ihn an, ob ich so oder so aussehe? Er war zudringlich und unverschämt, und da ich keinen Vater mehr habe, so mußte ich selbst Vaterstelle bei mir vertreten und mein eigner Beschützer sein. Sie haben auch Töchter, Herr General, und ich möchte wohl wissen, was Sie getan hätten, wenn irgend so ein vornehmer Herr ähnliche Wünsche gegen sie ausgesprochen hätte. Ich werde mich meiner Satisfaktion halber von keinem Menschen strafen lassen, und wenn ich deshalb Schutz beim Kaiser suchen müßte." Damit ging ich ohne weiteres nach Hause.

Nun hieß es, der Herr Oberstlieutenant werde mich auf der Bühne erschießen lassen. Ich trat deshalb drei Wochen lang nicht auf, und Grimm klagte auf Schadenersatz beim General-Kommando. Endlich wurde dem Herrn von seiten des Generals angedeutet, so lange ich in Pest sei, die Stadt zu verlassen. Nach Ablauf der drei Wochen trat ich voll Zittern als Eglantine in Webers „Euryanthe" auf, denn ich fürchtete mich freilich gar sehr vor dem Erschießen und auch vor dem Auspfeifen. Ich blieb deshalb beim Heraustritt eine Weile voll banger Erwartung im Hintergrund der Bühne stehen. Aber die lieben, einzig lieben Pester empfingen mich mit einem solchen Sturm von Beifall, daß ich in Tränen ausbrach und lange nicht zu Worten kommen konnte.

Dennoch erlegt sie sich aus Angst einen „dreiwöchigen Hausarrest" auf, den sie zu ungestörtem Nachdenken über Musik und ihre Darstellungsmöglichkeiten nutzt. Agnese Schebest besitzt aber auch einen scharfen Blick für ihren Beruf und das Publikum.

Es ist doch eine eigene Sache um einen bestimmten Beruf. Sobald man sich nur ein wenig in der lieben freien Natur erholen oder unter Menschen zerstreuen will, gleich verfolgt einen der Gedanke an die Arbeit. Es war darum auch unter Vergnügungen und Zerstreuungen meines Bleibens nie sehr lange und die gute Mutter sagte oft: „Du hast eigentlich gar nichts von deinem bisserl Leben, als daß da einer oder der ander dir mit den Händen zuklatscht; wobei du aber immer nicht sicher bist, tut er's aus Verstand oder aus Unverstand." Darüber nachzugrübeln unterließ ich fein, ist es ja doch genug, wenn sie das von Herzen tun; und damit sich keiner — wenn es auch aus Unverstand, nur aber in wohlwollender Absicht geschehen wäre — seines Beifalls zu schämen braucht, sollte man ja schon deshalb recht fleißig sein. Neben diesen harmlosen Freuden gibt es aber leider auch Erfahrungen, die schon geeignet sein könnten, einem die Kunst ganz und gar zu verleiden. Es gibt Zuhörer, die das Wesen des Künstlers nur äußerlich zu erfassen wissen, sich nur von seinem Aussehen, seiner Stimme und dgl. bezaubern lassen. Es gibt freilich auch solche, die sich in seine Leistungen tiefer hineinfühlen und in dem geistigen Element, das ihn belebt, erwarmen und begeistert werden. Es gibt andere, die davon ebenfalls ein wenig verspüren, nur sich leider für sehr klug halten und nur bisweilen etwas zu schwerfällig sind, um sich so ohne weiteres fortreißen zu lassen; sie lieben es, nach eigner Elle die Vorzüge des Künstlers auszumessen, um sich damit vor den Leuten wichtig zu machen — wäre es ihnen um die Sache und um ein redliches Urteil zu tun, warum sagen sie es dem jungen Künstler nicht unter vier Augen, damit er verbessere und nachhelfe, wo nachzuhelfen möglich ist? Dann gibt es Kunstprotektoren, die — um Nebenzwecke zu erreichen — mit unbeschreiblicher Zartheit alles mögliche beschönigen und herausheben und denen besonders an einer Künstlerin alles sehr wichtig zu sein scheint, nur nicht eben das Kunststreben. Und auch an solchen fehlt es gar nicht, die mit all ihrer Begeisterung und Urteilsfähigkeit doch zu keinem andern Zwecke ins Theater gehen, als sich die Zeit vertreiben zu lassen und ihren subjektiven Augen und Ohren gütlich zu tun; sie sind es, die hinterher, trotz all ihrer Entzückungen, ebenso schnell den schmutzigsten Zoten zujauchzen. Dann kommen die Rezensenten, — jene redlichen Männer, die sich Mühe geben und sich zu unterrichten suchen, um durch ein gebildetes Urteil ihr Brot nach bestem Wissen und Gewissen zu erwerben, und jene Schamlosen, die mit Schimpfen und Kritteln nur Geld, Geld und immer nur Geld zu erpressen bemüht sind. Ich habe mich nun weder von jener Klasse von Kunstprotektoren noch von dieser Art Kritiker tragen oder einschüchtern lassen, wenn sie mir darüber auch bitterböse geworden sind. Es kam nicht selten vor, daß solche Leute sich ohne alle Umstände Geld von mir erbaten; in München drohte mir der Redakteur einer vielgelesenen Zeitschrift sogar, wenn ich ihn nicht augenblicklich mit sechs Louisd'or bedenke, so würde er alle meine Fehler der Welt aufdecken. Ich schrieb ihm zurück, er möge es doch ja tun, um die Menschen von ihrem unvernünftigen Enthusiasmus zu heilen; ich aber, im Bewußtsein all meiner Schwächen und Gebrechlichkeiten, könne ihm schon deshalb die sechs Louisd'or nicht schicken, damit er nicht veranlaßt sei, in Zukunft erst hinter einer goldenen Brille meine kleinen Vorzüge aufsuchen zu müssen. Er sah sich ein wenig vor und machte nur beiläufig einige scheelsüchtige Bemerkungen über das tolle Herausrufen, Ständchen- und Fackelzügebringen usw. Welche Macht aber haben solche Herren einem armen Geschöpfe gegenüber, das nicht so glücklich ist, von den Zuhörern in so auffallender Weise beschützt zu werden. Können sie dem guten Kinde nicht auf lange Frist das Zutrauen des Publikums, das der Intendanzen und ihren eigenen Mut benehmen? Es gibt ja leider viel mehr Leute, die kein eigenes Urteil haben, herumhorchen, was andere sagen, nachbeten, was in den Zeitungen steht, und ihr eigenes Gefühl das sie meist viel richtiger leiten würde, danach stimmen lassen, als solche die ihre Meinung vor jedermann zu behaupten wissen. Ich habe aber noch keinen Künstler gesehen oder gehört, bei dem man nicht über dies und das ein Auge, und dieses bisweilen sogar sehr gründlich, hätte zudrücken müssen; hab' aber auch schon manche scharfsinnige Beurteilungen gelesen, darin die Herren Verfasser bei den Leistungen berühmter Leute, und bei gewissen Verhältnissen, in denen sie unter ihnen gestanden, ein gleiches zu tun nicht für gut befanden. Das allerbeste ist darum wohl, daß der Kunstjünger von alledem noch nicht viel weiß und wenn er derartige Erfahrungen macht, sie abzuschütteln und zu vergessen sucht, um sich für eine idealere, schönere Welt frisch und frei zu erhalten. (...)

Und sie hat für sich die Vor- und Nachteile von einem festen Engagement und von Gastspielen reiflich erwogen.

Würde man mich fragen, weshalb ich dieses mühevolle Wanderleben einem soliden Engagement an einer Hofbühne vorgezogen habe, so müßte ich antworten: daß es mir bei äußerer Solidität und innerer Unsolidität, bei äußerem Glanz und innerer Armut auf die Dauer nie wohl geworden wäre.

Zu meiner Künstlerexistenz hatte ich zwar enorme Ausgaben nötig, und von den Reisenkosten per Extrapost, Gasthausrechnungen, Krankheitskosten, den fortwährenden Trinkgeldern und der Erhaltung einer kostspieligen Theater- und Zivilgarderobe sowie den sonstigen Erfordernissen, kann man sich beim ruhigen Fortgang eines alltäglichen Privatlebens gar keinen Begriff machen. Hier kann man einen ganzen Monat schon recht anständig mit dem leben, was ich dort oft in einem Tage verbrauchte, ohne eben absichtlich verschwendet oder einen sonderlichen Genuß davon gehabt zu haben. Indessen lebte ich abgeschlossen mit den Meinen ganz vergnügt in meinem Wagen, brauchte die Theaterwirtschaften nur im Vorübergehen flüchtig anzublicken, mußte nicht diesem oder jenem den Pantoffel küssen, um vor Intrigen und Schikanen Schutz zu finden, durfte mir vielmehr unter unbestochener Protektion des allgemeinen Urteils auf ehrliche Weise und geradem Wege mein Brot verdienen. Schon früher bemerkte ich einmal, welchen Widerwillen ich vor einer gewissen Klasse Theaterautoritäten hatte. Dieser Widerwille steigerte sich immer mehr. Nun könnte man mir zwar entgegnen, daß vielleicht an kleinen Bühnen, wo die Mittel zur höheren Begründung sozialer und ästhetischer Verhältnisse zu gering sind, der Mensch wie der Künstler leichter zurückgeschreckt werden mag. Darauf müßte ich entgegnen, daß es gerade Hofbühnen waren, wo es bisweilen am Schlimmsten aussah. An jenen Provinztheatern ist man doch wenigstens bescheiden und sucht sich eben so gut es gehen will durchzubringen. Hier aber machte sich Ignoranz, Dünkel und Grobsinnlichkeit oft weit ungenierter geltend. Finden sich hie und da vielleicht auch ein Intendant, ein Kapellmeister, ein Regisseur oder ein paar andere Künstler, die das Ganze durch energische Tätigkeit und strenge Haltung zu heben und herauszuputzen bemüht sind, wie geht es aber beim übrigen in- und durcheinander her? –

Ihre persönlichen Erfahrungen lassen sie in flammenden Worten das Verhalten der Gesellschaft gegenüber Frauen auf der Bühne anprangern. Ein anschauliches Bild, wie man glaubte, mit Künstlerinnen umgehen zu dürfen, soll hier zum Schluß noch folgen.

Es ist nicht meine Sache, zu erwägen, ob jene Herren hinter den Lampen oder jene vor den Lampen mehr zur Demoralisierung beitragen; ich will auch darüber meine Beobachtungen unterdrücken, ob es mehr Frauenzimmer auf der Bühne oder außer derselben gibt, die sich aus Not oder Verirrung förmlich danach abmühen, zu Ehren oder zu Falle zu kommen. Jedenfalls wär' das aber weit mehr eines redlichen Mannes Sache, sie zu Ehren zu bringen, anstatt sie zum Gegenteil herabzuziehen.

Es ist empörend, wenn man weiblichen Mitgliedern den Ehestand kontraktlich zu erschweren sucht und ihnen droht, denselben umzustoßen oder ihre Gage zu vermindern, wenn sie sich dergleichen einfallen lassen. Solche Zumutungen passen für gemütlose, überspannte oder solche Frauenzimmer, an denen nichts mehr zu verderben ist, nicht aber für körperlich gesunde und gemütreiche Geschöpfe.

Ist das nicht schon traurig genug, wenn vornehme Männer zu stolz sind, ihre Frauen im Dienste der Kunst fortwirken zu lassen, sie ihrer gewohnten Tätigkeit entziehen, und alsdann oft aus Not dennoch zu diesem Rettungsanker wieder zurückdrängen? Es muß auch das schmerzlich sein, wenn eine ihrer sicheren Existenz beraubte Frau bei den Anstrengungen und Mühen ihres Mannes sich sagen muß: All diese Sorgen und Lasten sind durch dich ihm geworden! Es ist aber bekannt, daß alle unsere größten Sängerinnen, welche verheiratet waren — und das sind: die Catalani, die Milder-Hauptmann, die Pasta, die Malibran, Sonntag, Schröder-Devrient und noch viele andere — bei diesem naturgemäßen Verhältnis nichts von ihren Kunstfähigkeiten verloren haben; im Gegenteil! einige davon sind nicht nur nach wie vor die ausgezeichnetsten Sängerinnen geblieben, sondern auch glückliche Mütter, zärtliche Gattinnen und brave Hausfrauen geworden.

Wenn die Leute zur Hebung ihrer Begeisterung insbesondere einer Jungfrau bedürfen und verlangen können, daß sie, weil sie eine Künstlerin ist, aufhören müsse, ein Weib zu sein, so zeigen sie hinlänglich, auf welcher Stufe ihr Kunstsinn steht. — Was nun aber das Weitere und zwar das Allererste betrifft, so habe ich in den verschiedenen großen Städten des In- und Auslandes leider zu beobachten Gelegenheit gehabt, daß es allenthalben an der Hauptsache, nämlich an dramatischen Schulen fehlt. Man verläßt sich denn doch gar zu sehr darauf, daß die Talente bemüht sind, ihren eignen Weg sich zu bahnen, deshalb es auch weit mehr interessante Talente als Künstler gibt. Sollte das nun nicht eine weit solidere Aufgabe sein, anstatt nur durch schöne Tempel, Dekorationen, Garderobe und dergleichen Äußerlichkeiten der Kunst zu dienen, insbesondere dafür zu sorgen, daß der Rock den Geist nicht überstrahle? — Wie leicht es aber einzelne Hoftheaterintendanten damit halten, die denn doch von ihren Fürsten dafür besoldet werden, um die Hauptsache zu fördern, könnte folgendes Histörchen ein Beispiel geben.

Einem jungen Mädchen, das aus innerem Drang für die Schauspielkunst sich bei einem solchen Herrn Rat erholte, wie sie es denn anfangen, wohin sie sich wenden müsse, um durch pekuniäre Opfer sich als Schauspielerin auszubilden, wurde folgendes erwidert: „Schule haben wie keine, Sie sind ja ein gebildetes Fräulein und werden sich leicht in Ihrer Aufgabe zurechtfinden, nehmen Sie nur gleich eine recht große Rolle, worin Sie vom

Stoff getragen werden, etwa die Jungfrau von Orleans oder sonst eine imposante Partie, wodurch das Publikum sogleich einen rechten Eindruck bekommt."

So spricht der Vorsteher einer solchen Anstalt.

Wär' es nicht in der Ordnung, unsre jungen Talente vorerst von der bloß richtigen Artikulation die anderweitigen zwanzig Stufen hinauf bis zum epischen und dramatischen Lesen auszubilden? Wär es nicht am Platze, Anfänger vor allem über die Stellung des Körpers: der untern Gliedmaßen, die Haltung des Leibes, des Kopfes, die Bewegung der Arme und Hände, sowie den mimischen Ausdruck zu unterrichten und ihnen vor allem einen Begriff von dem Wesen und der Beschaffenheit der Aktion beizubringen — auf welche die sinnigen Griechen einen so hohen Wert legten; anstatt die armen Geschöpfe mit bunten Lappen zur Augenlust herauszuputzen? Möchten doch unsre Herren Intendanten die hohe Wichtigkeit einer mimisch-deklamatorischen Ausbildung erwägen! denn in der Mimik und Deklamation kommen alle Kunsterscheinungen zur Darstellung, die des gegliederten Körpers in der mimischen Stellung und Bewegung, der Ausdruck des denkenden und fühlenden Geistes in der deklamatorischen Betonung. Wie schön und ehrenvoll wär' es, wenn sie mit aufrichtigen Gesinnungen dahin zu wirken suchten, daß im Menschen wie im Künstler das Licht der Seele reiner und geläuterter sich entfalten und uns erwärmen dürfte, als es die vergänglichen Reize zu tun vermögen ihrer „vom Stoff getragenen" Jungfrauen.

Rechts: Caroline Schelling, geschiedene Schlegel, verwitwete Böhmer, geborene Michaelis

II
An der Seite großer Männer

Einzig bekanntes Bild Meta Klopstocks:
Ein Porträt von Dominicus van der Smissen

Die Muse des Dichters: Meta Klopstock

Margaretha, genannt Meta, wurde am 16. März 1728 als jüngste Tochter des Hamburger Kaufmanns Peter Moller geboren. Als sie sieben Jahre alt ist, stirbt ihr Vater, und bald darauf heiratet ihre Mutter wieder. Seit dieser Zeit hat sie anscheinend bei ihrer älteren Schwester Elisabeth, verheiratete Schmidt, gelebt. Als sie 1751 hört, daß der von ihr verehrte Dichter Friedrich Gottlieb Klopstock nach Hamburg kommt, bittet sie einen beidseitigen Freund, ihr Klopstock vorzustellen. Am 4. April 1751 ist es soweit, und Klopstock besucht sie nun jeden Tag. Metas Mutter widersetzt sich zunächst einer Heirat, da sie dem Dichter nicht zutraut, ihre Tochter versorgen zu können. 1754 heiraten sie endlich. Nach Verwandten- und Freundesbesuchen in Norddeutschland ziehen die beiden im Oktober des gleichen Jahres nach Kopenhagen, wo Klopstock am königlichen Hof ein Auskommen hat. In Metas tätiger Anwesenheit wird der berühmte „Messias" überarbeitet, und 1755 erscheint der erste Teil des Epos im Druck. Klopstock diktiert Meta und läßt sich von ihr auch Kritik gefallen. „Unter ihren Augen wuchs der Messias", wie die Allgemeine Deutsche Bibliothek schreibt. Nach mehreren Fehlgeburten erwartet Meta 1758 erneut ein Kind und bleibt deshalb bei ihrer Familie in Hamburg. Am 28. November 1758 stirbt sie, noch bevor das Kind geboren ist.

Meta Klopstock war für ihren Mann die anspornende und inspirierende Muse, die ihn zu seinem dichterischen Höhepunkt trieb. So stand sie mit ihrem frischen unverbildeten Wesen zwar in seinem Schatten, war aber auch gleichzeitig „sein Schatten". Die nun folgenden herzerfrischenden und ungewöhnlich offenherzigen Auszüge aus Briefen Metas schildern, wie sich die beiden kennen und lieben lernten.

1751, den 4. April Mein Klopstock ist itzt in Hamburg angekommen. Er läßt fragen, wann er mich besuchen darf. Ich sage: Gleich. Ohne daran zu denken, daß gleich nicht zwo Stunden heißt, und wohlwissend, daß ein Frauenzimmer sich nicht leicht in weniger Zeit ankleiden kann, so fange ich an mich zu putzen. Kaum aber hatte ich mich an den Nachttisch gesetzt und die Nadeln aus den Haaren genommen, welche nun mit großer Unordnung um meine Stirne hingen; so sagt man mir, der fremde Herr ist da. Ich stecke geschwinde, geschwinde die Haare nur so viel zurück, als nötig war, um sie mir nicht in den Augen hängen zu lassen, werfe ein Negligé über, und weil ich nicht Zeit hatte, es recht zurechtzustecken; so schlage ich ein großes, großes Tuch darüber. Die Schmidten kommt herein, ich springe ein paarmal in die Höhe und freue mich ganz unbeschreiblich, daß ich nun den Verfasser des „Messias", den Freund von Giseke, den Beiträger sehen soll, wo nach mir so sehr verlangt. Ich sehe, wie ich durch das Vorzimmer gehe, noch einmal in den großen Spiegel, sage: Ich bin doch auch nicht zu meinem Vorteil gekleidet (und das war ich auch wirklich nicht), ich hätte es für einen Beiträger wohl mehr sein mögen, aber der Verfasser des „Messias" wird wohl nicht sehr darauf sehen. (Hätte ich gewußt, daß der Verfasser des Messias würde mein geliebter Sunge werden, wieviel mehr würde ich dann hierüber bekümmert gewesen sein). Nun mache ich die Tür auf, nun sehe ich ihn — — — — Ja, hier müßte ich Empfindungen malen können. — Sein Anblick frappierte mich in dem eigentlichsten Verstande. Ich hatte schon so viele Fremde gesehn, aber niemals hatte ich ein solches Schrecken, einen solchen Schauer (ich weiß nicht, wie ich mich ausdrücken soll) empfunden. Ich hatte gar nicht die Meinung, daß ein ernsthafter Dichter finster und mürrisch aussehn, schlecht gekleidet sein und keine Manieren haben müsse; aber ich stellte mir doch auch nicht vor, daß der Verfasser des Messias so süß aussähe und so bis zur Vollkommenheit schön wäre. (Denn das ist Klopstock in meinen Augen, ich kann's nicht helfen, daß ich's sage. Aber Ihnen kann ich's auch sagen.) Er stutzte auch. Wir schwiegen alle beide eine kleine Weile länger still, als man in einem solchen Falle sonst tut. Endlich sagte er: Herr Giseke hat mir gesagt, daß ich die Erlaubnis hätte, Ihnen aufzuwarten. — Ach Giseke, wie rührte mich der Ton seiner Stimme! Und da sah ich ihn noch einmal recht an. Ach da stand er, da, da! In der Schmidt ihre Stube, vor der Kammer Tür. Wenn Sie hier wären; so würde ich Sie auf die Stelle hinführen, sie kneipen und sagen: Da war's Giseke, da! — Ich fand, daß er sich mit ungemein vieler Grace bückte (und ich finde noch, daß er's tut). Was meinen Sie aber, daß ich nun antwortete? Es ist mir angenehm, Sie kennenzulernen. Wahrhaftig, ich konnte nichts andres aufbringen! Und geschwinde: Wollen Sie die Güte haben, sich zu setzen. Ich setzte mich neben ihm über. Ich habe mich nachher erinnert, daß ich gesehn, daß er seine eine Hand mit der andern hielt. Ich glaubte, das käme von ungefähr. Klopstock hat mir aber gesagt, er habe gezittert und hätte mir das Zittern dadurch verbergen wollen. Er hätte sich sehr darüber gewundert, daß er zitterte, weil er's nicht gewohnt wäre und auch keine Ursache davon hätte finden können. (...)

Nun folgt der zweite Tag. Der Montag. Klopstock speiste des Mittags mit vieler unwürdiger Gesellschaft bei uns. Ich hatte mich sehr sorgfältig geputzt. (Ein Umstand, der bei verliebten Mädchen und am allermeisten bei denen, die im Begriff sind, es zu werden, sehr oft vorkommt.) Ich hatte sogar deswegen eine Trauer mehr erleichtert, als ich eigentlich gesollt hatte. Wie ich fertig war, sagte man mir, Herr Klopstock wäre gekommen. Ich wollte noch geschwinder sein, als ich schon von Natur bin, und zerriß darüber im Laufe die Garnitüre meines Kleides. Ich ward sehr böse. Es mußte doch wieder genäht werden. Das war entsetzlich, daß die Magd so langsam war! Fort! fort! Geschwind! schrie ich bei jedem Stiche, den sie tat. Ich hätte beinahe geflucht, wenigstens stampfte ich mit dem Fuße. Es ward glücklich fertig, und ich flog hinauf. Ich war von Klopstocks vorzüglichen Süßigkeiten so überzeugt, daß ich mit der Schmidt gewettet hatte, sie würde Klopstock gleich unter den beiden andern Fremden (die ich damals selbst noch nicht gesehn hatte) erkennen. Nun machte ich die Tür auf und sah — — und sah gleich Klopstock. Er sah noch süßer aus als den vorigen Tag und kam mit einer so sanften Freundlichkeit zu mir, die sich nicht beschreiben läßt.

Während des Essens erzählt er Meta, daß er bis Mittwoch bleibe, und fällt dadurch unangenehm auf, daß er sich nicht an der allgemeinen Unterhaltung beteiligt, sondern nur mit ihr spricht.

Klopstock, der immer mehr tändelte, tändelte nun endlich Liebe. Er sagte, er haßte die ernsthafte Liebe, wobei nur lauter Seufzer und Schmerzen wären. Eine Frühlingsliebe wäre recht nach seinem Geschmack. Nämlich eine, die, wenn's hochkäme, einen ganzen Frühling dauerte, man könnte sich auch sonst wohl sechsmal in einem Frühlinge verlieben. Ich setzte den Scherz fort. Zumal da ich wußte, wie sehr Klopstock gegen seine wahre Meinung sprach. Endlich blieb es mir nicht mehr angenehm. Ich fürchtete, Klopstock möchte auch wohl gar denken, ich wäre ein Mädchen, mit dem man nur dergleichen sprechen mußte (diese Furcht ist oft wiedergekommen). Rahn brachte eine Gesundheit aus, die mich vollends verdrießlich machte. „A vos amours, Mr. Klopstock, qui apresent se divulguent par tout le monde." Ich glaube, die Sache an sich und das divulgieren war mir beides unangenehm. Ich erklärte es mir aber so, daß ich verdrießlich darüber ward, daß Rahn es noch mehr ausbreitete. — Einen kleinen Umstand kann ich für Sie unmöglich unterdrücken. Ich reichte Rahn einen Teller mit Äpfeln, und weil Klopstock und Hagedorn zwischen uns saßen; so mußte ich mich fast über Klopstock seinen Schoß legen, um hinzukommen. Klopstock sah sehr aufmerksam nach meiner Tour-de-gorge und seufzte. Ich bemerkte es und wunderte mich, denn ich hatte Klopstock bisher für einen bloßen Geist gehalten (Itzt weiß ich's wohl, daß er einen ebenso süßen Körper hat). Ich ward dennoch nicht böse darüber, da ich sonst allemal bei einer solchen Gelegenheit gegen eine jede Mannsperson Zorn und

Verachtung empfunden habe. (Dieses setze ich nicht etwa als ein Beweis meiner Tugend hierher; sondern es ist eine wirkliche Wahrheit.) Wir standen vom Tische auf. Klopstock hat mir nachher gesagt, daß er sich selbst gewundert hätte, daß ich mit meinen andern Nachbarn so wenig gesprochen hätte. Bei Tische hatte man von unsern hiesigen Regenkleidern gesprochen. Ich versäumte die Gelegenheit nicht, itzt eins bringen zu lassen und es umzutun, auf daß sie die Mode recht sehen könnten. Ein Nebenumstand ist sonst auch, daß es mir sehr gut steht. Dieser Nebenumstand tat auch die sehr gute Wirkung auf Klopstock, daß er herflog und mich mit vielem Feuer küßte. Nun fing die Gesellschaft an, sich zu zerstreuen, und die meisten fuhren weg. Klopstock trat mit mir an ein Fenster und las einen Brief von Ihnen. Ich, um desto besser in den Brief zu sehen, weil wir ihn doch nicht ganz laut lesen konnten, hatte, wirklich ganz von ungefähr, meine Hand hinter Klopstocks Rücken gelegt. Er drückte sie mir ganz sanft mit seinem Rücken. Dieser Druck erregte bei mir ein Gefühl, das mich aufmerksam machte, das doch aber so süß war, daß ich nicht imstande war, meinen Arm zurückzuziehen (welches ich bei einer andern Mannsperson gewiß gleich getan hätte). Mein Arm blieb also ganz dicht an Klopstocks Rücken liegen, so lange er den Brief las. Klopstock hat mir auch erzählt, daß ich, wie er nachher mit mir gesprochen und er seine Stirne so ein bißchen gegen mich geneigt, ich die meinige auch ein bißchen so hingebogen, daß sie sich ganz sanft aneinander berührt. Diesem Umstand weiß ich nicht mehr. Ich glaube daher, daß ich's auch nicht muß gewußt haben, wie ich's getan habe. Klopstock fragte ob ich seine Elegie: „Dir nur zärtliches Herz“ — — kennte. Ich sagte, aus einer gewissen Furchtsamkeit, daß ich sie nicht genug kennen möchte, nein. Er wunderte sich und sagte, so wollten wir sie zusammen lesen. Ich ging deswegen mit ihm nach der Schmidt ihrem Zimmer. Ich fing an zu lesen, konnte aber nicht fortfahren, weil ich einen zu starken Fluß auf den Augen hatte. Klopstock las. Er hielt meine eine Hand. Das

Herz schlug mir gewaltig, unsere Hände wurden immer heißer, immer heißer, ich fühlte sehr viel und, ich glaube, Klopstock auch. Er las ein Stück aus dem „Messias". Die Schmidt war dazugekommen. Er fragte, ob er nicht einen Kuß dafür verdient hätte? Die Schmidt sagte ja. Ich sagte, ich küßte keine Mannsperson. Er disputierte viel dagegen. Ich dachte, warum küßt der Affe dich denn nicht? Du kannst ihm den Kuß ja nicht geben! Herr Keller kam herauf. Er fragte, ob Klopstock denn noch nicht wegfahren wollte? Er müßte ja zu Olden. Ja, bald, sagte Klopstock, setzte sich unterdes hin und trank mit uns Tee. Die Schmidt war so gut, Herrn Keller zu entretenieren, ich schwatzte mit Klopstock. Er sagte, ich sollte mit ihm reisen. Ich sagte; ich wollte wohl. „Aber Sie würden zu sehr frieren." „Wenn ich Ihr Feuer bei mir hätte, wohl nicht", sagte ich mit Lachen. „Ach, Sie haben genung eignes Feuer", sagte er und küßte mich, mit nicht wenigem. Endlich, nachdem Herr Keller lange angemahnt und die Glocke neun geschlagen hatte, fuhr mein Klopstock zu Olden. –

Den Montag, ehe Klopstock wegfuhr, hatte er mich gefragt, um welche Zeit er mich den andern Morgen besuchen könnte. Er wunderte sich sehr, wie ich um zehn sagte. Wie ich merkte, daß er sich wunderte, bat ich ihn, er möchte früher kommen; aber er wollte nicht. Dienstag morgen um zehn Uhr kam er also. Wie er in die Stube trat, spottete er über meine Toilette und meinen Schoßhund. Den letztern habe ich gleich darauf abgeschafft und durchaus keinen wieder haben wollen. „Sind in dem kleinen Kasten Liebesbriefe?" sagte er von einem, der auf dem Nachttische stand. Ja, sagte ich, und es ist Ihnen erlaubt, sie zu sehen. Er fand eine von seinen Oden darin. Er machte ein freundliches Gesicht und sagte mir noch eine andre vor. Endlich setzte er sich hin und trank Tee mit mir. „Ich habe dem Herrn von Hagedorn absagen lassen", sagte er, „um noch eine Stunde länger bei Ihnen sein zu können." – Er hatte den Herrn von Hagedorn erstaunlich lieb, damals. – Wir kamen nach und nach so weit, daß er mir seine ganze Geschichte erzählte. Ich empfand so viel dabei, daß ich's gar nicht ausdrücken kann. Ich mußte auch einmal hinausgehen. Ich nahm das alles für freundschaftlichen Anteil, aber nachdem ich recht darauf acht gegeben, so habe ich gefunden, daß mein Gefühl mehr der Ehrfurcht, als der Freundschaft, ähnlich war. Dieses Gefühl hat sich hernach sehr oft wieder merken lassen. Klopstock selbst war sehr decontenancirt bei seiner Erzählung, aber ich glaube nicht, daß er das meinetwegen gewesen ist.

Endlich ging er weg, mit dem Versprechen, den Abend bei uns zu essen; er sagte aber, daß er nicht vor acht Uhr kommen könnte. Wenn er weg war, so schlug mir immer das Herz so, und die Zeit währte mir so lang. Ich mochte so gern von ihm sprechen, und es verdroß mich, wenn die Schmidt mich unterbrach oder von etwas anderm redete.

Zwei Jahre nach ihrer Heirat ist sie mit ihrem Dichter noch immer überglücklich, wie Briefe an die Schwestern zeigen.

Den 4. April 1756 um 11 Uhr (An dem Tage, da ich vor fünf Jahren Klopstock zum erstenmal sah.)

Ich muß wenigstens an diesem Tage einen Brief an dich anfangen; ich hätte einen ganzen geschrieben, aber die Leute wollten, daß ich mit ihnen spielen sollte (Klopstock ist beim König) — Ja, heute also sah ich ihn zuerst — den Engel! — Ich will dich an nichts erinnern, du weißt es noch alles genung. — O Gott sei Dank, Gott sei Dank für dies Sehen! — Wie sehr fühle ich's jede Stunde, daß niemand als Klopstock mir hätte Mann sein können. Wie zittre ich manchmal, wenn ich denke, daß es doch hätte eine Möglichkeit sein können, einen andern Mann zu kriegen. Aber mein Herz fühlte sich doch immer sehr, wenn es die Leute nicht wollte, die so viel ander Vorteilhaftes hatten — Himmel! was hätte ich mit einer Kreatur anfangen sollen, die ich übersähe! Oder noch schlimmer, mit einer, deren Herz unter meins wäre? Entschuldigen, entschuldigen, die ewige Zuflucht so vieler Frauen, die selbst dadurch schwächer werden. O, wie ist mein Klopstock so sehr für mich! und so sehr über mich, als ich haben will, daß es ein Mann sein soll. Denn eine Frau ist doch am Ende immer nur Frau, sie kann nichts anfangen, und je mehr Vernunft sie hat, desto mehr wird sie sich in ihre Schranken halten. Und das Süße, das Sanfte wenn man einen hat, an den man in allem immer noch appellieren kann, und dessen Herz zugleich so vortrefflich ist, daß man sich ihm von allen Seiten ganz zeigt. O Schmidt, wieviel könnte ich davon sagen! — Aber Klopstocks Person ausgenommen, wie glücklich sind auch alle seine Umstände für mich. Was würde ich mit einem Kaufmann oder einem Gelehrten, der in einer Wissenschaft eingeschränkt ist, haben sprechen können? Vom Wetter und Schauspielen? Welch eine Unterredung zwischen Mann und Frau! Mit Klopstock kann ich von allem reden, worin sich meine kleine Frauenzimmerlichkeiten gewagt haben, und von dem Kolorit der Wissenschaften, dem Geschmack und von dem, was über alles geht, Empfindungen! — Und ich könnte beinahe bei ihm eine Bibliothek entbehren, weil er mir beinahe täglich, durch seine Verse am „Messias" ein neues Buch schafft. — Aber ich muß abreißen, nicht abbrechen. Gute Nacht. —

Lingbye, d. 14ten Sept. 1756
Meine liebe Schmidten und meine liebe Dimpfeln

Denn itzt, da ich euch beide gleich lieb habe, schreibe ich allemal an euch beide. — Eben komme ich vom Monde her. — Ich werde durch das viele Ansehn noch eine große Mondverständigerin werden, denn ich merke schon, wie er täglich abnimmt. Daß man das täglich merken konnte, wußte ich sonst nicht so recht. — Ja, ich sollte euch wohl itzt meine Reisebeschreibung geben, aber ich kann's noch nicht so gleich tun, denn ich habe schon wieder etwas, das mich mehr interessiert. Und das ist — — — ja für Menschengesichter wären es — — Kleinigkeiten, aber

Leute, die zur Zufriedenheit geneigt sind, wie leicht interessiert die nicht etwas! Es ist meine kleine Wirtschaft, die ich wieder selbst führe. Du kannst dir (Ihr könnt euch soll dies heißen) nicht vorstellen, wie vergnügt ich die Treppe hinunter in die Küche gehe! (mein Gesinde ist noch völlig so, wie's in den ersten Wochen pflegt zu sein. O, wenn das Gesinde wollte, wie sehr kann es einem nicht das Leben erleichtern!) Nichts ist süßer, als wenn ich mit meinem Klopstock so nah, nah zusammen auf dem Kanapee an unserm kleinen Tische sitze. Klopstock ist so vergnügt, mit dem, was seine Meta ihm angeordnet hat, das Essen schmeckt ihm so vortrefflich! und es ist doch nur so simple, und ich — ja, wie ich für Liebe, Freude, Zufriedenheit und Dankbarkeit glühe, das läßt sich nicht beschreiben. Das tägliche Tischgebet, das leider die meiste Zeit mit so viel Gleichgültigkeit getan wird, ach, mit Tränen in den Augen habe ich's diese Tage schon oft getan! — O wie leicht ist's mit Klopstock zufrieden zu sein! In Hamburg war nichts besser als Hamburg. In Lingbye ist nichts besser als Lingbye, und in Kopenhagen wird nichts besser als Kopenhagen sein. — Ich bin ein rechter Narr mit meinem Interressieren. Den Abend, wie ich hier ankam, interressierte mich alles. Bis auf meinen Leuchter und meine Kaffeekanne hatten Reize für mich. — Man erkennt das Gute einer Sache nicht besser, als bis man sie entbehrt hat. Dies ist eine große Wahrheit. Klopstock ist diesen Abend in Bernstorf. Ich war diesen Winter gewohnt, daß er die Nacht in der Stadt bliebe; nun ward mir heute schon manchmal das Herz so schwer, und wann ich mich recht recht bedachte, so fand ich: er kommt ja wieder. Es ist itzt schon eine rechte Glückseligkeit für mich, daß er wiederkömmt. Ach, Klopstock ist so süß, so zärtlich, so — — wie ihr ihn gesehn hat, so — wie er immer ist.

Wie stark das Band zwischen den beiden war, zeigt Klopstock in seinen Oden „An Cidli", in denen er seine Liebe zu Meta verewigt hat.

AN CIDLI
[GEGENWART DER ABWESENDEN]

Der Liebe Schmerzen, nicht der erwartenden
Noch ungeliebten, die Schmerzen nicht,
Denn ich liebe, so liebte
Keiner! so werd ich geliebt!

Die sanftern Schmerzen, welche zum Wiedersehn
Hinblicken, welche zum Wiedersehn
Tief aufatmen, doch lispelt
Stammelnde Freude mit auf!

Die Schmerzen wollt ich singen. Ich hörte schon
Des Abschieds Tränen am Rosenbusch
Weinen! weinen der Tränen
Stimme die Saiten herab!

Doch schnell verbot ich meinem zu leisem Ohr
Zurück zu horchen! die Träne schwieg,
Und schon waren die Saiten
Klage zu singen verstummt!

Denn ach, ich sah dich! trank die Vergessenheit
Der süßen Täuschung mit feurigem
Durste! Cidli, ich sahe
Dich, du Geliebte! dich selbst!

Wie standst du vor mir, Cidli, wie hing mein Herz
An deinem Herzen, Geliebtere,
Als die Liebenden lieben!
O die ich suchet', und fand!

Die skandalumwitterte Professorengattin: Caroline Schlegel-Schelling

Caroline Michaelis, am 2. September 1763 in Göttingen geboren, wird von ihrem Vater – wie damals weithin üblich – im Jahr 1784 mit dem Arzt Johann Franz Wilhelm Böhmer verheiratet und zieht mit ihm nach Clausthal. Nach dessen Tod im Jahr 1788 lebt sie nacheinander in Göttingen, Marburg und Mainz, wo sie freundschaftlichen Umgang mit Georg Forster und den Klubbisten pflegt. Nach der Rückeroberung von Mainz 1792 wird sie als Revolutionärin in Königstein und Kronberg inhaftiert. Sie ist ungewollt schwanger, den Vater des Kindes gibt sie nicht preis. Ihr guter Ruf ist dahin. 1796 geht sie mit August Wilhelm Schlegel die Ehe ein, ihr Haus in Jena wird zum Mittelpunkt der Romantiker. Die Vernunftehe hat jedoch keinen Bestand, und die beiden lassen sich 1803 scheiden. Inzwischen hat sie den dreizehn Jahre jüngeren Friedrich Wilhelm Schelling kennen und lieben gelernt. Die beiden heiraten noch 1803 und ziehen nach Würzburg, drei Jahre später dann nach München. Am 7. September 1809 stirbt Caroline auf einer Reise in Maulbronn.

Caroline Schlegel-Schelling gilt als die bedeutendste Frau der Romantik. Durch die Entschiedenheit, mit der sie ihre eigenen Lebensvorstellungen als Frau verwirklichte, hat sie ständig für Skandale gesorgt und sich viele Feinde geschaffen – Schiller nannte sie gar „Madame Luzifer“. Mit ihrer Forderung, ihr Leben selbst bestimmen zu dürfen, war sie ihrer Zeit weit voraus, und so fiel es vielen ihrer Zeitgenossen naturgemäß schwer, diese selbstbewußte Frau zu akzeptieren.

Die von den Eltern vermittelte Ehe mit dem Bergarzt Böhmer führt sie 1784 vom weltoffenen Göttingen in das stille Clausthal. Zunächst nimmt Caroline die Heirat von der besten Seite, an die Freundinnen Luise Gotter und Wilhelmine Bertuch schreibt sie am 9. Juli 1784:

Hier sitz' ich in einer ländlichen Laube meines neuen Gartens und bin ganz bei Euch, meine Besten. Die Einsamkeit von einigen Stunden, beinah die ersten seit so langer Zeit, sei Euch gewidmet. Wenn ich Euch hier bei mir hätte, und statt des langweiligen Schreibens, bei dem so unendlich viel verloren geht, erzählen könnte! Denn wie ich Euch durch vier solche Wochen hindurchführen werde, mit der Feder, weiß ich nicht. Erspart mir wenigstens die Geschichte meiner Empfindungen; was sie waren, könnt Ihr aus dem Geschehenen erraten, und wie — kann ich doch nicht beschreiben. Welch ein' Taumel von Liebe, Freundschaft und Glück hab' ich durchlebt, und mit welcher süßesten Wehmut — immer die Grenze, wo Schmerz und Freude sich treffen — mit welchem Dank genoß ich ihrer. Es wär' wohl unnatürlich, wenn eine junge Frau nicht beim Hochzeitstage anfinge. Meiner war ganz schön. Böhmer frühstückte bei mir, und diese Morgenstunden waren mit der frohsten Heiterkeit bezeichnet, mit einer Ruhe, die bloß aus der vollen Überzeugung, glücklich zu machen und glücklich zu sein entstehen konnte. Keine hochzeittägliche Furcht — nur die Seelen tauschten sich um. Mein Bruder kam. Wir blieben bis elf beisammen, und beim Abschied segnete er uns durch Tränen ein. Unter Tisch ließ ich mich frisieren, Friederike und Lotte banden indes den Brautkranz von natürlichen Myrten. Dann redte ich noch mit meinem Vater und zog mich an. Während dieser Zeit schickte mir die liebe Meiners schöne selbst gestickte Strumpfbänder nebst einen Billett, verschiedne meiner Freunde schrieben mir, und zuletzt bekam ich die Silhouette von Lotte Nieper und Friederike in ganzer Figur auf Glas gemalt, beschäftigt, den Brautkranz zu winden. Wie ich mit meinen Anzug fertig war, war ich eine hübsche Braut. Der Saal war durch meiner Mutter Hände allerliebst zurechtgemacht. Nach vier Uhr kam Böhmer und die Gesellschaft, die aus achtunddreißig Personen bestund. Dem Himmel sei Dank, alte Onkels und Tanten waren nicht dabei, sie war also sehr viel erträglicher, wie's bei solcher Gelegenheiten zu sein pflegt. Ich stand da von meinen Freundinnen umringt und dachte das am lebhaftesten, welch ein Zustand der meinige sein müßte, wenn ich den Mann vor mir nicht liebte. Mein Vater, der noch bei weitem nicht ganz gesund war, führte mich vor den Prediger, und in diesem Augenblick sah ich mich nun neben Böhmer auf mein ganzes Leben, und zitterte nicht! weinte nicht während der Trauung! aber wie sie vorüber war und Böhmer mich mit aller Gewalt der stärksten Liebe umarmte, und Eltern, Schwestern, Brüder, Freunde mit Wunsch, Segen und Liebe mich begrüßten, wie noch je eine Braut begrüßt worden, mein Bruder außer sich war vor freudiger Rührung, da schmolz mein Herz und strömte über von Seligkeit.

Das übrige des Tages sah kaum einer Hochzeit ähnlich, so ungezwungen war alles. Hofrat Feder versetzte die Teilnehmung in einen rauschähnlichen Zustand, der wenigstens acht Tage dauerte, Schlözer, der wirklich mein Freund ist, wie er's von wenig Menschen sein mag, sah aus wie die Freude, meine Leßen, Niepern und mehrere — Ihr könnt Euch die Freundschaft kaum denken, mit der man unsern Tag feierte. An alberne Zeremonien, nicht einmal Strumpfband, war irgend zu denken. Am folgenden Morgen ward ich durch ein Lied vor der Tür geweckt und sah mich sogleich von der ganzen Schwesterschar umgeben. Bis Mittag war Gesellschaft da, und um vier fuhren unsre beiden Familien zu der Leßen, wo diese und Meiners uns ein kleines Fest geben wollten. Nach dem Kaffee führt mich Leß in den Garten, und hier ward ich so entzückend überrascht, daß ich's jetzt noch fühle. Die Leßen stand am Eingang mit ihrem Sohn, der wie Hymen gekleidet, ein Körbchen mit Blumen in der Hand, die er streute, uns zu der entgegenstehnden Laube führte, in der ein Thron von Moos und Blumen mit hohen Stufen, einem Thronhimmel, Ehrenpforte, und wie nenn' ich das alles? errichtet war. Hinter einen kleinen Gebüsch stand ein Harfenspieler Sänger. Wie wir uns setzten, sangen sie:

Die Liebe, die dies Paar entzündet

Auf einem Thron von Blumen findet
es stets die Kunst, beglückt zu sein.

Mit welchem Gefühl ich in Böhmers Arme sank, das weiß Gott! Die Liebe dieser vortrefflichen Menschen legte mir neue heilige Verbindlichkeit auf, gut zu sein. Es war ein herrlicher Nachmittag, der mein Herz so erschöpfte, daß ich abends recht gern in einer unbedeutenden Gesellschaft bei Osann war. Die Meiners und Leß waren die Schöpferinnen des schönen Auftritts. Leß segnete Böhmer und mich — Meiners war bis zu nassen Augen gerührt. Wenn ich Euch alles sagen wollte, Lieben, wie die besten Seelen unsre Verbindung gefeiert haben, wie man so ganz allgemein Teil dran nahm, von allen Seiten sich drängte, es uns zu bezeugen, so würdet Ihr glauben, es wär' zu viel, wie ich's selbst dachte. Böhmer ist sehr beliebt hier — ich interessiere viele — die Familienfreude war solch ein freudelockender Anblick, und so zogen wir beinah die ganze Stadt mit unserm Glück fort.

… Von meinem Glück schweig' ich noch. Wer würde die Schilderung nicht auf die ersten sechs Wochen des Ehestands rechnen? Und doch glaub' ich, es wird bleibend sein, weil's nicht übertrieben ist. Böhmer muß ein guter Ehemann sein, so lang ich ihn liebe, und meine Zärtlichkeit für ihn trägt nicht das Gepräge auflodernder Empfindungen.

Doch als ihr Mann 1788 an einer Blutvergiftung stirbt, ist Caroline letztendlich erleichtert. Kindererziehung und literarische Lektüre konnten die von ihr in Clausthal empfundene Leere nicht ausfüllen. Nach Aufenthalten bei der Mutter und in Marburg zieht sie mit der Tochter Auguste 1792 nach Mainz, wohin sie das befreundete Ehepaar Therese und Georg Forster und die dort herrschende offene Atmosphäre locken. Hier erlebt sie den Einzug der französischen Revolutionstruppen mit. An den Freund Friedrich Meyer berichtet sie am 27. Oktober:

Wenn Sie etwa glauben, daß man nicht mit Sicherheit hierher schreiben kann, so irren Sie sich — es sei dann, daß in Berlin ein Brief nach Mainz jetzt für high treason gerechnet würde. Mir wird die Zeit lang zu wissen, wie Ihr gerechter Zorn wieder in Sanftmut übergegangen ist. Ich hoffe, so leicht wie wir in Feindes Hand — wenn wir unsre höflichen wackren Gäste anders Feinde nennen können. — Welch ein Wechsel seit acht Tagen — General Custine wohnt im Schloß des Kurfürsten von Mainz — in seinem Prachtsaal versammelt sich der Deutsche Jakobiner-Klub — die National-Kokarden wimmeln auf allen Gassen. — Die fremden Töne, die der Freiheit fluchten, stimmen vivre libre ou mourir an. Hätte ich nur Geduld zu schreiben und Sie zu lesen, so könnt ich Ihnen viel erzählen. — Wir haben über zehntausend Mann in der Stadt, und es herrscht Stille und Ordnung. Die Adligen sind alle geflohn — der Bürger wird aufs äußerste geschont —, das ist Politik, aber wenn die Leute des gueux et des misérables wären, wie man sie gern dafür geben wollte — wenn nicht strenge Disziplin stattfände — wenn nicht der stolze Geist ihrer Sache sie beseelte und sie Großmut lehrte, so würd's unmöglich sein, so alle Ausschweifungen, alle Insulten zu vermeiden. Die Leute sehn sehr delabriert aus, weil sie lang im Feld lagen, aber arm sind sie nicht, und Mann und Pferd wohl genährt. (...)

Ich kann Ihnen Forsters Betragen nicht genug rühmen — noch ist er bei keinem der Institute — er macht seinen bisherigen Gesinnungen Ehre und wird vielleicht mit der Zeit den Ausschlag zu ihrem Vorteil geben. Der Mittelstand wünscht freilich das Joch abzuschütteln — dem Bürger ist nicht wohl, wenn er's nicht auf dem Nacken fühlt. Wie weit hat er noch bis zu dem Grad von Kenntnis und Selbstgefühl des geringsten Sansculotte draußen im Lager. Der Erwerb stockt eine Weile, und das ist ihm alles — er regrettiert die sogenannten Herrschaften, so viel darunter sind, die in Konkurs stehen und die Handwerker unbezahlt ließen. Aber nur eine Stimme ist über den Priester — er sieht gewiß sein schönes Mainz nicht wieder, wenn es auch, wie wahrlich sehr zweifelhaft ist, seine Tore dem Nachfolger öffnete. Custine befestigt sich und schwört, den Schlüssel zu Deutschland nicht aus den Händen zu lassen, wenn ihn kein Friede zwingt. Kaum vier Monat sind's, wie sich das concert des puissances versammelte, um Frankreichs Untergang zu beschließen hier — wo nun auf dem Komödienzettel steht: mit Erlaubnis des Bürgers Custine. (...)

Adieu, lieber Meyer. Schreiben Sie doch bald. Wie gefallen Ihnen Forsters Erinnerungen? Reichard hat einen Revolutions-Almanach geschrieben, der künftig Jahr nicht zu brauchen sein wird.

Doch das Blatt wendet sich. Mainz wird von den konservativen Kräften zurückerobert, und Caroline kommt in Festungshaft nach Königstein im Taunus. Dort muß sie entdecken, daß ein kurzes Abenteuer mit einem französischen Offizier nicht ohne Folgen geblieben ist. Sie ist verzweifelt, denn damit ist ihr Erziehungsrecht für Auguste und ihr Witwengehalt in Gefahr. August Wilhelm Schlegel hilft ihr weiter und bringt sie heimlich nach Leipzig. Von dort schildert sie am 30. Juli 1793 dem Freund Meyer ihren Zustand und ihre Not:

Sie wissen nicht, welch eine Wirkung Ihr Brief vom 26. Juli auf mich haben mußte, vielleicht ahnen Sie es um etwas deutlicher seit meinem letzten. Ihr Rat raubt mir die einzige Zuflucht, die ich mir bestimmt dachte. Ich habe mich gehütet, Ihnen in der ersten Stunde zu antworten, nicht als wäre eine unwillige Bewegung gegen Sie in mir gewesen — aber ich fürchtete mich meiner ganzen Bestürzung zu überlassen und Sie damit zu bestürmen. Ich will ruhig sein, so viel ich vermag — bedenken Sie nur, daß ich von allen Seiten angegriffen bin, von denen ein Weib leiden kann. Von einer Kleinigkeit, von einer Torheit, über die ein Mann, der die Welt kennt, die Achseln zuckt, ist hier nicht die

Rede — so wenig wie von einer unedlen herabwürdigenden Tat —, sondern von einem Unglück, über welches ich mir in einer Rücksicht bittre Vorwürfe zu machen habe, das ich aber zu sehr büße, als daß fremde mich rühren könnten. Von Ihnen erwartete ich, daß Sie es ansehn würden, wie ich selbst, da ich mich nicht mit Entschuldigungen verzärtele, allein der Rettung werthalte. — Ich habe vergessen, was ich meinem Kinde schuldig war — ich habe in einer gespannten Lage meines Gemüts aus leichtsinniger Kühnheit mich hingegeben, und die Folgen rächen sich in dem Namen, gegen den ich sündigte. Jetzt übersehn Sie die Leiden der vergangenen Monate. Als ich Mainz verließ, war ich unbekannt mit meiner Lage und entdeckte sie in — Königstein, damals konnte ich doch noch mehr Mut haben wie jetzt — ich hatte mir eine bestimmte Zeit gesetzt; wurde ich innerhalb dieser nicht gerettet, so hätte ich zu leben aufgehört, denn meinem armen Kinde war es ja besser, ganz Waise zu sein, als eine entehrte Mutter zu haben. Die Mittel dazu waren durch die Hilfe eines Freundes, den ich von der Notwendigkeit überzeugt hatte, in meinen Händen — sie sollten mir nur im äußersten Fall dienen — ich würde also erst Flucht versucht haben — um mir im Leben oder Sterben beizustehn, kam er zu mir — wenig Tage nachher wurde ich frei, und er begleitete mich hierher. (...)

Bis zur Messe, noch zwei Monat, kann ich in diesem Haus nicht bleiben — man müßte mich längst entdeckt haben, wenn man mich je vorher gesehn hätte. Bleiben Sie dabei mir Berlin zu mißraten, so muß ich darauf dringen, daß Göschen mir auf dem Lande einen Aufenthalt verschafft — ich muß ihm etwa dasselbe sagn, was ich meiner Mutter vorwandte, und Sie holen mich dann nach Erledigung Ihres Engagements ab, um, wo wir's dann für gut finden, bis zu Ende November oder Anfang Dezember zu bleiben. Sie sehn, daß ich kein Mitrauen gegen Sie gefaßt habe, und taten Unrecht sich so stark dagegen zu verwahren. ... Wie ich, von jedermann verlassen, mir allein nicht einmal die Möglichkeit zu sterben hätte verschaffen können, vertraute ich mich einem Mann, den ich von mir gestoßen, aufgeopfert, gekränkt, dem ich keinen Lohn mehr bieten konnte, wie es wohl in der Natur meines Vertrauens lag — und er betrog mich nicht. Das sanftere Gefühl, das seine grenzenlos edle Güte in mir wieder aufweckte, ließ mich für die Hoffnung aufleben, die Prüfungen, die ich nun nicht mehr gewaltsam endigen kann — dazu ist's zu spät — würden erträglich vorübergehn. (...)

1796 geht Caroline mit August Wilhelm Schlegel eine Vernunftehe ein, die sie quasi rehabilitiert. Die Ehe hält offiziell sieben Jahre, sie leben jedoch nur vier davon — in Jena — tatsächlich zusammen, in denen sich Caroline in ihren Briefen zu keinerlei Liebesbekenntnissen hinreißen läßt. Es ist mehr eine vom literarisch-wissenschaftlichen Arbeiten geprägte Freundschaft. Caroline hat in dieser Zeit als Mitverfasserin der Schriften Schlegels zu gelten. Dann wird Friedrich Wilhelm Schelling als Professor nach Jena berufen. In ihm findet sie ihre große Liebe. Im Februar 1803 rechtfertigt sie sich bei Julie Gotter:

(...) Es ist endlich auch nötig, daß ich Rechenschaft von mir gebe. Im Mai oder Junius verlasse ich Jena auf lange Zeit und gehe erstlich in ein Bad in Schwaben, dann aber im Herbst nach Italien, und der Winter wird in Rom zugebracht, so Gott will. Um aber hierzu völlig Freiheit zu haben und auch niemand in seiner Freiheit hinderlich zu sein, wird vorher, oder ist vielmehr schon, das Band der Ehe zwischen Schlegel und mir aufgehoben — das einer herzlichen Freundschaft und Achtung wird hoffentlich immer bestehen. — Ich zweifle nicht, daß Dir dieses in diesem Augenblick keine Neuigkeit mehr ist. Alles andre hierüber lassen wir aber abseits liegen und halten uns an das, was ich Euch unmittelbar mitteile, und was an Dich zu richten, meine junge Freundin, ich nicht das geringste Bedenken trage, noch, so wie alles der Wahrheit nach und in meinem Herzen steht, tragen darf. Indem mir das Schicksal oft seine höchsten Güter nicht versagt hat, ist es mir doch zugleich auch so schmerzlich gewesen und hat so seinen auserlesensten Jammer über mich ergossen, daß wer mir zusieht nicht gelockt werden kann, sich durch kühne und willkürliche Handlungsweise auf unbekannten Boden zu wagen, sondern Gott um Einfachheit des Geschickes bitten muß, und sich selbst das Gelübd ablegen, nichts zu tun, um es zu verscherzen. Nicht als ob ich mich anklagte; was ich jetzt zu tun genötigt bin, ist bei mir vollkommen gerechtfertigt, nur verleiten kann das Beispiel nicht. Ich habe nun alles verloren, mein Kleinod, das Leben meines Lebens ist hin, man würde mir vielleicht verzeihn, wenn ich auch die letzte Hülle noch von mir würfe, um mich zu befreien, aber hierin bin ich gebunden — ich muß dieses Dasein fortsetzen, so lange es dem Himmel gefällt, und das einzige, was ich dafür noch Bestimmtes wünschen kann, ist Ruhe, wahrhafte Ruhe und Übereinstimmung in meinen nächsten Umgebungen. Diese kann ich in der Verbindung mit Schlegel nicht mehr finden; mannigfaltige Störungen haben sich dazwischen geworfen, und mein Gemüt hat sich ganz von ihr abgewendet; das habe ich ihm vom ersten Moment an nicht verhehlt, meine Aufrichtigkeit ist ohne Rückhalt gewesen. Es hätte seitdem vielleicht manches anders werden können, allein andre bemächtigten sich seiner, da ich zurücktrat, und nicht die löblichsten Menschen, wie Du weißt, und ich gewann immer mehr Ursache, mich für eine entschiedne und öffentliche Trennung zu entschließen, nicht ohne Kampf, weil es mir schrecklich war, auch noch durch dieses gehn zu müssen, das ich aber endlich durchaus für Pflicht hielt; ich konnte und wollte Schlegeln nicht mehr alles sein und hätte ihn nur verhindert, ihn, der in der Blüte seines Lebens steht, auf andern Wegen sein Glück zu suchen. Dazu kam, daß meine Gesundheit mir nicht die Hoffnung läßt, Mutter zu werden; und so wollte ich ihn auch dessen nicht berauben, was mir ihm zu gewähren versagt war. Kinder hätten unstreitig unsre Verbindung, die wir unter uns nie anders als wie ganz frei betrachteten, unauflöslich gemacht. Das sind die Seiten meines Geschicks, wo das Verhängnis eintritt und von keiner Verschuldung die Rede sein kann. Dagegen hätte ich behutsamer sein sollen, die Heirat mit ihm nicht einzugehn, zu der mich damals mehr das Drängen meiner Mutter als eigner Wille bestimmte. Schlegel hätte immer nur mein Freund sein sollen, wie er es sein Leben hindurch so redlich, oft so edel gewesen ist. Es ist zu entschuldigen, daß ich nicht standhafter in dieser Überzeugung war, und daß die Ängstlichkeit andrer, dann auch der Wunsch, mir und meinem Kinde in meiner damaligen zerrütteten Lage einen Beschützer zu geben, mich überredeten, allein dafür muß ich nun doch büßen. Insoweit Du Schlegel kennst, Julchen — ich muß an Dein unbefangnes Gefühl appellieren — glaubst Du, daß er der Mann war, dem sich meine Liebe unbedingt und in ihrem ganzen Umfange hingeben konnte? Unter andern Umständen hätte dieses bei einmal getroffner Wahl nichts verändert, so wie sie hier indessen nach und nach stattfanden, durfte es Einfluß über mich gewinnen, besonders da Schlegel mich selbst mehrmals an die unter uns bestehende Freiheit durch Frivolitäten erinnerte, die, wenn ich auch nicht an der Fortdauer seiner Liebe zweifelte, mir doch mißfallen konnten und wenigstens nicht dazu beitrugen, meine Neigung zu fesseln. — Jetzt nachdem das Schicksal keines andern Wesens mehr mit dem meinigen verflochten ist, bin ich wohl berechtigt zu tun, was für mich das Rechte und Wahre ist, und auch ganz und gar nicht danach zu fragen, wie das nach außenhin aussehn mag, was an sich gut ist. Daß es so ist, darauf gedenke ich zu leben und zu sterben. In Berlin, wo mir alles mißfiel und Schlegel doch zu bleiben gedachte, kam der Entschluß zur Reise, die Krankheit meiner Mutter verzögerte die Ausführung, aber wie Du zuletzt bei mir warst, waren schon alle Schritte deshalb geschehn — ich will und darf Dir nicht sagen, wer mir in dieser Angelegenheit fast väterlich beigestanden hat — genug, der Herzog zeigte sich geneigt uns alle langwierigen und widrigen Formalitäten der Sache zu ersparen, und sehr bald wird das letzte

Wort darin gesprochen sein.

Ich kann Dir nicht ausdrücken, wie ruhig ich seit dem Moment bin, wo wir uns entschieden hatten, ich bin fast glücklich zu nennen, und meine Gesundheit hat beträchtlich gewonnen. — Alle Lästerungen, die es ferner nach sich ziehn möchte, gesprochene und gedruckte Pasquille, und was dahin gehört, das kann mich nicht anrühren. Ich habe nur die Meinigen gebeten, mich nicht mit Betrachtungen zu zerreißen, die aus einer andern Welt genommen sind, als in der ich existiere. Von der andern begehre ich nichts und ich kenne sie obendrein so gut, daß ich sogar weiß, es würde doch nur von mir abhängen, meine Ansprüche an sie auch wieder geltend zu machen, sobald ich es wollen könnte. Sonderbar ist es, daß, einmal in die Stürme einer großen Revolution verwickelt mit meinen Privatbegebenheiten, ich es gleichsam jetzt zum zweitenmal werde, denn die Bewegung in der literarischen Welt ist so stark und gärend wie damals die politische. Die Schufte und ehrlosen Gesellen scheinen eben die Oberhand zu haben. Von Kotzebue an, der in Berlin fast Minister geworden, ist ein göttlicher Zusammenhang der Niederträchtigkeit in der Welt, ich sage ein göttlicher, denn die Vorsehung wird sich gewiß noch verherrlichen, indem sie ihn auflöset. Schlegel ist nicht so inkonsequent, daß er sich im mindesten irgend etwas von dem, was geschieht, anfechten ließe, und er hat diese Gesinnung in ihrem ganzen Nachdruck noch soeben in einem Brief an Schelling erklärt, was mich denn vollends in meiner Ruhe befestigt. (...)

Da die Heirat mit Schelling 1803 erneut einen Skandal heraufbeschworen hat, gehen beide noch im gleichen Jahr nach Würzburg, wo Schelling eine Professur erhält. Seine fortschrittlichen Ideen stoßen in der stockkatholischen Stadt auf wenig Gegenliebe, und so ziehen die beiden 1806 nach München. Hier geht es ihnen besser; 1808 berichtet sie Luise Gotter:

Da nun schon Pfingsten, das liebliche Fest, ins Land gekommen ist, so muß ich endlich wohl danken für die Briefe, die ich um Ostern empfangen, für die Bemühungen, die Du Dir gegeben, liebe Freundin, ja ich habe noch eine Schuld von Weihnachten her auf mir, indem ich Minchen noch nicht geantwortet habe. Aber der weite Raum zwischen uns zieht auch immer eine lange Zeit nach sich. Indessen werden die andern Gothaner wohl fleißiger gewesen sein, so daß ich Dir, Du Liebe, über einen Punkt, der Dich übrigens gewiß interessiert, kaum etwas Neues zu melden haben werde — daß nämlich meines Mannes hiesige Lage um ein Ansehnliches dadurch verbessert worden ist, daß ihn der König neben seiner Stelle als Mitglied der Akademie der Wissenschaften zum Generalsekretär der Akademie der bildenden Künste, welche soeben eingesetzt worden, ernannt hat, mit dem Charakter und Rang eines Kollegiendirektors und einer Gehaltszulage, durch die er sich nun auf 2700 bis 3000 fl. (15—1500 rh.) Fixum steht. Es ist hierdurch in der Tat nichts Außerordentliches geschehn, indem Schelling, der nun seinen Würzburger Gehalt hier beibehalten hatte, gegen andre höchste unbedeutende Menschen bisher zurückstehn mußte und wirklich auch nicht dabei zu bestehn war; in Würzburg wurde jener Gehalt durch die Kollegiengelder um das Doppelte vermehrt. Auch war ihm gleich anfangs eine Verbesserung zugesagt; angenehmer indessen hätte er sie durchaus nicht bekommen können, als sie ihm nun, und zwar durch die allgemeine Zustimmung aller obern Behörden, vom König und Minister an, geworden ist. Denn die Stelle ist leicht zu versehn, das ganze Geschäft höchst interessant, seine Lage dabei sehr unabhängig, und sie bietet noch sonst eine Menge erfreulicher Aussichten dar. Niemand hat von dem Plan etwas gewußt außer die, welche ihn unmittelbar ins Werk zu setzen hatten; sie hatten sich ordentlich das Wort gegeben, besonders über Schellings Anstellung dabei, das vollkommenste Geheimnis zu beobachten, so daß es keine kleine Überraschung gegeben hat, wie die Sache an den Tag kam.

Was Schelling außerdem noch freut, ist, daß die Bayern hier ganz ungemein damit zufrieden sind und ihm die Stelle gönnen, da sie den meisten andern Fremden ihre errungnen Vorteile weder gönnen noch sie deswegen achten.

Die Rede, welche er am Namenstag des Königs hielt und die von bildender Kunst handelte, ohne daß er damals etwas Besonders damit meinte, hat denn doch die Veranlassung gegeben, daß man ihn eben auf diese Art in mehrere Tätigkeit gesetzt hat. Ich werde versuchen, die Konstitution der neuen Akademie diesem Blatt beizulegen, damit ihr daraus sein ganzes Verhältnis erkennt. Es wird freilich sehr verschieden von dem des andern Generalsekretärs sein, der sich ganz in die Bedientenrolle begeben hat, die Uniform will ihm nicht vornehmer anstehn wie eine Livree, ja selbst der Orden hilft ihm nicht auf. Denn daß wir nun auch eine Legion d'honneur haben, wißt ihr doch? Gotha hat dazu zwei kleine Ritter geliefert, die gar nicht recht wissen, wie sie dazu kommen. Auch Schelling hat den Orden erhalten, er schickt sich gut darein und ist eben, als hätte er ihn schon immer gehabt. Mir macht es indes einiges Vergnügen, daß mein Mann es so weit wie mein Vater gebracht hat. Es ist eine festliche Zeit hier; erst hatten wir die neue Konstitution des ganzen Reichs zu besprechen, dann die von der Akademie der Künste, dann den Orden, dann eine Fete, welche der Minister dem ganzen Orden gab, samt seinen Frauen, jetzt die Vermählung der Prinzessin mit dem Kronprinzen von Württemberg, eine Luftfahrt des Garnerin, unterirdische Illumination und italienische Oper, wo Brizzi und die Bertinotti singen. Möge uns der Himmel bei Freuden erhalten! Wahrlich, wir sind so ziemlich das einzige Land, wo nicht Verwirrung und Not an der Tagesordnung ist, wo Regent und Volk noch eins sind, und ich war in diesem Betracht allein schon gern hier, so wie mein Mann, auch da wir uns noch keines besondern Wohlseins zu rühmen hatten. (...)

Johanna Kinkel

Die musische Frau des fortschrittlichen Freigeists: Johanna Kinkel

Johanna Kinkel, am 8. Juli 1810 als Johanna Mockel geboren, wächst in einer liberal denkenden Familie auf und wendet sich früh dem Musizieren und Komponieren zu. Ihre Ehe mit dem Kölner Kunsthändler Matthieux, die sie 1832 eingeht, läßt sie scheiden, was ihren Ruf in der Gesellschaft ruiniert. Als sie 1843 den Theologieprofessor und Dichter Gottfried Kinkel heiratet, muß dieser deswegen seine Universitätsprofessur aufgeben. Die beiden ziehen nach Bonn, wo ihr Mann Literatur und Kulturgeschichte lehrt. Johanna muß Konzertreisen und Komponieren den Pflichten einer Hausfrau und Mutter von bald vier Kindern unterordnen. Seit 1845 engagiert sie sich allerdings in der fortschrittlichen Bewegung. Als Kinkel wegen seiner politischen Aktivitäten 1849/50 mehrmals im Gefängnis sitzt, hält sie die Familie mit Klavierunterricht über Wasser. Im anschließenden Londoner Exil scharen die Kinkels andere Emigrierte um sich. Johanna fiel oder stürzte sich — das ist umstritten — am 15. November 1858 in London aus einem Fenster.

Johanna Kinkel hat ihre große musische Begabung der Ehe und den Kindern geopfert. Wie weit dies am Ende ihres Lebens zu der Erschöpfung und dem Herzleiden beitrug, unter denen sie litt, läßt sich schwer ermessen.

Einen wichtigen Lebenseinschnitt bildete die Scheidung von ihrem ersten Mann. Beinahe hätte sie den Gerichtstermin verpaßt …

An Emilie von Henning

Bonn, den 1. März 1840

Meine herzliebe Emilie! Von Zeit zu Zeit melde ich mich einmal wieder, damit Ihr mich nicht gar vergeßt. Zuletzt habe ich Dir im Dezember, bald nach meinem ersten Konzert, geschrieben, wo ich durch eine Schar von Hindernissen, die sich freilich zuletzt zum besten wendeten, in der Geduld geübt wurde. Gleich nachher wurde ich veranlaßt, ein zweites Konzert zu geben: Ich wählte die schönsten Ensembles aus „Don Juan“, andre Gesang- und Klavierstücke von großen Meistern, und nach einer Menge von Proben ging es denn auch so tadellos als möglich bei den hiesigen Kräften. Den Abend vor der Aufführung, da ich sehr erschöpft aus der Generalprobe nach Hause kam, sagte ich: „Diesmal kriege ich doch einmal ein Konzert ganz ohne Verdrießlichkeiten zustande; niemand ist heiser geworden, niemand ausgeblieben.“ Das Wort war kaum gesprochen, so schellte es, und herein kommt zu unserm höchsten Erstaunen ein Notar aus Köln und sagt: „Ich komme, um Sie auf der Stelle abzuholen, durch ein Versehen des Präsidenten sind Sie auf den nächsten Freitag zum vierten Termin bestellt, und der war am vorigen Freitag. Morgen um zehn Uhr ist die letzte Frist abgelaufen, sind Sie bis dahin nicht erschienen, so ist die ganze Scheidung null und nichtig.“ Ich fiel vor Schreck fast um. Wir holten sogleich Zeugen, um einen Akt auszufertigen, denn alle diese Sachen hängen mit neunundneunzig Formalitäten zusammen. Ich schlief vor Aufregung nicht, wir fuhren vor Tagesanbruch ab und kamen noch eine Stunde vor dem verhängnisvollen Augenblick an, der die Frucht aller Aufopferungen vereiteln konnte. Wie hatten noch viel Laufen im Regenwetter, ehe alles in Ordnung war. Um zwölf Uhr bekam ich zuerst etwas zu frühstücken. Nachdem alles glücklich beendet, nahm ich Extrapost und jagte carrière nach meinem Konzert, um halb drei Uhr sollte nämlich noch eine Instrumentalprobe sein. Ich war mehr tot als lebendig, aber am Klavier kam ich wieder zu mir. Ich hatte die Reise geheimgehalten, damit es sich nicht wie ein Lauffeuer verbreiten möchte: „Es ist kein Konzert“, welches eine furchtbare Konfusion gegeben hätte. Nachdem ich also nicht geschlafen, nicht zu Mittag gegessen, Gerichtsszenen ausgestanden, eine Reise von sechs Meilen, Nässe und Kälte erfahren, mußte ich am Abend das Konzert halten, als wäre nichts passiert. Ich nahm die letzte Kraft zusammen, denn ich mußte alles akkompagnieren, beim Finale soll ich wie zwei Orchester eingehauen haben. Es gab einen mächtigen Applaus – noch den Schlußakkord mit voller Macht, und ich stürzte wie gebrochen zusammen, wurde weggetragen, habe tüchtig krank gelegen und bin noch nicht ich selbst ...

Ein Jahr später lernt sie Gottfried Kinkel kennen.

An Leopold von Henning

Bonn, den 11. Oktober 1841

Verehrter Freund! Sie haben mich aufgefordert, Ihnen über meine jetzigen Verhältnisse zu schreiben. Ich begreife, daß diese Mitteilung, wenn ich aufrichtig sein soll, zugleich eine Verantwortung wird. Diese bin ich allerdings meinen nächsten Freunden schuldig, deren Achtung und Teilnahme ich mir für meine Lebensdauer zu erhalten wünsche. (...)

In den ersten Wochen nach meiner Wiederkehr aus Berlin war ich auf einem Fest bei Const. Dir. Augusti, wo mir sogleich beim Eintreten ein sehr großer, bedeutend aussehender Mann auffiel, der mich zu kennen schien, den ich aber, wie ich glaubte, noch nie gesehen hatte. Er betrachtete mich scharf und redete mich dann freundlich an, ich erinnere mich der ersten Worte, die mich befremdeten: „Ja, Sie sind's noch wie damals, es sind noch dieselben Augen!" Ich fragte meine Nachbarin: „Wer ist das?", und man nannte mir Dr. Gottfried Kinkel, Licentiat der evangelischen Theologie und Privatdozent bei der Universität. Nun entsann ich mich wieder des Pfarrerssohnes, den ich vor vielleicht zehn Jahren zuletzt gesehn, und wir freuten uns im Gespräch alter fröhlicher Erinnerungen. Zufällig ward derselbe bei Tisch mein Nachbar, und wir verwickelten uns so tief in Unterhaltungen über Poesie, Musik, Italien, von wo er eben zurückgekommen, Berliner berühmte Personen, deren einige uns gemeinschaftlich bekannt oder sehr interessant waren, daß die übrige Gesellschaft uns mit dem großen Eindruck, den wir aufeinander zu machen schienen, in der ersten Stunde neckte und zum Spaß beim Dessert schon unsre Gesundheit als Verlobte trank. (...)

Frage ich nun mein eignes Herz, so kann ich meine damalige Empfindung nicht eben verliebt nennen, doch dachte ich wohl, „hättest du diesen früher gekannt, so wäre dir mancher Irrtum im Leben erspart geblieben". (...)

Später fanden wir uns wieder in einem Leseverein zusammen, der sich alle vierzehn Tage versammelte. Wir vermieden fast mehr als nötig, miteinander zu reden, dennoch behaupteten alle Anwesenden aus allerlei kleinen Beobachtungen, die meist nicht wichtiger waren als ein Blick, eine gewöhnliche Höflichkeit, daß Kinkel mich liebe. Ich habe so früh durchaus nicht daran geglaubt, ebensowenig als ich glaubte, daß die große Verehrung, die ich zu ihm trug, je eine leidenschaftliche Liebe werden würde.

Den 12. Oktober. Was das Äußerliche des Verhältnisses anging, so war ein ernsthaftes Ende im weltlichen Sinne dieses Wortes noch weit undenkbarer, denn diese Zusammenkünfte fielen in die Zeit, wo M. die Scheidung wieder leid geworden war und wo ich keinen anderen Ausweg sah, als bald wieder nach Berlin zurückzukehren. Auch hörte ich, daß Kinkel seit mehreren Jahren verlobt sei mit einer Verwandtin, deren Bruder seine Schwester geheiratet hätte, und daß er nur eine Professur erwarte, um sich zu verheiraten. Diese werde gewiß bald erfolgen, denn es sei nur eine Stimme darüber, wie vorzüglich er in seinem Fache sei.

Über das ungeheure Ahnungsvermögen der Klatschschwestern kann ich nie genug staunen. Schon vor zwanzig Monaten erzählten sich die Madammen bei den Kaffeevisiten, daß Kinkels Braut große Ursache habe, auf mich eifersüchtig zu sein, und wenn meine Verhältnisse anders wären, so würde er sich um meine Hand bewerben. — Wir beide indessen dachten an solche

Dinge gar nicht; wir sprachen ausschließlich von Büchern, von Kunstwerken u. dgl. in der ersten Zeit, wo er unser Haus zu besuchen anfing. Natürlich, eine so wunderbare Übereinstimmung der Gemüter, wie sie bei uns vorwaltet, mußte bald zu vertrautern Mitteilungen führen. Wir teilten einander unsre persönlichsten Verhältnisse und Empfindungen mit, und so kamen wir zunächst auf das Religiöse. (...)

Die Leute, mit denen ich am meisten umging, konnten sich vor Erstaunen nicht fassen, als sie Kinkel in unserm Hause trafen, den sie schon zu den Erzpietisten gezählt hatten. War er heiter und lebenslustig, ging in den herrschenden Ton unsrer Geselligkeit mit ein, so hielten sie das alles für Verstellung, als ob wahre Frömmigkeit und jugendlicher Frohsinn nicht nebeneinander bestehen könnten. Nach und nach entfremdeten sich mir die alten Freundinnen, meist Katholikinnen, weil sie sich einbildeten, Kinkel ginge damit um, mich protestantisch zu machen. Meinem Freunde ging es ebenso in seinem stockprotestantischen Kreise. Dieser bildete sich ein, ich mache ihn gottlos. Wahrscheinlich sahen sie mich als eine Art Mephisto an, der dem Gott Vater ins Gesicht sagt: „Gebt acht, den sollt ihr noch verlieren." Sie schienen wirklich bange zu sein, das Weltkind möchte ihnen zum Possen ihren auserwählten Heiligen verführen.

Ich erinnere mich sehr wohl, daß Sie überhaupt so innige Freundschaften zwischen Mann und Weib nicht gelten lassen, auch besitze ich noch eine aufgeschriebene Disputation aus jener Zeit, wo wir zwar Ihre Theorie durch die Tat widerlegten, denn unsere Abendgespräche waren doch auch mehr als das gewöhnliche nichtige Gesellschaftsgeplauder. Sie bedurften zwar keiner Freundin, denn Sie haben Frau und Kinder, die Wissenschaft, die ganze Welt; ich bedarf aber der männlichen Freundschaft. In den Frauen ist nicht Stahl genug, um mit mir zurechtzukommen, keine hat je auf mich gewirkt, wie z. B. Sie damals. Habe ich mich Ihrer geistigen Vormundschaft zuzeiten entzogen, so habe ich selbst es am schwersten zu büßen gehabt. Kennten Sie meine häuslichen Verhältnisse hier, so würden Sie gewiß zugeben, daß ein verstehender Umgang Lebensluft ist, ohne die ich verkümmern müßte. Nun werden Sie sagen: „Der Doktor Kinkel brauchte aber keine Freundin, der sollte sich mit seiner Braut begnügen." Dies sagten ihm ebenfalls vor fast zwei Jahren warnend seine Freunde und Verwandte. (...)

Doch Johanna sieht in der Verlobung keinen Hinderungsgrund für ihre Freundschaft mit Kinkel.

Den 14. Oktober. Nun bleibt die nächste Frage wohl: Wenn Kinkel eine so liebenswürdige Braut hatte, wie konnte er dann in seiner Neigung schwankend werden? – Ich glaube nicht, daß er je eine leidenschaftliche Liebe zu ihr gehabt hat. Er hatte sie gewählt, weil sie ein redliches, gutes Mädchen war, von der er voraussetzen durfte, sie würde einst eine recht vorzügliche Hausfrau sein. Es ist ja so natürlich, daß ein junger Mann, der mit seiner Schwester im Hause von deren Bräutigam ist, auf die Gesellschaft der künftigen Schwägerin angewiesen wird. Solche Verlobungen machen sich wie von selbst. Aber so lange dies Verhältnis auch ein ganz vernünftiges und glückliches mag geschienen haben, es trug von Anfang an den Keim zur Auflösung in sich. Kinkel ist Dichter, nicht bloß im Sinne, wie man diesen Namen tausendfach mißbraucht, ihm ist alles innerste Sein und alles Leben in der Außenwelt von Poesie durchdrungen, und sie war ganz Prosa. Dies ward ihm erst unleugbar klar, seit wir uns fanden. Trotzdem wäre er gewiß nie auf den Gedanken gekommen, ihr sein Wort zu brechen, wenn nicht spätere Ereignisse einen Gemütszustand in uns beiden herbeigeführt hätten, der es durchaus notwendig, eigentlich Kinkel zu einer Pflicht machte, sein Verlöbnis aufzulösen, um viel schlimmeres Unheil zu verhüten. (...)

Ganz erstaunt war ich, als mir, wenige Tage nachdem ich Ihnen geschrieben, Kinkel ein Gedicht sandte, aus dem mir zuerst wie ein Blitz hervorleuchtete, daß nicht Liebe, nur das alte Versprechen ihn an seine Braut binde, daß er es als einen tiefen Schmerz fühle, daß wir für dies Leben durch eine unübersteigliche Kluft getrennt seien.

Das ausgesprochene Wort hat eine furchtbare Gewalt. Mit diesem Wissen: „Er liebt mich“ wurde mir plötzlich klar, daß ich ihn liebte, und mächtiger, als ich jemals etwas auf der Welt geliebt. (...)

Den 25. Oktober. ... Gegen Anfang dieses Jahres war Kinkel so innerlich zerstört, daß seine Angehörigen endlich merkten, wie es um ihn stand. Der Vater seiner Braut drang in ihn, um die Ursache seines veränderten Wesens zu erfahren. Sollte er nun noch ferner Verstellung üben und es für Pflicht halten, eine Lüge durchzuführen? Er erachtete die Wahrheit für die allererste und heiligere Pflicht und sprach es aus, daß er sich unglücklich durch seine Verlobung fühle und dieselbe gelöst wünsche. Der plötzliche Bruch seines Verhältnisses machte beim Publikum natürlich eine ungeheure Sensation, und man brachte mich sogleich damit in Verbindung. Die Vermutung, daß es meinetwegen geschehen sei, ward als eine anerkannte Sache mit erdichteten Nebenumständen weit und breit umhererzählt.

Kinkels Feinde benutzten dies sogleich, und obschon seine frühere Verlobung nie durch ihn offiziell bekanntgemacht worden, sondern nur die Familie anging, welche zum Teil die Lösung schon aus andern Gründen vernünftig und richtig fand, indem das Unpassende der beiden Charaktere längst gefühlt worden, so machte man ihm ein Verbrechen daraus, das man nicht streng genug rügen könne.

Wäre um des unbedeutendsten jungen Mädchens willen von mir die Liebe eines Verlobten abgefallen, so hätten es gewiß die Leute natürlich gefunden und tausend Entschuldigungen dafür gehabt. Aber daß ein Mann erklärt: dieser Charakter ist es und dieser Grad des Verständnisses, den ich von meiner Frau verlange, mit der ich jede Stunde meines Lebens zubringen soll, das erscheint den meisten als eine Verirrung. Besonders aber zeichnen sich die Weiber und noch mehr die Mädchen in ihrem Grimm gegen mich aus. Es ist fabelhaft, was mir für Dinge aufgebürdet werden. Das Einfachste fällt keinem ein, daß Kinkel und ich einander lieb gewannen, weil wir besser zusammenpaßten als alle andern, denen wir in unserm Leben begegnet; nein, ich soll die wunderlichsten Zauberkünste geübt haben, um ihn anzuziehen. Die Verleumdungen machten mir am wenigsten Kummer, denn das Bonner Publikum hat sich schon einmal in gleicher Weise gegen mich versündigt, als ich mich von Matthieux trennte; da haben meine Bekanntinnen ebenfalls später manches Märchen zurücknehmen müssen. Mehr Sorge machte mir der Schmerz von Kinkels Braut, welche gewiß viel leiden muß, wie ich voraussetze. Doch halte ich dies für eine unvermeidliche Notwendigkeit; eine Täuschung dieser Art läßt sich nicht ein Leben lang durchführen. Das Unglück einer elenden Ehe ist so entsetzlich, daß der Schmerz eines Liebesverlustes, den vielleicht einige Jahre Zerstreuung bei dem jungen Mädchen heilen, dagegen nicht in Anschlag kömmt.

Wohin in einem ähnlichen Falle die Gewissenhaftigkeit des Worthaltens führt, nachdem das gegebene Wort als ein unvernünftiges anerkannt worden, das haben wir in dem Schicksal des Malers Blechen gesehen, und damals sprachen Sie sich entschieden gegen die „Ehe aus Aufopferung" aus, woran ich mich jetzt mit Freuden erinnere.

Der eigentliche schwere Kummer, der auf mir liegt, ist, daß meines Freundes ganze Existenz seither zersprengt ist. Er hat es vorausgewußt und trägt es mit großer Ruhe als ein selbsterwähltes Schicksal. Mir liegt es schwer, schwer auf dem Herzen, daß seine Feinde ihm jede Lebensäußerung nach und nach abzuschneiden suchen. Das Kölner Presbyterium schickte Kinkel in diesem Frühling ein Protokoll, worin es ihn zur Rede stellte, ob es wahr sei, was man sich erzähle, daß er eine Katholikin, eine Geschiedene zu heiraten gedenke. Kinkel antwortete: daß das

Presbyterium keine Befugnis habe, ihn über seine unausgesprochenen Absichten in Privatverhältnissen zur Verantwortung zu ziehen, solange man ihn keiner Unsitte beschuldige. Hierauf schickte man ihm seine Absetzung zu, zum großen Schmerz und Zorn seiner zahlreichen Verehrer. (...)

Nachdem Gottfried Kinkel seine Verlobung gelöst hat, haben die beiden in der Gesellschaft keinen leichten Stand.

So schwer auch die äußern Schicksale uns jetzt treffen, erachten wir alles leicht im Verhältnis zu den Qualen des letzten Jahres und tragen es mit Mut und Freudigkeit zusammen. Auf Kinkels Arbeiten, wissenschaftlichen und poetischen, ruht wieder Segen, seit er frei über seines Herzens Neigung schalten kann und keine Heuchelei mehr zu üben braucht. Mir geht's ebenso; Unterricht geben und Komponieren wurden mir niemals leichter und gelangen selten so wohl als jetzt. Seit es nur von meinem Willen abhängt, das Glück zu ergreifen, das mir eine Verbindung mit diesem trefflichen, liebenswürdigen Manne verspricht, bin ich ganz beruhigt, fast bis zur Leidenschaftlosigkeit still und friedlich. Wäre der Schmerz nicht um seine gestörten Lebenspläne, die wenigstens in den nächsten Jahren nicht wieder ins Gleis zu bringen sind, so möchte das jahraus, jahrein so fortgehen. Käme er nur alle Tage und wir behielten uns so lieb und hätten so unerschöpflichen Redestoff und schrieben Lieder zusammen und lernten und lehrten so eifrig wie jetzt, ich bedürfte keines höheren Wunsches. Kinkel aber betrachtet die Ehe als das einzige vernünftige Ziel unserer Liebe, und ich muß mich der Inkonsequenz schuldig gestehen, daß ich mich endlich auch von ihm habe überzeugen lassen. Mein Sinn hat sich zwar lange gesträubt und wollte sich zu einer pur geistigen Freundschaft zwingen, die uns eine lebenslange Entfernung auferlegt hätte; aber ich begreife wirklich, daß darin keine Vernunft ist, sobald eine Ehe möglich wird. (...)

Das größte und einzige Hindernis meiner Wiederverheiratung, das mir lange als ein unüberwindliches vor der Seele stand, blieb jene Bibelstelle, die ich auch in einem frühern Briefe an Sie einmal als strenges Gesetz anerkannt hatte: „Es soll keine Geschiedene wieder heiraten!" Dies hatte ich buchstäblich verstanden, ohne den Zusammenhang des ganzen Kapitels zu beachten, worin gerade die Unmöglichkeit bewiesen wird, diesem Gesetz Folge zu leisten sowohl wie einigen andern Anforderungen der Schrift, wofern wir nicht in das Allerfeinste, Innerlichste des Gebots eingehen können. Ich habe das Gutachten der hiesigen theologischen Fakultät über die fragliche Stelle gelesen und mich auf allen Punkten damit einverstanden gefühlt. Doch fasse ich selbst, daß ich nicht berechtigt bin, mich auf das Urteil dieser Fakultät zu berufen, deren Verfahren gegen Kinkel ich so tief mißachten muß. Ich habe jetzt vor, vor allem die Zeit walten zu lassen, ob sich entweder durch eine große Änderung in meinen Verhältnissen alle Hindernisse einer Verbindung mit Kinkel beseitigen lassen, oder ob meine Wünsche und Überzeugungen in Einklang zu bringen sind.

Gottfried Kinkel.

Musikerin, Hausfrau und Mutter: Clara Schumann

Clara Josephines musische Begabung hat ihr Vater Friedrich Wieck schon früh erkannt und gefördert. Bereits mit neun Jahren — sie wurde am 13. September 1819 in Leipzig geboren — wird sie bei ihrem ersten öffentlichen Auftritt für ihr Klavierspiel gefeiert. Seit dem Jahr 1832 geht sie mit ihrem Vater auf Konzertreisen, unter anderem nach Berlin, Wien und Paris. Daneben komponiert sie auch, sie hat dreiundzwanzig Werke hinterlassen. Als sie sich in Robert Schumann verliebt und ihn heiraten will, versucht ihr Vater die Ehe mit allen Mitteln zu verhindern. Aber Clara setzt sich durch, 1840 heiraten die beiden. Sie gibt auch in der Folgezeit Konzerte und komponiert, obwohl sie von 1841 bis 1854 neun Kindern das Leben schenkt. Nach Robert Schumanns Tod 1856 (die letzten beiden Lebensjahre verbrachte er in einer Nervenheilanstalt) zieht sie mit ihren Kindern zu ihrer Mutter, dann in die Nähe von Baden-Baden und unterrichtet ab 1878 am Hochschen Konservatorium in Frankfurt am Main, wo sie am 20. Mai 1892 verstorben ist.

Nicht allein ihr großes musisches Talent hat Clara Schumann über die Vielzahl klavierspielender Hausfrauen hinauswachsen lassen, sondern das eigentlich Entscheidende war wohl die unglaubliche Stärke und Kraft, die sie besaß. Sie hat sich einerseits den Pflichten der Ehe und des Haushalts untergeordnet, andererseits aber immer wieder mit Erfolg versucht, dem Drang zum musikalischen Ausdruck nachzukommen.

Clara Schumann war kein „schwärmerisches, nett musizierendes Frauchen", das sich in Fragen der persönlichen Lebensumstände ganz in die Abhängigkeit eines Ehemannes begibt. Trotz aller Verliebtheit verliert sie vom Beginn ihrer Beziehung zu Robert an das Problem einer gemeinsamen Existenzsicherung nie aus dem Blick. In ihren Briefen von einer Konzertreise im Jahr 1837 an den Geliebten beschäftigt sie laufend dieses Thema:

Prag, Sonntag den 12. November abends.

Lieber Robert, Dein Brief hat mir eine unaussprechliche Freude gemacht, ich bekam das Zittern im ganzen Körper vor Freude, als mir ihn Nanny einhändigte. Doch nun erlaube mir erst ein wenig zu zanken und Dir zu sagen, daß Du ein ungenügsamer Mensch bist. Erst wolltest Du in acht Wochen einen Brief haben, dann in vier Wochen, und nun schreib ich Dir in drei Wochen und Du beklagst Dich! — Ich glaub' fast, Du willst mich schon ein wenig im voraus die Herrschaft des Mannes fühlen lassen — schon gut, ich denk, wir werden uns vertragen. — Aber was schreibst Du da von Hoffnungen sinken? Hast Du den Sinn aus meinen Briefen gezogen? ach Robert, das schmerzt! Leb ich ja doch nur in einer Hoffnung, nur ein Gedanke begeistert mich in meinem Tun und Treiben, und Du kannst so etwas sagen, nein — schreiben? — Laß das nicht weiter gehen! — Und nun, was das Verheiraten betrifft, das ist allerdings bedenklich. Wenn nun so ein Diamant käme, der mich so blendete, daß ich Eusebius, Florestan und wie sie sonst noch heißen vergäße und Du läsest am Ende in Zeitungen „Verlobung des Fräulein Clara Wieck mit dem Herrn von Perlenschnur oder Diamantenkrone". — Im Ernst aber, bin ich ein kleines Kind, das sich zu dem Altar führen läßt wie zur Schule? Nein, Robert! Wenn Du mich Kind nennst, das klingt so lieb, aber, aber wenn Du mich Kind denkst, dann tret' ich auf und sage: „Du irrst!" Vertraue mir vollkommen. Hab' ich Dir nicht einmal geschrieben „Die Not bricht Eisen"; hilft nichts mehr, so such ich Ruhe in liebenden Armen. Nun noch — was wollt' ich doch gleich? Ich meine den Ring. Also Du wolltest mir ihn wiedergeben? Hm, das wäre halt zu schauen, will mal überlegen! — Du lächelst? ich auch — eben schaut der Mond herein „schönen Gruß" — nun, nicht wahr, lieber Robert, wir lassen es beim Alten, und Du nennst mich fortan Deine treue Clara, nie anders.

Von meinem Leben willst Du also wissen, so höre! Heute habe ich im Konservatorium Konzert gegeben (die Konzerte sind hier des Theaters wegen um Mittag zwölf oder nachmittags fünf Uhr) und bin dreizehnmal gerufen worden. Mein Gott, das war ein Enthusiasmus, wie mir noch nicht vorgekommen. Du kannst Dir denken, ich wußte gar nicht, was tun; immer mußt' ich wieder aus meinem Schlupfwinkel heraus, und nun die Knixchen, die ich so herzlich schlecht mache! Der Gedanke an Dich begeisterte mich so beim Spiel, daß das ganze Publikum mit begeistert wurde. Schon Gratulationsbriefe und Besuche habe ich heute bekommen – die Leute sind hier wie närrisch. –

Prag, 24. November 1837

(...) – In diesen Tagen hab' ich wieder viel nachgedacht über mein Verhältnis und muß Dich doch auf etwas aufmerksam machen. Du vertraust auf den Ring? mein Gott, das ist nur ein äußeres Band. Hatte Ernestine nicht auch einen Ring von Dir, und was noch mehr sagen will, Dein Jawort? und doch hast Du das Band zerrissen. Also der Ring hilft gar nichts ...

Auch ich hab' über die Zukunft nachgedacht und das recht ernstlich. Das eine muß ich Dir noch sagen, daß ich nicht eher die Deine werden kann, ehe sich nicht die Verhältnisse noch ganz anders gestalten. Ich will nicht Pferde, nicht Diamanten, ich bin ja glücklich in Deinem Besitz, doch aber will ich ein sorgenfreies Leben führen, und ich sehe ein, daß ich unglücklich sein würde, wenn ich nicht immerfort in der Kunst wirken könnte, und bei Nahrungssorgen? das geht nicht. Ich brauche viel und sehe ein, daß zu einem anständigen Leben viel gehört. Also, Robert, prüfe Dich, ob Du imstande bist, mich in eine sorgenfreie Lage zu versetzen. Bedenke, daß, so einfach ich erzogen bin, ich doch nie eine Sorge gehabt und nun sollte ich meine Kunst vergraben müssen – – –

6. Dezember 1837.

So groß meine Freude war bei Empfang Deines Briefes, so groß mein Schmerz bei Lesung der ersten Seite – konntest Du mich so kränken, mir so bittere Tränen entlocken? Ist es Robert, der mich so verkannte, der meinen Worten so einen unschönen Sinn unterlegte — hab' ich das verdient? Ja! ich weiß, daß Dir noch viele schöne und vielleicht auch so gute Mädchen als ich zu Gebote stehn und bessere Hausfrauen, als man von einer Künstlerin es glaubt — ja ich weiß es, aber schön ist es nicht, daß Du mir, die nur für Dich und in Dir lebt, so einen Gedanken mitteilst, daß in Dir, wenn Du mich wahrhaft liebst, so ein Gedanke aufkommt ... Könnt' ich das unedle Verlangen in mir tragen, Du solltest Deinen Geist zu einem Handwerk machen, damit ich könnte meinem Vergnügen nachgehen? Nein, so unedel denk' ich nicht; vielleicht lernst Du mich später noch mehr kennen. Meine Phantasie kann mir kein schöneres Glück vorstellen, als der Kunst fortzuleben, aber im stillen, um Dir und mir manche angenehme Stunde dadurch zu verschaffen.

Wien, den 21. Dezember

Heute war mein zweites Konzert und abermals ein Triumph. Unter vielem fand mein Konzert die beste Aufnahme. Du fragst, ob ich es aus eigenem Antriebe spiele — allerdings! ich spiele es, weil es überall so sehr gefallen, und Kenner wie Nichtkenner befriedigt hat. Jedoch ob es mich befriedigt, das ist noch sehr die Frage. Meinst Du, ich bin so schwach, daß ich nicht genau wüßte, was die Fehler des Konzertes? Genau weiß ich es, doch die Leute wissen es nicht und brauchen es auch nicht zu wissen. Glaubst Du, ich würde es spielen, wenn es überall so wenig anspräche als in Leipzig? Überhaupt wenn man hier gewesen, möchte man nie mehr nach dem Norden gehen, wo die Menschen Herzen von Stein haben (Du bist natürlich ausgenommen). Hier solltest Du einmal einen Beifallssturm mit anhören. Die Fuge von Bach und das Finale der Henseltschen Variationen mußte ich wiederholen. Kein schöneres Gefühl, als ein ganzes Publikum befriedigt zu haben.

Das war ich. — Nun zu Dir ... Viel Spaß hat mir die Stelle in Deinem Brief gemacht, wo Du schreibst „und so zögen wir beladen mit Schätzen wieder in unser Häuschen ein". Ach mein Gott, was denkst Du, Schätze sind mit der Instrumentalkunst jetzt nicht mehr zu erlangen. Wie viel muß man tun, um ein paar Taler aus einer Stadt mitzunehmen. Wenn Du um zehn Uhr abends bei Poppe sitzest oder nach Hause gehst, muß ich Ärmste erst in die Gesellschaften und den Leuten für ein paar schöne Worte und eine Tasse warm Wasser vorspielen, komme um elf bis zwölf Uhr todmüde nach Haus, trinke einen Schluck Wasser, lege mich nieder und denke, was ist ein Künstler viel mehr als ein Bettler? Und doch, die Kunst ist eine schöne Gabe! Was ist wohl schöner, als seine Gefühle in Töne kleiden, welcher Trost in trüben Stunden, welcher Genuß, welch schönes Gefühl, so manchem eine heitere Stunde dadurch zu verschaffen! Und welch erhabenes Gefühl, die Kunst so treiben, daß man sein Leben dafür läßt! — Das Letzte und alles Übrige habe ich heute getan und lege mich zufrieden und beglückt nieder. Ja, glücklich bin ich — und werd' es aber erst vollkommen sein, wenn ich Dir an das Herz fallen kann und sagen „nun bin ich Dein auf ewig — mit mir, meine Kunst".

In ihren Tagebuchaufzeichnungen des Jahres 1839 denkt sie über ihre künftige Rolle als Ehefrau nach; noch ist sie bereit, die eigene Karriere der Roberts zu opfern.

August: Jetzt trachte ich auch danach, so viel als möglich mit der Künstlerin die Hausfrau zu vereinigen. Das ist eine schwere Aufgabe! Meine Kunst lasse ich nicht liegen, ich müßte mir ewige Vorwürfe machen ... Jetzt will er (der Vater) mir nun auch das entziehen, was ich mir durch vier Jahre langes Reisen verdient habe — es war wenig, wäre aber doch ein kleiner Zuschuß gewesen, und nicht einmal eine Ausstattung soll ich nun von meinem Gelde haben — das macht mir Kummer! Es schmerzt mich zu sehr, Robert auch gar nichts mitzubringen, so ganz von ihm abzuhängen — das drückt mich schrecklich und stimmt mich wohl oft düster. Umsonst will ich aber nicht meine Kunst gelernt haben, ich will noch Robert vergelten, schenkt mir nur der Himmel Gesundheit. Mein größter Wunsch ist der, es noch dahin zu bringen, daß Robert ganz der Musik leben kann zu seinem Vergnügen, daß keine Sorge mehr sein schönes Künstlerleben trübt.

November: Ich denke, mich mit der Zeit darein zu ergeben, wie ja überhaupt jeder Künstler der Vergessenheit anheimfällt, der nicht schaffender Künstler ist. Ich glaubte einmal das Talent des Schaffens zu besitzen, doch von dieser Idee bin ich zurückgekommen, ein Frauenzimmer muß nicht komponieren wollen – es konnte es noch keine, sollte ich dazu bestimmt sein? Das wäre eine Arroganz, zu der mich bloß der Vater einmal in früherer Zeit verleitete.

Nach ihrer Heirat macht ihr die Selbstbeschränkung auf die Haushaltsbesorgerin aber schon bald zu schaffen. Sie nutzt jede Gelegenheit zum Komponieren.

Mein Klavierspiel kommt wieder ganz hintenan, was immer der Fall ist, wenn Robert komponiert. Nicht ein Stündchen vom ganzen Tag findet sich hier für mich! Wenn ich nur nicht gar so sehr zurückkomme! … Ich habe mich schon einige Male an die mir von Robert aufgezeichneten Gedichte von Rückert gemacht, doch will es gar nicht gehen – ich habe gar kein Talent zur Komposition.

2. Oktober 1846 Es geht doch nichts über das Vergnügen, etwas selbst komponiert zu haben und dann zu hören. Es sind einige hübsche Stellen in dem Trio, und wie ich glaube, ist es auch in der Form ziemlich gelungen … natürlich bleibt es immer Frauenzimmerarbeit, bei denen es immer an der Kraft und hie und da an der Erfindung fehlt.

Mai 1848

Ich spiele jetzt leider wenig, da mir die Zeit mangelt! Zum Komponieren komme ich vollends gar nicht.

9. Januar 1853

Heute fing ich auch endlich wieder an zu studieren. Wenn ich so recht regelmäßig studieren kann, fühle ich mich doch eigentlich recht wieder so ganz in meinem Elemente; es ist, als ob eine ganze andre Stimmung über mich käme, viel leichter und freier, und alles erscheint mit heiterer und erfreulicher. Die Musik ist

Clara Schumann am Klavier

doch ein gutes Stück von meinem Leben, fehlt sie mir, so ist es, als wäre alle körperliche und geistige Elastizität von mir gewichen.

29. Mai 1853

Heute fing ich seit Jahren zum ersten Male wieder an, etwas zu komponieren; das heißt, ich will dem Robert zum Geburtstag ein Thema aus den bunten Blättern von ihm mit Variationen bearbeiten; es wird mir aber sehr schwer – ich habe zu lange pausiert.

10. Juni 1853

Zwei Lieder von Hermann Rollett aus „Jucunde" komponiert. Es macht mir großes Vergnügen, das Komponieren. Mein letztes Lied hab' ich 1846 gemacht, also vor sieben Jahren!

22. Juni 1853

Ich habe heute das sechste Lied von Rollett komponiert und somit ein Heft Lieder beisammen, die mir Freude machen und schöne Stunden verschafft haben … Es geht doch nichts über das Selbstproduzieren, und wäre es nur, daß man es täte, um diese Stunden des Selbstvergessens, wie man nur noch in Tönen atmet.

11. Mai 1854

Ach hätte ich nur erst das Wochenbett hinter mir, dann muß ich etwas unternehmen – dies Leben halte ich nicht aus! Ich muß auch sehen, etwas zu verdienen, das Leben kostet doch gar zu viel, und Roberts Kasse schmilzt dabei immer mehr … Könnte ich doch nur jetzt schon etwas tun! Es ist recht traurig, wie nichtstuend ich die Zeit verbringen muß …

Der Tod ihres Mannes 1856 wirft sie ganz auf sich selbst zurück. Komponiert hat sie bereits seit zehn Jahren nicht mehr, jetzt geht es nur noch darum, die Familie durchzubringen.

[An Emilie List am 17. Oktober 1856:] Wie vieles habe ich auf dem Herzen für Dich, es muß aber alles bleiben, bis wir uns sehen. Ich bin jetzt so furchtbar beschäftigt, daß mir der Kopf schwirrt — es ist wahrhaftig zu viel oft, was auf mir lastet. Denke nur allein fünf Kinder in Pension an drei verschiedenen Orten, nur deren Toilette bei Jahreswechsel, wie z. B. jetzt zu besorgen, welche Arbeit, dabei die ungeheuer große Korrespondenz, Stunden geben und selbst studieren und — welchen Kummer, welche Trostlosigkeit im Herzen!

In ihren Briefen an Johannes Brahms in den folgenden Jahren verteidigt sie ihr Leben als Konzertreisende mit materiellen wie künstlerischen Argumenten:

Düsseldorf, den 13. Februar 1861

... Du meinst, lieber Johannes, ich gebe zu viel Konzerte, weil ich zuweilen etwas zurücklege, aber bedenke meine Sorgen, noch sieben Kinder zu erhalten, fünf noch zu erziehen, nächsten Winter sind sie alle wieder zu Haus; Du kennst ja meine Ansicht darüber, ich will sie ihre Jugend so lange als möglich genießen lassen, nicht in Faulheit, aber die Geschwister zusammen, so viel es geht. Die Jungen kosten jetzt mit jedem Jahre mehr, und kommen sie vor ihrem zwanzigsten Jahre zu einem Selbstverdienste, so kann ich es doch nur als einen glücklichen Zufall ansehen. Die Kleinen werden noch recht viel brauchen, allein schon der Musikunterricht, wieviel kostet der schon jetzt, und dann, soll ich denn gar nicht an meine Zukunft denken? ich kann ja nicht wissen, ob ich nicht noch lange leben muß? sollte ich das in steter Sorge um mein täglich Brot? oder abhängig von meinen Kindern? Meine Gesundheit würde ich allerdings wohl mehr schonen bei weniger Anstrengungen, doch, gibt nicht am Ende ein jeder tüchtige Mensch sein Leben für seinen Beruf? Ich übertreibe es doch nicht, denn an innerer Frische und Wärme fühle ich mich nicht ärmer, im Gegenteil jugendlicher als vor zwanzig Jahren, und glaube, daß ein ruhigeres Leben meinem Kummer nur zu viel freien Raum ließe. (...)

London, den 19. März 1868, 186 Piccadilly

Lieber Johannes!

Es ist lang geworden, ehe ich dazu komme, Deinen Brief zu beantworten, und was alles liegt dazwischen, Freudiges und Trauriges — eine schwere Zeit der Sorgen, wovon Du wohl etwas in Berlin wirst erfahren haben. Ich mag gar nicht davon anfangen, denn da ist dann kein Ende. Übrigens habe ich mit Felix doch gute Hoffnung, daß er sich den Sommer bei uns wieder ganz erholen wird, aber was noch mit Ludwig werden wird, darüber bin ich wirklich ganz ratlos. Jetzt hat er nun wirklich doch wieder eine Stelle in Leipzig bekommen, aber, wie lange wird es dauern? wie verschieden das ist, der eine macht mir die Sorgen durch's Bummeln, nicht Arbeiten wollen, der andere durch's Überarbeiten! ein Glück war es, daß ich darauf drang, daß Felix zu einem ordentlichen Arzt mußte, weil er mir im Herbst schon aufgefallen war, und der hat es denn auch gleich sehr ernst genommen. — Julie ist nun seit drei Wochen in Frankfurt und scheint sich viel besser als vorigen Sommer zu befinden. So wogt es eben immer auf und ab, und das arme Mutterherz kommt keinen Augenblick zur Ruhe. (...)

Du scheinst eigentlich auch der Einbildung zu leben, ich hätte wohl eigentlich genug und reiste nur noch zu meinem Vergnügen. Solche Anstrengungen mutet man sich aber denn doch nicht zum Vergnügen zu. Abgesehen aber davon, so wäre doch wohl jetzt, inmitten meiner größten und erfolgreichsten Tätigkeit, kaum der Zeitpunkt, mich, wie Du mir rätst, von der Öffentlichkeit zurückzuziehen. (...)

15. Oktober 1868

... Eigentümlich erscheint mir aber Deine Anschauung des Konzertreisens! Du betrachtest es nur als Verdienst, ich nicht. (...) Die Ausübung der Kunst ist ja ein großer Teil meines Ichs, es ist mir die Luft, in der ich atme! Hingegen wollte ich lieber hungern, als mit halber Kraft öffentlich wirken ...

III
Unbeirrt und streitbar — Frauen gehen ihren Weg

Luise Aston

Elise Averdieck
Hamburg, October 1905.

Schulleiterin und Krankenpflegerin: Elise Averdieck

Elise Averdieck erblickt am 26. Februar 1808 in Hamburg als Tochter eines begüterten Kaufmanns das Licht der Welt. Nach ihrer Konfirmation im Jahr 1823 geht sie von der Schule ab und hilft im elterlichen Haushalt. Aus finanzieller Notwendigkeit nimmt sie 1829 eine Stelle als Erzieherin an. In den Jahren 1832 bis 1837 betreut sie körperlich behinderte Kinder. In dieser Zeit beginnt sie sich intensiv mit der Religion auseinanderzusetzen. Dann baut sie ab 1837 die Elementarschule für Knaben der St. Georgsgemeinde in Hamburg auf. 1846 bezieht die Schule ein größeres Gebäude – sie wird von über fünfzig Schülern mittlerweile besucht –, und Elise Averdieck verfaßt ihr „Erstes Lesebuch", dem bald weitere folgen. Im Jahr 1849 lernt sie in Hermannsburg Pastor Louis Harms kennen, dessen Einfluß schließlich mit den Ausschlag gibt, daß sie 1856 das Haus „Bethesda" eröffnet, in dem Kranke in christlichem Sinne gepflegt werden sollen. 1860 tritt sie mit ihrer Institution dem Kaiserswerther Verband der Diakonissen-Mutterhäuser bei. Mit dreiundsiebzig Jahren legt sie ihr Amt nieder und tritt offiziell in den Ruhestand. Stets rüstig und aktiv, unternimmt sie in den folgenden Jahren zahlreiche Reisen. Nach längerer Krankheit ist sie am 4. November 1907 gestorben.

In ihren „Lebenserinnerungen" erzählt sie, wie es dazu kam, daß sie eine Schule eröffnete.

Der Umgang und das Leiten und Unterrichten junger Mädchen war mir so zum Bedürfnis geworden, daß ich, nach Überlegung mit den Eltern, mich 1837 entschloß, eine Konzession zu einer Mädchenschule nachzusuchen. Examen wurde damals nicht gefordert; der Senator gab die Erlaubnis, und damit gut. Ich wurde von dem Herrn sehr freundlich empfangen, ging auch voll Hoffnung von ihm weg, – bekam aber nach zwei Tagen eine abschlägige Antwort. Da brachte mir meine Cousine ihren jüngsten Sohn mit der Bitte, ihn zu beschäftigen und etwas zu unterrichten, da er, so viel jünger als seine Geschwister, die alle die Schule besuchten, sich langweile und verdrießlich werde. Ich nahm's mit Freuden aus des Herrn Hand. Ihre Schwägerin brachte mir ein paar Tage später ihren gleichaltrigen Jungen dazu. „Ei, lieber Herr", dachte ich, „soll ich eine Knabenschule anfangen? Auch das, o wie gern!" Hatte ich doch früher immer eine besondere Neigung für kleine Knaben gehabt; sie verlangen nicht so zarte Behandlung wie die Mädchen, sind derber anzufassen, und derb war meine Art. Dazu hatte ich mich ja früher jahrelang mit der Entwicklung der drei kleinen Brüder beschäftigt. Freilich, der jüngste war heimgeholt, und die beiden andern schon vierzehn und fünfzehn; die waren also meiner Hand bereits entwachsen. — Kurze Zeit darauf wurden mir mit gleicher Bitte noch zwei, und in demselben Jahr noch vier Knaben gebracht, alle unter sieben Jahren. So hatte ich, ohne es gesucht zu haben, eine kleine Knabenschule. Pastor Rautenberg hatte für seine St. Georger Gemeinde eine Elementarschule für Knaben lange gewünscht; so ging ich denn mit einem Brief vom Pastor zum zweitenmal zur Ratsstube, ward etwas unwirsch und kurz behandelt, mußte ein halbes Jahr warten, aber — ich erhielt die Konzession!

Als dann die vier kleinen Mädchen den Eltern zurückgegeben waren, zogen die kleinen Schüler bei mir ein. Das große Lokal mit Garten war prächtig, nur zu teuer. Bei einer Einnahme von ca. 240 Taler konnte ich unmöglich im Vertrauen auf zunehmende Schülerzahl 300 Taler Miete riskieren. Jedoch mein Hauswirt, Böhme, der liebe alte Schwiegervater von Dr. Wichern, sagte, wenn ich's drauf ankommen lassen wollte, daß es nicht anders vermietet würde, so wolle er mir die Wohnung für den halben Preis lassen. Das wagte ich „im Namen Gottes!", was mir mehr als Redensart war, richtete mich ein, und kein andrer Mietsmann fand sich. Dazu bat mich eine Bekannte, die wegen Erholungsbedürftigkeit ihrer krank gewesenen Kinder einen Landaufenthalt suchte, ihr ein Zimmer für sechs Wochen zu überlassen. Ich konnt's entbehren, und sie zahlte mir 50 Taler. Kaum war sie ausgezogen, so kam eine zweite mit gleichem Anliegen, und ich erhielt wiederum 50 Taler und eine liebe Hausgenossin, bei der ich mir oft Trost und Stärkung holte, wenn's mir einmal bange werden wollte. So half der Herr, bis im Mai 1839 mein Schwager Kruse nach dem Borgesch zog und mir für billige Miete ein Schul- und Schlafzimmer in seiner Wohnung überließ. Da blieb ich ein Jahr, bis meine Schülerzahl größere Räume erforderte. (...)

Die folgenden Tagebuchauszüge aus der gleichen Zeit geben einen Einblick in Elise Averdiecks bescheidenes Wesen und ihr tiefes Gottvertrauen, das sie mutig selbständig Entscheidungen treffen und den Alltag bewältigen ließ.

26. März 1838

Es muß sich heute entscheiden; Speckmann muß mir heute Bescheid bringen. Gott kann und wird mich nicht auf diesem Scheidewege allein stehen lassen. Ich weiß ja nicht wohin, — Gott muß meine Schritte lenken; es muß ein Etwas geschehen, was mich bestimmt, dies oder das zu ergreifen. Wäre der Vorschlag ein halbes Jahr früher gekommen, ich hätte ihn unbedingt angenommen; daß er mir erst nun gemacht, da es ebensogut damals hätte geschehen können, ist mir wie ein Fingerzeig: Es soll nicht sein. Daß es nicht vor vier Wochen geschah, eh' ich mich wegen der Konzession zu einer Knabenschule meldete, — daß es gerade in diesen Tagen kommen muß, wo ich stündlich mit freudiger Erwartung der endlichen Entscheidung entgegensehe, — ist mir wie ein Ruf: Tue es nicht! — Hätte ich Glauben, der Herr würde mir helfen. Mein Glaube ist matt und schwach; wird mich der Herr darum verlassen? O, seine Liebe ist größer als mein Unglaube. Habe ich das nicht schon so oft erfahren? Wenn mir's einmal recht bange und leer ums Herz war, so sagte mir mein Gewissen: Der Herr kann dir gar nicht helfen, denn du glaubst nicht. — Und dann dachte ich nur so ganz heimlich: „Lieber Herrgott, mach' meine Bangigkeit zuschanden!" und er hat's jedesmal getan. (...)

29. März 1838

So bin ich denn konzessioniert! bin nun berufen! kann nun frei und offen auftreten! — Alle kleinen Nebensorgen sind abgestreift, alle Hindernisse aus dem Wege geräumt. Herr, segne mein Werk! Dein Weinberg ist's, in dem ich arbeiten soll. Lehre mich wirken nach Deinem Willen und Wohlgefallen! —

1843 wird ihr erstmals angeboten, sich der christlichen Krankenpflege zu widmen; doch nach längerem Kampf mit sich, ihrer Mutter, Freunden und Ratgebern entschließt sie sich, weiterhin Kinder zu unterrichten.

Im Frühjahr 1846 bezog ich mit Sanders ein prachtvolles Schulhaus auf dem „kleinen Kirchenweg". Unten wohnten Sanders, oben hatte ich zwei sehr große und ein kleines Schulzimmer, hohe, luftige Räume, nach Norden gelegen, so daß die Sonne nie beim Unterrichten und Arbeiten störte. Nach hinten Wohn-, Schlaf-, Schrankzimmer und Korridor, wo die Knaben frühstückten. Dabei ein Garten, nur Spielplatz für die Schüler, — o es war sehr schön! Die Zahl der Schüler stieg auf fünfzig und mehr. So war es äußerlich — wie war es denn innerlich? — Die Schule, die Knaben, das Unterrichten machten mir unsagbar viel Freude. Die Knaben waren durchweg fleißig, fröhlich, kamen vorwärts, wurden in den späteren Schulen gern aufgenommen, kamen für gewöhnlich nach Quinta, oft auch sofort nach Quarta; und wie ich sie, so hatten sie mich auch lieb. Das fühlte ich, wenn's mich gleich oft wunderte, denn ich war strenge, viel zu ungeduldig, oft hart, und zu konsequent, wich nicht von dem, was ich einmal ausgesprochen und angedroht hatte, und hatte dafür den Schmerz, daß ein Kind nie aus Herzensbedürfnis um etwas, und noch weniger um Verzeihung bat. Nicht aus

Trotz, sondern aus Furcht, und in der Überzeugung, es werde doch nichts helfen. Das war mein großer, wohlverdienter Kummer! Ohne dies wären die neunzehneinhalb Jahre auch eine zu glückliche Zeit für mich gewesen und hätten mich übermütig gemacht. Wie war ich mit meinen Jungen so fröhlich! beim Spiel, beim Lernen, beim Singen, beim Spazierengehn, bei den Festen! Wie schön haben wir Weihnacht gefeiert: an der Krippe, mit den Armenbescherungen! Nur das in den Schulstunden so oft nötige Strafen, was ich viel schmerzlicher empfand, viel schwerer vergaß oder überwand als die Bestraften selbst; das war der immer neue Kummer, das machte mir Furcht, der Herr werde das süße Amt von mir nehmen, — und Er tat es! —

Ich war und bin ein armer Sünder, war oft viel zu hart und ungeduldig, was mir manche Träne kostete; aber in Liebe sind wir, meine Schüler und ich, einander zugetan geblieben, bis auf den heutigen Tag, eine Liebe, an der sie noch alle festhalten, und für die ich nicht genug danken kann!

In diese neunzehneinhalb Jahre meines Schulhaltens fiel nun noch manches, was stark in mein Leben eingriff und was ich nicht unerwähnt lassen kann.

Da war zuvörderst das willen- und absichtslose Bücherschreiben. Bei der Erteilung des Unterrichts im Lesen, wie überhaupt in allen Elementar-Gegenständen scheint mir die Hauptsache, bei den Kindern Lust und Eifer zu erwecken, nicht aber ihnen in möglichst kurzer Zeit möglichst viel beizubringen.

Aus dieser Absicht schrieb ich mein „Erstes Lesebuch“, was nach seinen Anfangsworten von meinen Schülern „Gott schuf die Welt“ benannt wurde.

Aus der Vorrede zu diesem Lesebuch seien folgende Sätze hier mitgeteilt.

„Gott schuf die Welt“ — sind Wörter, die gleich einen reichen Stoff zur Unterhaltung darbieten. Gelingt es, das Kind durch das Gespräch zu fesseln, so hat das Kind nachher in seiner Idee nicht die vier Wörter gelesen, sondern die ganze geführte Unterhaltung, und merkt sogleich, daß es durchs Lesen etwas erfährt. Es sind Kinder vom ersten Schulbesuch voll Freuden nach Hause gekommen mit der Nachricht: „Mama, ich kann schon lesen" und haben dann erzählt, was sie von dem Gespräch behalten, in der Meinung, das alles gelesen zu haben. Sie haben dann die Zeitung oder sonst ein gedrucktes Läppchen genommen, um mit dem größten Eifer darauf eins der bekannten Wörter, oder wenigstens ein e, i oder o zu suchen. — Was will man mehr? — Hätten wir mehr Bücher, die in der Kindersprache geschrieben sind, so hätten wie auch mehr Kinder, die mit Ausdruck lesen."

Mir fehlte bereits in den ersten Jahren für meine kleinen Knaben ein Buch ohne Fremdwörter, das ihren Horizont nicht überstieg. Der Horizont der Kinder ist aber: Kinderstube, Elternhaus, Geschwisterkreis, Garten und allenfalls die erste Schule. Ein solches Buch fand ich nicht, trotz allen Suchens. Sonderlich wünschte ich zum Diktieren etwas, dran die Schüler Freude hätten; und so fing ich an, abends zu schreiben, was ich am nächsten Morgen diktierte. Bald interessierte ich mich für das Kinderleben, das ich beschrieb, und hatte ebenso viel Freude am Schreiben, wie die Kinder am Lesen und Hören. Auch meine kleinen Neffen und Nichten, und einzelne bekannte Kinder, trieben mich zum Vorlesen und amüsierten sich daran. Es drucken zu lassen, daran dachte ich nicht im entferntesten. Freunde fingen aber an, mich dazu zu drängen, und mehrfach getrieben, sprach ich darüber mit Dr. Wichern, — der weigerte sich, es zu übernehmen, so ruhte es wieder Jahr und Tag. Dann trieb mich Pastor Raabe, das nach und nach vergrößerte Manuskript Herrn Kittler zu bringen, und da ich erfuhr, mir werde das kein Geld kosten, entschloß ich mich endlich, zehn Jahr später, es Herrn Kittler in Verlag zu geben. Der gab mir sogar ein kleines Honorar, verlangte aber gleich eine Fortsetzung. Dazu verstand ich mich gern, das Schreiben machte mir große Freude, und an Stoff fehlte es nicht. Besonders Hamburgs Brand bot mir ausgiebige Anregung, da ich das ernste Ereignis den Kindern recht einzuprägen wünschte. Ich verlangte eine billige Ausgabe ohne Bilder; eine solche ist aber leider nur einmal erschienen, trotz all meines Treibens. Die bessere Ausgabe verkaufte sich zu gut, so daß der Verleger den Vorteil nicht wollte fahren lassen. Nach zwei oder drei Jahren erschien die Fortsetzung, und so entstanden im Lauf der Jahre: „Karl und Marie", „Roland und Elisabeth", „Lottchen und ihre Kinder"; — „Tante auf Reisen" im Jahre 1882; — „Lottchens Enkel" 1894; — und endlich „Ferien in Süderhaff" im Jahre 1903; — das zog sich also weit über die Schulzeit hinaus; die Sache spielte über sechzig Jahre vom ersten Schreiben an. (...)

Um die Wende zu den fünfziger Jahren lernt Elise Averdieck Pastor Harms und Pfarrer Löhe in Neuendettelsau kennen, die sie nachhaltig beeinflussen, das Unterrichten aufzugeben und sich endgültig der christlichen Krankenpflege zuzuwenden.

In diese Jahre fiel mein erster Besuch in Hermannsburg und die Bekanntschaft mit dem teuren Gottesmann Pastor Louis Harms, davon ich viele köstliche Erinnerungen aufgeschrieben habe; und auch die Bekanntschaft des treuen Gottesknechtes, Pfarrer Löhe in Neuendettelsau. Beide Prediger übten, ohne daß sie es wußten, einen Einfluß auf mich, Gottes heiligen Willen zu erkennen und mich zu beugen. Wie gesagt, die zwanglose Freude zum Unterrichten verlor ich. Bisher hatte ich frei unterrichtet, immer frei schaffen können; der Stoff fehlte mir nicht; wohl bereitete ich mich, dozierte aber nicht nach der Vorbereitung, sondern immer frei, wie es mir gegeben ward. Das wurde anders; ich suchte Hilfe in Büchern, in Kommentaren, in schriftlichen Vorbereitungen und fühlte selbst dabei, dem Unterricht fehlte das Leben.

So standen die Sachen, als ich 1853 in einer Ferienzeit mit Pastor Mumßen und Pastor Meinel nach Neuendettelsau kam. Dort in einer Predigt ward ich gewaltig gepackt. Noch war ich dem Pastor und der Pastor mir völlig unbekannt, da sagte er, — war es als Bild oder Gleichnis, ich weiß es nicht mehr — kurz, er sagte: „Das ist gerade wie mit einem Lehrer, der muß jung sterben oder nach Jahren einen andern Beruf ergreifen, sonst verknöchert er. Der Lehrer muß eine schöpferische Gabe haben; die wird aber nach und nach aufgebraucht, und ist das geschehen, da muß der Lehrer einen andern Beruf erwählen; denn ein verknöcherter Unterricht kann keinem Schüler zum Segen werden."

Schon seit Caroline Bertheaus Fortgehen vom Krankenhause im Jahre 1843 hatte mich der Gedanke an Einführung einer christlichen Krankenpflege nicht losgelassen, und immer dringender kamen die Anforderungen an mich, immer wieder ward ich dazu bezeichnet, ich sei die richtige Persönlichkeit. — Unmöglich! ich hatte ja meine Schule. — Als ich in Hermannsburg mit Pastor Harms darüber sprach, sagte der in seiner lakonischen Weise: „Will der Herr, daß Sie Kranke pflegen sollen, — dann nimmt er Ihnen die Schule; nimmt er Ihnen die Schule nicht, dann sollen Sie keine Kranken pflegen." — Was geschah? —

Meine Schule, die in gutem Ruf stand, war die einzige Elementarschule in St. Georg und stand auf orthodoxem, ausgesprochen lutherischem Grunde. Andersgesinnte Eltern ließen es sich — da die Kinder sonst gut lernten — gefallen und äußerten wohl: „Das wollen wir später schon wieder herauskriegen"; ich hoffte und betete um das Gegenteil. — Da erhielt ein freisinniger Lehrer, gegen Pastor Rautenbergs Willen, dennoch die Konzession. Die jüngeren Kinder der andersgesinnten Eltern kamen zu ihm in die Schule; die größeren Knaben entwuchsen meiner Schule — so verminderte sich die Zahl sehr. Im folgenden Jahr zogen verschiedene Familien meiner Schüler von Hamburg; dadurch verlor ich zwölf Knaben auf einmal. Mir war's weh — denn was niemand mir sagte, das sagte ich mir: „Der Herr nimmt das Amt von mir." Aber wie gnädig, wie milde war der Herr!

Es war im Jahre 1855, da bat mich Dr. Laurent, seine alte, etwas kindische Mutter in Pflege zu nehmen. Mein Schülerkreis war nun so klein geworden, daß ich das vereinigen konnte, und ich fühlte dabei: „Es kommt was anderes." So ging ich darauf ein und bekam ein großes Kostgeld.

Eines Tages kam Frau von Linstow, Mutter drei meiner Schüler, und suchte bei mir Rat oder Hilfe. Ein ihr bekanntes ältliches Dienstmädchen sei beim Heben eines Kessels ausgeglitten und auf dem Herd ins Feuer gefallen, habe sich schwer verletzt und sei ins Krankenhaus gekommen. Da die Verletzung so erheblich, daß sie nicht wieder habe dienen können, so habe man ihr im Krankenhaus eine Wärterinnenstelle bei vier Geistesschwachen im Souterrain übertragen; da sei es aber so feucht, daß die Arme, wenn sie morgens aus dem Bette käme, sofort ins Wasser träte. Nun sollte ich Rat geben, wohin mit einer so armen Person. Meine Antwort war: „Die eine Wärterin wäre ja unterzubringen, aber es ist ja entsetzlich, wenn die armen Geistesschwachen in solch einem Loch hausen müssen!" — „O, haben Sie dafür ein Herz, dann müssen Sie meinen Arzt, Dr. von Düring sprechen, der ist entsetzt über den unverantwortlichen Zustand im Krankenhause; mit dem muß ich Sie bekannt machen." — Am andern Tage kam Dr. von Düring zu mir, schilderte den Zustand im Krankenhause, die Notwendigkeit der Einrichtung einer christlichen Krankenpflege und erbot sich sofort, die Kranken unentgeltlich zu behandeln. Pastor Meinel hatte sich schon angeboten, die Seelenpflege zu übernehmen. Frau W. Mutzenbecher, die Martha- Mutter, versprach für das Krankenessen zu sorgen. So bereitete sich alles vor, und doch — war noch nichts da; wir sollten stille sein und warten. — Wieder wurde ich von zwei Seiten um Aufnahme von Kranken gebeten und meinte, nun werde sich allmählich das eine auflösen und das andre anbahnen. Aber — woran ich gar nicht gedacht hatte, — meine lieben Sanders widersetzten sich dem Plan mit aller Energie, fürchteten Ansteckung und ich weiß nicht was für ihre Kleinen — und kurz — „willst du Kranke aufnehmen, so können wir nicht in einem Hause bleiben". — Da folgten natürlich schwere Tage, aber, dank dem Herrn, ohne die Liebe zu stören. Es wurden mehr und mehr Kranke gemeldet, und ich mietete in Gottes Namen dasselbe Haus, in dem ich Anno 1832 die Anstalt unter Dr. Günther gegründet hatte. Michaelis wurden die letzten Schüler entlassen, und am 30. Oktober 1856 zog ich mit meinen Kranken in das Haus am Borgesch, das unten fünf und oben fünf Räume hatte, und teils deswegen, teils seines Zwecks wegen, den Namen „Bethesda“ (Haus der Barmherzigkeit oder Brothaus) erhielt. (...)

Das nächste große Ereignis war der Ankauf der beiden Häuser in der Stiftstraße und der Umzug dahin im Jahre 1859. Dadurch wurde unsre Arbeit mit der im Jahre 1853 in der Stiftstraße erbauten „Kinderkirche“ immer fester verknüpft. Kandidat Gleiss, der mir vom Jahre 1848 an, seitdem er die Leitung der Sonntagschule übernommen, immer näher getreten war, wurde jetzt unser Seelsorger und stand mir treu zur Seite in der Erziehung der Schwestern zu Diakonissen. Denn unser Bethesda trat im November 1860 in den Kaiserswerther Verband der Diakonissen-Mutterhäuser ein.

Im Jahre 1860 verheiratete sich Gleiss mit meiner Nichte Johanna Goldenstedt und im Jahre 1862 wurde er zum Pastor an der Stiftskirche und an unserm Bethesda ordiniert.

Es sind fünfundzwanzig sehr glückliche Jahre gewesen, die der Herr mich als Diakonissen-Mutter wirken ließ! Davon und von den vielen tausend Freuden, die wir in unserm Bethesda mit und an unsern Kranken hatten, davon erzählen die vielen Berichte, die ich mit eigner Hand geschrieben.

Was ich versäumt, wolle der Herr vergeben; was ich verdorben, wolle Seine Gnade ersetzen und wiederherstellen. Am 30. Oktober 1881 legte ich mein Amt nieder.

„Ein Höhepunkt des feministischen Radikalismus" – Luise Aston

Eine der bekanntesten „Skandalfrauen" um die Mitte des vergangenen Jahrhunderts war Luise Aston. In einer neueren Literaturgeschichte heißt es über sie: „Den ‚Höhepunkt des feministischen Radikalismus' (Ernst Alker) bezeichnet Luise Aston ..., die, aus einem Pastorenhaus kommend, nach dem Scheitern ihrer Ehen der freien Liebe das Wort redete." Robert Koenig schreibt in seiner 1878 in erster, 1884 schon in fünfzehnter Auflage erschienenen ‚Deutschen Literaturgeschichte' über sie: „Luise Aston, die 1846 wegen ihres frechen Auftretens aus Berlin ausgewiesen werden mußte, trat ebenso wild für die Revolution wie für die zügelloseste Frauenemanzipation in ihren Romanen ein." Er stellt sie dabei neben andere Autorinnen der Zeit, die „mit einer unglaublich unweiblichen Roheit für die Emanzipation der Geschlechter und freie Liebe eintreten und in Ehebruch, Blutschande und Mord geradezu schwelgen."

In ihrem zweibändigen ‚Lexikon deutscher Frauen der Feder' von 1898 nennt Sophie Pataky folgende Werke der Autorin: Meine Emanzipation, Verweisung und Rechtfertigung (1846), Wilde Rosen (Gedichte, 1846), Aus dem Leben einer Frau (1847), Tagebuch eines Freiwilligen des von Tannschen Corps (1848), Lydia (1848), Revolution und Contrerevolution (1849), Freischärler-Reminiscenzen (Gedichte, 1849).

Wer war nun diese entschiedene und entschlossene Vorkämpferin für Revolution und Emanzipation? Geboren wurde sie als Luise Hoche als Tochter eines Superintendenten am 26. Mai 1814 zu Gröningen bei Halberstadt. Sie heiratete den englischen Fabrikanten Samuel Aston in Magdeburg, ließ sich von ihm scheiden, heiratete ihn erneut und ließ sich ein zweites Mal von ihm scheiden. 1846 erregte (wofür sie selbst durchaus zu sorgen wußte) ihre Ausweisung aus Berlin „aus sittlichen Gründen" großes Aufsehen; am Feldzug in Schleswig-Holstein 1848 beteiligte sie sich als Krankenschwester und übernahm im gleichen Jahr die Herausgabe der Zeitschrift ‚Der Freischärler für Kunst und soziales Leben'.

1850 verheiratete sie sich ein drittes Mal mit dem Arzt Eduard Meier in Bremen, dem sie an seine verschiedenen Tätigkeitsorte in Rußland, Siebenbürgen, Ungarn, Österreich usw. folgte. Gestorben ist Luise Aston am 21. Dezember 1871 zu Wangen im Allgäu.

Als interessantes Beispiel sowohl für ihre Gedankengänge und ihre Argumentation wie als Zeitzeugnis für die Reaktion des Staates auf das Emanzipationsstreben der Frauen sei ein Auszug aus ihrem ersten Buch hierhergestellt:

— Unsere Ehe wurde geschieden. Aus dem allgemeinen Schiffbruche meiner höchsten und teuersten Güter und Interessen rettete ich nichts, als den festen Entschluß, durch freien Blick und starken Sinn mich über das Schicksal zu stellen, durch Bildung des Geistes das Herz zu stählen, und seine Unruhe gefangenzuhalten durch die Ruhe des in sich selbst befriedigten Gedankens. Das war meine Absicht, als ich nach Berlin zog, angeregt von der jungen lebendigen Wissenschaft, um in dem geistvollen Kreise ihrer Vertreter die Wunden zu vergessen, die mir das feindliche Leben schlug. Auch wollte ich mich bilden und sammeln zu literarischer Tätigkeit, die ich ja nicht aus eitlem Dilettantismus ergriff, sondern zu der mich meine Schicksale machtvoll hindrängten, weil ich in dem eigenen Erlebnis das allgemeine Los vieler Tausende erkannte, und schärfer, bis zur Vernichtung, ausgeprägt, so daß mir die tödliche Macht unserer Verhältnisse am klarsten geworden. Berlin, mit dem reichen geistigen Leben, die Stadt des Gedankens und der Intelligenz, schien mir am geeignetsten zu meinen Zwecken, zur Erfüllung meines literarischen Berufes. Ich erhielt, nach Angabe meiner Verhältnisse, in denen alle gesetzliche Bedingungen erfüllt waren, ohne Schwierigkeiten eine Aufenthaltskarte von der Polizei.

Am 12. Februar 1846 war diese Aufenthaltskarte abgelaufen, und ich schickte an jenem Tage zur Polizei, mit der Bitte, sie zu erneuern, erhielt aber keine neue Karte, sondern die Weisung, selbst zu kommen. Da ich krank war, ließ ich mir durch meinen

Arzt, Herrn Dr. Perle, ein Attest ausstellen, welches ich, mit der nochmaligen Bitte um Erneuerung der Karte dem Präsidium einsandte. Mein Gesuch wurde abermals ignoriert. Einige Tage darauf erschien ein Polizeibeamter Goldhorn, im Namen des Polizeirates Hofrichter, „um einige Fragen an mich zu richten". Gleichzeitig teilte er mir mit, daß man meine Karte nicht verlängern wolle, weil mehrere anonyme Briefe an das Präsidium, ja, an Se. Majestät den König selbst, über mich eingegangen seien, in denen ich beschuldigt wurde, die frivolsten Herrengesellschaften zu besuchen, einen Klub emanzipierter Frauen gestiftet zu haben, und außerdem nicht an Gott zu glauben. (...)

Ich suchte diesem Beamten, so gut es ging, eine bessere Ansicht über mich und mein Leben beizubringen, und schrieb dann an den Polizei-Präsidenten von Puttkamer selbst. In diesem Schreiben setzte ich auseinander, wie mein Glauben und Denken mein Eigentum sei, und niemanden etwas angehe; wie jene anonymen Briefe nur von einem persönlichen Feinde herrühren könnten, und bat um Verlängerung der Aufenthaltserlaubnis, weil meine literarische Tätigkeit, besonders das baldige Erscheinen meiner Gedichte, der „Wilden Rosen", mich in Berlin fesselten, und meinen Aufenthalt daselbst nötig machten.

Ich wies nach, daß man mir nur insofern Unsittlichkeit zum Vorwurfe machen kann, als es unsittlich sei, Zigarren zu rauchen und mit wissenschaftlich gebildeten Männern umzugehen; und schloß mit der Bitte, mir zu gestatten, auch fernerhin eine Einwohnerin des sittlichen Berlins zu heißen sowie etwaige Formfehler in meinem Schreiben zu übersehen.

Auf Grund dieses Schreibens wurde ich Ende Februar auf das Präsidium vor dem Deputierten Stahlschmidt beschieden, welcher mich ersuchte, so lange im Vorzimmer zu warten, bis der Regierungsrat Lüdemann, der eigentlich mit mir zu sprechen hätte, seine anderweitigen Geschäfte beseitigt, und für meine Angelegenheiten Zeit gewonnen. Inzwischen unterhielt sich Herr Stahlschmidt höchst freundlich und gemütlich scherzend mit mir, brachte die Rede auf Religion und auf Ehe und veranlaßte mich durch die verschiedensten Kreuz- und Querfragen, wenn auch in scherzender Form, doch meine innersten Ansichten auszusprechen. Ich nahm deshalb keinen Anstand mich frei zu äußern, weil ich nach der Art und Weise, wie diese Fragen getan wurden, dies Gespräch für ein durchaus privates halten mußte. Nachdem unsre Konversation zu Ende war, führte mich Herr Stahlschmidt in das Zimmer des Regierungsrates Lüdemann und überreichte diesem zu meiner größten Überraschung ein Protokoll, mit den Worten: „Dies ist das Glaubensbekenntnis der Madame Aston!" Dies Protokoll, das man während meiner Unterhaltung mit Herrn Stahlschmidt ohne mein Wissen niedergeschrieben, wurde mir nun vorgelesen. Ich war erschrocken und befangen — eine Befangenheit, die bei einem Manne lächerlich, gewiß bei einer Frau zu entschuldigen ist, welche in die Staats- und Polizeiwissenschaft keine tiefer eingehende Studien machen konnte, und mit der Methode der preußischen Administration gänzlich unbekannt war. Aus dieser Befangenheit und Ängstlichkeit weigerte ich mich, das Protokoll zu unterzeichnen; und gab erst dem freundlichen Zureden des würdigen Herrn Lüdemann nach, der im gutmütigsten Tone mich versicherte, es tue meiner Sache keinen Schaden, wenn ich unterschriebe: er gäbe sein Wort darauf. Das Wort eines Regierungsrates schien mir hinlängliche Bürgschaft für die Wahrheit; denn ich wußte nicht, daß „Worthalten" in das alte Testament der Staatswissenschaften gehöre, und seit Macchiavell aus der höhern und niedern Politik verbannt sei. In meiner Naivetät, in meinem guten Glauben unterschrieb ich das Protokoll und widerlegte schon dadurch die Anklage des Unglaubens.

Inzwischen hatte ein müßiger Korrespondent der „Deutschen Allgemeinen Zeitung" aus Stoffmangel meine Person und Gesinnung zu einem sozialistischen Debüt benutzt, meinem unschuldigen Zigarrenrauchen eine welthistorische Bedeutung beigelegt, aus beiläufig ausgesprochenen Ansichten kühne Weltverbesserungspläne gemacht und, ohne das Einschreiten der Polizei, eine organisierte Berliner Frauen-Emanzipation in Aussicht gestellt. Dieser Korrespondent schien sich mehr an der Genialität seiner produktiven Phantasie, an der Kühnheit seiner Kombinationen und an den allgemeinen Schrecken, den sie verbreiteten, zu ergötzen, als an eine förmliche Denunziation zu denken, obgleich dies der einzig passende Namen für seinen Korrespondenz-Artikel ist.

Am 21. März erhielt ich wieder eine Verfügung, auf der Polizei zu erscheinen, wo mir Herr Assessor Köppin mündlich den Befehl erteilte, Berlin binnen acht Tagen zu verlassen, weil ich Ideen geäußert und ins Leben rufen wolle, welche für die bürgerliche Ruhe und Ordnung gefährlich seien.

So wurde mir von der Polizei eine Wichtigkeit beigelegt, die ich selbst mir beizulegen nie gewagt hätte, denn wie kühn müßten die Träume einer Frau sein, welche sich für eine staatsgefährliche Person hielte.

Schon um jener traumhaften Selbstüberschätzung zu entgehen, wandte ich mich am 23. März an den Minister von Bodelschwingh. (...)

Während die Polizei als Motiv meine Ideen anführte, die der bürgerlichen Ordnung gefährlich seien; und mich verwies, damit ich nicht andere verführe, und in Berlin Proselyten für meine Unsittlichkeit mache; schien der Minister aus einem ganz entgegengesetzten Beweggrunde zu handeln: aus unbedingtem Wohlwollen gegen mich, aus Fürsorge für mein persönliches Wohl, für das Heil meiner Seele; kurz, aus jener väterlichen Gesinnung, durch welche die preußische Regierung ihre echte Christlichkeit bezeugt und sich die kindliche Liebe und Ergebung ihrer Untertanen zu erwerben weiß. So sehr mich diese Freundlichkeit, diese Sorge für mein zeitliches und ewiges Heil rührte: so war ich doch zu bestürzt und verwirrt, um gleich in passenden Worten meinen Dank äußern zu können. So läßt sich mein Benehmen in dem folgenden Dialoge rechtfertigen, den ich getreu aus dem Gedächtnisse nachschreibe:

Minister: Sie haben sich so frivol und außergewöhnlich benommen, Madame Aston, daß ich mich wundern muß, wie Sie es wagen, gegen Ihre Verweisung zu protestieren.
Ich: Ich weiß nicht, was Ew. Exzellenz frivol nennen?
Minister: Warum stellen Sie Ihrem Glaubensbekenntnisse voran, daß Sie nicht an Gott glauben? –
Ich: Weil ich nicht heuchle, Exzellenz!
Minister: Man muß Sie an einen kleinern Ort verweisen, wo Sie der Verführung nicht so ausgesetzt sind, um wahrhaft für Ihr Seelenheil zu sorgen.
Ich: Aber meiner schriftstellerischen Karriere wegen ist mir der Aufenthalt in Berlin wünschenswert, wo ich stets neue geistige Anregung finde.
Minister: In unsrem Interesse ist es keineswegs, daß Sie Ihre künftigen Schriften, die gewiß so freie wie Ihre Ansichten sind, hier verbreiten.
Ich: Nun, Exzellenz, wenn sich erst der preußische Staat vor einer Frau fürchtet, dann ist es weit genug mit ihm gekommen!
Minister: Ich bin beschäftigt — (ab).

So hatte diese Unterredung für mich auch kein weiteres Resultat; außer der Erkenntnis, wie wohlmeinend man durch meine Verweisung, meiner Seele den Weg zum Himmel bahnen wolle, die sie leichtsinnig verscherzt und durch eigne Kraft nicht mehr zu finden imstande sei. Meine Angelegenheit schien aus dem Gebiete der Jurisprudenz auf das der Theologie hinübergespielt, ein Tausch der Fakultäten, bei dem meine Sache allerdings im Himmel gewann, auf Erden aber augenscheinlich verlor. Ich konnte mich daher auch hierbei nicht beruhigen und wandte mich am 28. April, als an die letzte Instanz, an Sr. Majestät den König, in ... einer Immediat-Eingabe. (...)

Ob die Antworten auf Immediatgesuche an Sr. Majestät den König immer durch den Mund eines Polizeibeamten kund getan werden, weiß ich nicht; ich erhielt nach einiger Zeit von seiten der Polizei den mündlichen Bescheid, daß mein Gesuch nicht berücksichtigt werden könne, und ich Berlin binnen acht Tagen zu verlassen habe.

Nachdem ich so alle preußische Instanzen durchgemacht, wende ich mich an eine höhere: ich wende mich in allerletzter Instanz an das deutsche Volk!

Als Dokument meiner Ideen hat die Polizei mein Glaubensbekenntnis in Händen, das sie sich auf eine Weise verschafft hat, welche für ihren Eifer für mein Seelenheil zu sorgen, das beste Zeugnis ablegt.

Für ein anderes, gewiß sehr trügerisches Dokument hält die Polizei die Widmung der Gottschallschen Gedichte: „Madonna und Magdalena". Aus dieser Widmung zu schließen, daß ich alle in diesem Buch ausgesprochenen Ideen teile, ist kühn, sehr kühn. Die Gedichte sind überdies mit preußischer Zensur erschienen, die bei der Treue und Sicherheit, mit welcher sie gehandhabt wird, gewiß nichts Ansteckendes und Verderbliches die Quarantäne passieren läßt. (...)

Was nun mein Glaubensbekenntnis anbetrifft: so ist dies das Resultat meines Lebens, meiner Schicksale und Studien. Mag es abweichen von dem gewöhnlichen Glauben der Menschen; mag es den meisten irrig und haltlos erscheinen: es ist meine feste Überzeugung, die mir einen festen Halt im Leben gibt. Keiner äußern Gewalt, am wenigsten der Staatsgewalt steht das Recht zu, dies mein innerstes Heiligtum anzutasten, so lange ich für diese Ideen keine äußere Propaganda stifte.

Ich glaube allerdings nicht an die Notwendigkeit und Heiligkeit der Ehe, weil ich weiß, daß ihr Glück meistens ein erlogenes und erheucheltes ist; daß sie in ihrem Schoße alle Verwerflichkeit und Entartung verbirgt. Ich kann ein Institut nicht billigen, das mit der Anmaßung auftritt, das freie Recht der Persönlichkeit zu heiligen, ihm eine unendliche Weihe zu erteilen, während nirgends grade das Recht mehr mit Füßen getreten und im Innersten verletzt wird; — ein Institut, das mit der höchsten Sittlichkeit prahlt, während es jeder Unsittlichkeit Tor und Tür öffnet; das einen Seelenbund sanktionieren will, während es meistens nur den Seelenhandel sanktioniert. Ich verwerfe die Ehe, weil sie zum Eigentume macht, was nimmer Eigentum sein kann: die freie Persönlichkeit; weil sie ein Recht gibt auf Liebe, auf die es kein Recht geben kann; bei der jedes Recht zum brutalen Unrecht wird.

In den Instituten liegt die Unsittlichkeit, nicht in den Menschen; in den Menschen nur in sofern, als ihnen Einsicht und Kraft fehlt, um bessere Verhältnisse zu schaffen. Doch in unsrem Jahrhundert liegt diese Sehnsucht, dieser hoffnungsreiche Drang und Trieb nach freieren Gestaltungen, welche endlich das rein Menschliche zu seinem Rechte kommen lassen. George Sand tritt uns als die Prophetin dieser freien schönen Zukunft entgegen, indem sie die Zerrissenheit und Nichtigkeit der jetzigen Verhältnisse mit unendlicher Wahrheit schildert. Durch die ganze neuere französische Literatur geht dieser Zug des Schmerzes und der Sehnsucht, der heiligen oft entweihten Liebe einen Tempel zu bauen. Dies ist die einzige Frauen-Emanzipation, an der auch meine Sehnsucht hängt, das Recht und die Würde der Frauen in freieren Verhältnissen, in einem edleren Kultus der Liebe wiederherzustellen. Sich selbst wegwerfen ist die höchste Schande, und grade diese Schande wird durch die Ehe vor aller Welt zur Ehre gestempelt. Doch zu diesem neuen Kultus der Frauenwürde und Frauenliebe gehört vor allen Dingen eine tiefere Bildung und ein höheres Bewußtsein der Frauen selbst. Das ist die andere Seite einer vernünftigen Frauen-Emanzipation, wie sie meiner Seele als Ideal vorschwebt.

Bildung erst gibt dem Leben und der Liebe die höhere Weihe und die innere Freiheit, ohne welche jede äußere Freiheit zur Chimäre wird. Nicht die Bildung des Konfirmanden-Unterrichts, nicht die Bildung der Pensions-Institute; nein, das höhere Leben des Gedankens, wozu die Frau von der Natur ebenso befähigt und berechtigt ist, als der Mann.

Es ist hier nicht der Ort, meine Ideen auszuführen. Nur im Allgemeinen wollte ich sie andeuten, damit das Publikum sehe, wie weit sie von der Frivolität entfernt sind. Und wie könnte ich sie anders auffassen, als mit heiligem Ernst, da ich ihnen ja mein ganzes Leben zum Opfer brachte!

Mein Glaubensbekenntnis ist ferner in religiöser Beziehung abweichend von dem offiziellen Glauben des Staates. Dies würde nur dann ein Verbrechen sein, wenn ich Missionaire für meine Ideen in die Welt schickte oder die Thesen eines neuen Glaubens an den Kirchtüren anschlüge. Sonst ist dies Glaubensbekenntnis meines Herzens Heiligtum, und ich beging ein Verbrechen gegen mich selbst, als ich leichtsinnig der Gewissenspolizei den Zutritt dazu eröffnete.

Dem Publikum aber möge genügen, daß dies Glaubensbekenntnis allerdings ein religiöses ist, wenn wir mit dem großen Theologen Schleiermacher, Religion als die Form auffassen, in der sich jeder einzelne mit dem Universum vermittelt. Ob ich dabei an einen persönlichen, lebendigen außerweltlichen Gott glaube oder nicht: ist ganz gleichgültig. Ich habe zwar für meinen Glauben die Autorität keines Religionsstifters anzuführen; aber wohl die Autorität aller Philosophen von Spinoza bis Hegel, mit denen ich gern zusammen verdammt und selig werden will. Ich habe das ganze Bewußtsein der Gegenwart für mich, das mit größerer oder geringerer Klarheit über jenen Glauben hinausdrängt; und gewiß die Überzeugung vieler meiner Richter, welche die Religion nur zu Staatszwecken dressieren. Ich nehme das Recht in Anspruch, auf „meine Façon" selig zu werden, mich auf meine Art mit dem Weltall zu vermitteln; ein Recht, das den Frauen so gut zusteht, wie den Männern. Eine Frau, die ihrer religiösen Privat-Überzeugung wegen von den Behörden verdammt wird, hat das seltsamste Schicksal, das im neunzehnten Jahrhundert denkbar ist, ein tragikomisches Schicksal, das nur von einer humoristischen Laune, von einem ironischen Einfall des Weltgeistes herrühren kann. – Das aber ist meine feste Überzeugung, daß gerade über die maßlose religiöse Heuchelei dieser Zeit über kurz oder lang der Tag des Gerichtes hereinbrechen und den allgemeinen Unglauben strafen wird, der so lange mit der Maske des Glaubens kokettiert! Doch alle, welche offen und frei ihre Überzeugung aussprechen, gleichgültig gegen das Achselzucken einer in der Lüge großgezogenen Menge und gegen das Stirnrunzeln der auf der Heuchelei ruhenden Staatsgewalten, retten ihre Seele vor dem künftigen Gericht der Geschichte.

Dies ist die einfache Erzählung meiner Verweisung und meine Rechtfertigung. Ich trete nicht auf als Klägerin gegen einzelne Persönlichkeiten, die ja meist willenlose Träger sind eines höheren Willens. Ich richte meine Klage gegen den allgemeinen Geist der Reaktion, der uns mit einer zivilisierten Inquisition bedroht.

Das königliche Schloß zu Berlin

Die kämpferische Revoluzzerin: Mathilde Franziska Anneke

Mathilde Franziska Anneke, am 3. April 1817 als M. F. Giesler auf Gut Ober-Levringhausen bei Blankenheim geboren, wird in ihrer Kindheit eine für Frauen außergewöhnlich breitgefächerte Erziehung und Ausbildung zuteil. Ihr unbeschwertes Leben ist zu Ende, als sie 1835 den Weinhändler Alfred von Tabouillet in Mülheim/Ruhr heiraten muß, um dem Vater aus finanziellen Schwierigkeiten herauszuhelfen. Bereits ein Jahr später reicht sie die Scheidung ein, der nun folgende Prozeß zieht sich bis 1843 hin, Mathilde Franziska leidet unter vielfältigen Demütigungen, da ihr Scheidungsbegehren in ihrer katholischen Umwelt kein Verständnis findet. Dieser Lebensabschnitt veranlaßt sie, über Rolle und Aufgabe der Frau nachzudenken. Nach einem Aufenthalt in Wesel übersiedelt sie 1846 nach Münster. Dort tritt sie ein Jahr später dem Demokratischen Club bei, was ihr den Ruf einer Kommunistin einträgt, und trifft den aus der preußischen Armee ausgestoßenen Offizier Fritz Anneke wieder, den sie bereits aus Wesel kennt. Die beiden ziehen nach Köln und heiraten; ihr Haus wird Mittelpunkt der fortschrittlichen Bewegung im Rheinland, Marx, Herwegh, Freiligrath u. a. gehen bei ihnen ein und aus. 1848 — Anneke sitzt im Laufe des Jahres mehrmals im Gefängnis — betreut sie den Kölner Arbeiterverein und redigiert die Neue Rheinische Zeitung und die Neue Kölnische Zeitung; um die gleiche Zeit kommt sie mit ihrem zweiten Kind nieder. Als ihr Mann sich 1849 dem badischen Aufstand anschließt, folgt sie ihm bald (an dieser Erhebung waren viele Frauen beteiligt). Im Oktober des gleichen Jahres fliehen die Annekes über die Schweiz nach Amerika. Drüben gründet sie die Deutsche Frauenzeitung und den Verband deutscher Frauen; 1860—65 lebt sie, mittlerweile mit ihrem Mann überworfen, in der Schweiz und kommt für ihren und den Lebensunterhalt ihrer Kinder durch Zeitungsartikel und Romane (1864 „Das Geisterhaus in New York", „Die gebrochenen Ketten") selbst auf. 1865 nach Amerika zurück-

gekehrt, eröffnet sie ein Jahr darauf in Milwaukee eine Schule für höhere Töchter, die sie bis zu ihrem Tod am 25. November 1884 leitet.

In Mathilde Franziska Anneke erleben wir eine Frau, die sich aus den Standesschranken und dem Schatten des Ehemannes löst, sich traut, ins politische Geschehen einzugreifen, und durch ihr emanzipatorisches Denken und Leben zu einer der Begründerinnen der frühen Frauenbewegung wird.

Im folgenden schildert sie die erste Zeit der revolutionären Bewegung 1848 in Köln, wie sie sie an vorderster Front miterlebte.

Am Rhein, den Weg über Köln nehmend, hatten wir die Schwingungen der Sturmesglocken, die in Paris so nachhaltig angeschlagen, weiter getragen. Die Erhebung des Volkes hier, in der heiligen Stadt, die bekanntlich wohl über hundert Kirchen und hundert Kapellen hat, wurde von der Soldateska unterdrückt und ihre Führer Gottschalk, Willich und Fritz Anneke, mein Gatte, wurden in den Kerker geworfen. Kaum drei Wochen nur umfingen sie für dieses Mal die undurchdringlichen Mauern des Gefängnisses, da tobte der Sturm im Osten mit gewaltsamem Brausen und von Berlin her erscholl der Ruf ihrer Befreiung. Zwei Tage schon und eine Nacht hatten wir auf den Ausgang der Dinge in der preußischen Hauptstadt geharrt. Da, in der zweiten bangen Nacht, kam sie über den Rhein, die elektrisch zündende Botschaft: Das Volk hat gesiegt!

Ich wohnte zu dieser Zeit unmittelbar am Ufer des Rheines, gerade dem Bahnhof gegenüber. Mein Haus war zu einem Hauptquartier der revolutionären Freunde geworden, die als Emissäre vom Westen nach dem Süden und Osten Europas zogen als Sturmvögel. Die Sterne glänzten funkelnd am Himmel, als über den Rhein die Siegeskunde erscholl, und ehe die Sonne noch ihre Strahlen aussandte, standen wir an den Toren der Feste, die unsere gefesselten Führer barg.

Auf den Straßen Kölns war inzwischen Leben und Bewegung, wie wenn ein Festtag anbräche. Wie ein Feuer hatte die große

Nachricht sich durch die Gassen gedrängt. Das Militär in seinen glänzendsten Vertretern von den Hauptwachen kommend, wich uns aus wie von dem schlechtesten Gewissen in den engen Straßen zur Seite gedrängt. An dem Gefängnis angekommen, salutierten die Wachen, die uns vordem mit Kolben den Weg verschlossen hatten, und öffneten die eisernen Tore mit aller Bereitwilligkeit. Unsere Gefangenen, die in ihrer gänzlichen Unwissenheit über die Vorkommnisse der vergangenen Tage den Schlaf der Gerechten schliefen, mußten in ihren Zelten aufgerüttelt werden, um ohne Verzug den Weg in die Freiheit mit uns antreten zu können.

Der kleine Dampfer (damals waren die Ufer dieser Stelle noch nicht mit der stattlichen Brücke verbunden) furchte mit besonderer Eilfertigkeit auf das diesseitige Ufer und auf das mächtige Tor unserer Wohnung zu und setzte uns, wie Vorboten meldeten, den Sänger des Tages aus, der da verkündet hatte: „So wird es kommen, eh ihr's denkt!" Ja, und so war's gekommen!

In der Mitte einiger Freunde und Genossen, die von Düsseldorf her mit ihm gelandet waren, betrat Ferdinand Freiligrath die Schwelle meines heute so dreifach gesegneten Hauses. Vom Balkon aus, der über den Fluten hing, hatte ich ihn eintreten sehen. Ich ging ihm entgegen mit hoch klopfendem Herzen. Lange Jahre vorher schon hatte ich mit dem Dichter meines Heimatlandes Westfalen in Verbindung und momentanem Briefwechsel gestanden. Er war der regsame Mitarbeiter eines von mir redigierten „Westfälischen Jahrbuchs" gewesen und als solcher mir mitsamt seiner Gattin, die ebenfalls Übersetzungen von Walter Scott dafür geliefert hatte, hoch teuer geworden. Nun trat er bei mir ein als der Sänger der Revolution, für die glühend und hoffnungsvoll mein jugendliches Herz schlug.

Schüchtern wie ein Kind stand er vor mir, der große gewaltige Mann. Ich streckte ihm meine beiden Hände entgegen, die er ergriff und festhielt. Sein Blick ruhte lange auf mir mit einem Seelenausdruck groß, klar und rein. (...)

Der Weihelenz von 1848 hatte Siege gebracht, aber keine Befreiung. Die Zugeständnisse, die den Forderungen des Volkes gemacht waren, solange es das siegreiche Schwert in den Händen behielt, waren unerfüllt geblieben, die Errungenschaften in das Reich der Märchen und Träume verwiesen. Nach der bedeutungsvollen heißen Junischlacht in den Straßen von Paris erhob die Hydra der Reaktion allüberall von neuem ihr Haupt und die Tore der Kerker öffneten sich wiederum allerwärts. Da erscholl durchs Vaterland die mächtige Mahnung, eine Stimme aus den geheiligten Gräbern der Dahingestreckten, „Die Toten an die Lebenden". Der Augenblick wird mir für mein Leben lang unvergeßlich bleiben, da eines Tages der Dichter in meine verödete Wohnung eintrat und mir vom Manuskript seine ergreifende Dichtung vorlas. Die Schergen der Gewalt hatten, unter empörenden Umständen nächtlicher Weile mit bewaffneter Hand eindringend in das Heiligtum meines Hauses, den Gatten mir zum zweiten Male in den Kerker geschleppt. Ich hatte wenige Tage nach dieser brutalen Tat meinen ersten Sohn geboren und eilte, in der Hoffnung, dem Vater sein erstgeborenes Kind mindestens in den Arm legen zu können, mit ihm in das Gefängnis. In das Innere des Kerkers geführt, hielten die Eisenstangen jedoch den dahinter festgehaltenen knirschenden Gefangenen fern von mir und dem Kinde und machten jede nähere Begrüßung unmöglich. (...)

Einige Tage später, als er wieder nach Düsseldorf zurückgekehrt war, woselbst er mit seiner Familie Aufenthalt genommen hatte, erfaßten den Dichter die Häscher und schleppten ihn ins Gefängnis. Die Wut des Volkes in dessen Mark und Blut die Dichtung bereits gedrungen war, kannte anfangs darob keine Grenzen. Aber es ließ sich beruhigen von den „Freunden der Ruhe" und auf die zu erwartende Freisprechung des Dichters von der Anklage „die Massen aufgewiegelt zu haben" verweisen. Wohl zitterte man eine Zeitlang um das Leben des Sängers, aber die Gerechtigkeit saß zu Gericht, der Spruch war reif, und unter den drohenden Fäusten der Beherzten im Volke geschah es, daß nach mehreren Wochen qualvoller Einsperrung ein „Nichtschuldig“ der Geschworenen erfolgte. Dieser Triumphzug, mit welchem das Volk seinen Dichter aus dem Kerker und durch die mit Blumen bestreuten Straßen führte, steht in den Annalen der Stadt Düsseldorf verzeichnet und der Tag als einer der größten Jubeltage der rheinischen Bevölkerung. Sein Urteilsspruch wurde dem Dichter unter einem Blumenregen verkündet, den die nicht zu zügelnde Menge ihm spendete. Ich hatte einen Lorbeerkranz für ihn gewunden, den zu meiner Genugtuung ihm in dem letzten Augenblick seiner Gefangenschaft der Staatsgouverneur selber überreichen mußte. Die Gefangenen in Köln warteten noch lange vergebens auf die Stunde ihrer Befreiung. Inzwischen hatte Freiligrath sich entschlossen, mit Frau und Kind zu uns nach Köln zu ziehen. Ich empfing von meinen geliebten Freunden den Auftrag, nahe meiner Wohnung auch ihnen ein Heim auszuwählen. Hier, am Ufer des alten Vater Rhein, lebten wir nicht fern voneinander, uns täglich begrüßend mit wechselnden Hoffnungen und Täuschungen, harrend und wirkend für die Sache der Freiheit.

Die „Neue Rheinische Zeitung“, die mit den Blitzen der Gedankenmacht an dem alten Bau der gesellschaftlichen Zustände Jahre zuvor gerüttelt hatte, erstand wiederum. Die Geister hatten sich auf dem alten klassischen Boden der Tollheit und Frömmigkeit zusammengefunden und begannen von neuem den Reigen gegen das bestehende Schlechte. Freiligrath unternahm an der Redaktion einen wesentlichen Teil der Mitarbeit. Der Sturm zog über Europa dunkler und dunkler. Überall da, wo die deutsche Zunge gesprochen wurde, ward die „Neue Rheinische Zeitung“ ein Leuchtturm in diesem Sturme. Die Klänge einer Geisterharfe brausten durch denselben. Es war die Hand unseres Dichters, der sie so machtvoll rührte.

Jede neue Morgensonne verkündete neue Schrecken, neue Siege, und ob wir klagten oder jubelten — für jedes Leid, für jede

Lust in dieser Zeit des Leides und der Lust hatte sie einen Ton für uns.

Allein, als am 19. Mai 1849 die letzte Nummer der „Neuen Rheinischen Zeitung" in blutroter Schrift erschien und an ihrer Stirn das Abschiedswort, jenes unsterbliche Ade, Ade! von Freiligraths florumhüllter Harfe erklang, o wie wehe, wie tränenvoll da manches Herz und Auge unserer Nation war!

Kein offner Hieb in offner Schlacht
Es fallen die Nücken und Tücken.

Nicht lange nach diesem und den letzten verzweifelten Schlachten in Dresden, Ungarn, Baden und der Schweiz, im heißen Juli des Jahres 1849 erlag die Revolution. Ihre Streiter und ihre Sänger wurden gestandrechtet oder in alle Länder verstreut. Dies war der Augenblick, in welchem der glücklich nach London entkommene Poet daran denken mochte, seine wundervolle Phantasie „Der ausgewanderte Dichter", das Werk einer früheren Periode, in die Tat zu übersetzen.

Sein Blick war nach dem freien Westen gewandt. Viele von den Unsrigen bereiteten sich zur Abfahrt. In Havre, als wir an Bord unseres Seglers gehen wollten, gerade in dem Augenblick traf mich das letzte Lebewohl. Nebst einem Band seiner Gedichte zum Andenken empfing ich einen Brief von ihm, darin der Dichter mir schrieb, daß er und die Seinen uns bald nachfolgen werden in die neue Heimat, daß er mich aber einstweilen dahin geleiten wolle mit warm empfehlenden Briefen an die ihm befreundeten großen Poeten des Landes, Longfellow und Bayard Taylor.

Im anschließenden Brief aus dem Jahr 1849 an ihre Freundin Franziska Rollmann erzählt Mathilde Franziska Anneke, wie sie während der badischen Erhebung ihren Mann suchte.

Rechts: Mathilde Franziska Anneke mit 23 Jahren

Meine geliebte, geliebte Franziska!

Aus der Verbannung, die ich mit meinem Fritz teile, empfängst Du jetzt Briefe von mir, und zwar nach langer Unterbrechung unseres Briefwechsels. Ich bin von Köln abgereist, ohne Dir erst geschrieben zu haben, das wirst Du mir verzeihen können, wenn Du weißt, unter welchen Umständen und in welcher Zerrissenheit des Herzens das geschah. – Ich ahnte auch nicht, daß ich am Vorabend großer Erlebnisse Abschied von der Heimat nahm und einen blutigen Morgen in den Ländern, denen ich entgegeneilte, so bald tagen sehen sollte …

Laß mich Dir erzählen. Fritz schrieb mir einen Brief aus Kaiserslautern, daß ich zu ihm kommen möge. Ich konnte nicht, da das Geschäft und die Kinder mich ihm nicht folgen ließen. Ich hatte unter den furchtbarsten Anstrengungen die Vorbereitung der Zeitung auf einen glänzenden Standpunkt gebracht, die uns für alles schadlos zu halten versprach, als die löbliche Polizei mir das sauer eroberte Stückchen neidete. Sie legten mir ein Hindernis nach dem anderen in den Weg, nahmen mir die gemäßigt gehaltenen Zeitungen weg und dergleichen. Meine eigene Freiheit war bei solch fortgesetzten Verfolgungen auf die Dauer sicher beschränkt, und ich mußte bei Zeiten mir die Lage unserer Dinge von allen Seiten betrachten … Ich wollte Köln mit einem anderen Wohnort vertauschen und mir zu diesem Zweck nicht nur Städte am Oberrhein besehen, sondern auch mit Fritz, sofern ich ihn auffände, darüber beraten … Ich schied mit blutendem Herzen von meinen Kindern, doch in der sicheren Hoffnung auf höchstens vierzehn Tage nur. Am zweiten Tag meiner Abreise war ich in Mannheim, dem kriegerisch aussehenden Mannheim. Fritz, so hieß es, sei noch in Kaiserslautern, dahin ich von Ludwigshafen in einigen Stunden gelangen könnte. Der Bahnzug dahin ging am anderen Morgen in aller Frühe ab, ich benutzte ihn. (…) – Wir waren bis Neustadt an der Haardt gekommen, woselbst wir in einem Omnibus zwei Stunden weiter zur Fortsetzung der Bahn nach Neidenfels geschafft werden sollten. Unterwegs hieß es schon, die Bahn werde nicht mehr fahren, man könne nicht mehr nach Kaiserslautern kommen. Ich wollte und mußte aber zu meinem Fritz. –

In Neidenfels angekommen, waren die regelmäßigen Züge eingestellt. Viele Waffen, Vorräte von Kugeln und Kanonen und

Kämpfer lagen zerstreut an den Abhängen des Berges und im Bahnhof selbst. Ich fragte nach Fritz, da hieß es einmal, er sei in Neustadt; das schien mit etwas fraglich. Ein abfahrender Rekognoszierungszug, der weiter gen Frankenstein fuhr, nahm mich nach einigen Vorstellungen auf. Meine Fragen nach Fritz waren auch hier wieder kraus und bunt beantwortet. Einmal hieß es, er sei mit dem Generalstab nach Neustadt, die Preußen seien in Kaiserslautern eingerückt und da habe das Hauptquartier nach Neustadt verlegt werden müssen. Das andere Mal hieß es, der Anneke sei wieder gen Kaiserslautern mit Kanonen gezogen. Ich war von Kaiserslautern noch fünf Stunden entfernt; die Bahnzüge gingen nicht mehr; ein Wagen war in diesen Gebirgen schwer zu bekommen, vielleicht ein Pferd, doch sah ich ein, daß ich mich selbst darum bemühen mußte. Mein klein wenig Gepäck ließ ich einem Eisenbahnbeamten und machte mich bei großer Mittagshitze zu Fuß auf den Weg. (...)

Ich ging eiligen Schrittes eine halbe Stunde, jeden Vorübergehenden fragte ich nach ihm, und die Antwort war jedesmal befriedigender, als ich ihm näher auf den Fuß kam; schon hatte ich die Hoffnung, ihn auf eine halbe Stunde eingeholt zu haben, da plötzlich sehe ich von weitem einen Reiter heransprengen. – Es war mein Fritz. Der mit der Lokomotive zu seinen Diensten hin und her fahrende Führer hatte ihm zugerufen, seine Frau suche ihn. – Wir lagen uns bald in den Armen und gingen Arm in Arm zu der Stelle, eine schöne, enge, wilde Talschlucht, in der er sich gegen die Preußen verschanzt hatte mit seinen Kanonen. Ich stand also, gerufen von der Liebe, plötzlich inmitten des Krieges, bevor ich es selbst wußte. Wären die Preußen in diese Falle hineingegangen, sie wären schön begrüßt worden. Auf den Bergen lagen die Scharfschützen versteckt, im Tal standen die schußfertigen Kanonen. – Die Feinde hüteten sich indes wohl – anstatt in die Engpässe der pfälzischen Gebirge zu kommen, umzüngelten sie lieber mit ihren großen Massen das Land in den offenen Ebenen.

Und so macht sich der Trupp auf den Rückmarsch nach Neustadt, wo die Hauptarmee steht. Doch das militärisch-politische Blatt wendet sich bereits, und damit beginnt für Mathilde Franziska Anneke ein neuer Lebensabschnitt …

Wir hatten sieben Stunden zu reiten. Gegen vier Uhr morgens langten wir in Neustadt an. An Quartier im Gasthaus war nicht zu denken, wir kamen in ein Privathaus durch die Freundlichkeit eines Mannes, der das Amt des Quartiermachers übernommen hatte. Die Ruhe tat mir unendlich wohl in diesem reichen behaglichen Hause. An eine Heimkehr war nicht zu denken. Einmal konnte ich die preußische Truppenlinie, die sich schon rund um mich herumgezogen hatte, nicht wieder durchdringen, das andere Mal konnte ich Fritz auch nicht mehr verlassen. Meine Kleinen hatte ich einstweilen in guter getreuer Obhut — was konnte da geschehen. Ein sehr nettes Pferdchen ward mir bald vom Hauptquartier zugeteilt, ich versah mich mit Reitkleidern und blieb nun stets an der Seite meines Fritz. — So bin ich denn auf dem vier Wochen langen Zug in manchem Kugelregen, insbesonders in dem heißen Gefecht bei Übstadt gewesen, ohne von einer Kugel getroffen zu sein; ich sowohl wie Fritz sind wohlbehalten. Den ganzen Zug Dir zu schildern würde nicht gehen, meine liebe Franziska, so viel aber, daß wir uns seit dem Tage nach der Schlacht vor Rastatt aus dieser Festung durch die Flucht zurückgezogen haben, um den Preußen, die sich bereits nach Freiburg gezogen und den Rest des Badischen Landes umzüngelt haben, nicht in die Hände zu fallen. — Es ist uns unter den abenteuerlichsten Fahrten gelungen, bei Nacht und Nebel zu Schiff durch eine wahre Wasserwüste an die Grenze von Frankreich zu kommen. So sitzen wir denn hier, inmitten mehrerer Flüchtlinge und in der Nähe von unserm Freunde (Moses) Hess und seiner Frau, unmittelbar an dem reizenden Ufer der Ill, im Angesichte der Vogesen, nahe bei Straßburg.

Wir haben in der rasenden Eile der Flucht unser sämtliches Gepäck im Stiche gelassen, und ich sitze in diesem Augenblick noch auf ein Hemd, ein Paar Strümpfe und was man so nur auf dem Leibe hat reduziert. Geld haben wir durch den Verkauf eines Pferdes noch vorläufig und das zweite, das meinige, wird uns noch für einige Wochen damit versehen. – Von meinen Kindern habe ich keine Kunde – ich sehe stündlich Nachricht von ihnen mit wahrer Fieberwut entgegen. Das bleiche Gesichtchen meines kleinen Knaben steht mir Tag und Nacht vor der Seele. – Du glaubst nicht den Kampf zwischen Liebe und Liebespflicht. – O könnte ich sie erst wieder ans Herz mir drücken – aber die Heimat wird auch mir verschlossen sein, nachdem die heroischen Anstrengungen der Freiheit so schmählich unterdrückt sind. – Der Kampf ist aber noch nicht zu Ende, er wird in der Schweiz fortspielen. – Was uns für ein Los beschieden? Das wissen die Götter. Hunderte wollen mit uns über den Ozean. – Wolltet auch Ihr mit uns – dann brauche ich nicht die Heimat zu betrauern, aber Ihr – und doch ich weiß jetzt auch nicht, was Friede noch hofft; – was anders noch als die grünenden Fluren Amerikas. – Uns fehlt es freilich an Geld; allein viele, die sich uns anschließen wollen, namentlich vom Oberrhein, haben Geld, und da schlüpfen wir mit ihnen vielleicht durch – aber was hilft das alles, ohne Dich, meine Franziska. –

Schreibe bald! Geht mit uns übers Meer! – Und Du gedenke Deiner Tilla in guten wie in bösen Tagen. –

Die adlige Bohémienne: Franziska zu Reventlow

Franziska (Fanny) Liane Sophie Auguste Wilhelmine Adrienne erblickt am 18. Mai 1871 in Husum als Tochter des Landrats Graf zu Reventlow das Licht der Welt. Ihre Jugend ist bald geprägt von starken Auseinandersetzungen mit ihren sehr konventionell denkenden Eltern, die ihr auch den Wunsch, Malerin zu werden, abschlagen. Nachdem sie mündig geworden ist, zieht Franziska nach Hamburg und bricht mit ihren Eltern. Ihr Verlobter dort finanziert ihr 1893 Malstudien in München. Die Münchner Bohème eröffnet ihr eine Welt, die sie immer gesucht hat. Ihre Ehe mit Walter Lübke geht in die Brüche, und sie zieht 1895 für immer nach München. Ihren Lebensunterhalt versucht sie mit kleineren schriftstellerischen Arbeiten und mit Übersetzungen zu bestreiten. Zu ihrer unabhängigen und liberalen Lebenseinstellung gehört auch, daß sie niemals verrät, wer der Vater ihres 1895 geborenen Sohnes ist. Ihr erster (autobiographischer) Roman „Ellen Olestjerne" erscheint 1903. Größere Romane folgen nach 1910, als sie in die Schweiz nach Ascona übergesiedelt ist. Sie stirbt im Alter von siebenundvierzig Jahren am 25. Juli 1918 in Locarno-Muralto nach einer Operation.

Franziska zu Reventlow hat sich in einer Zeit, in der Frauen aus höheren Schichten nur wenig Freiraum genossen, ohne jede soziale Absicherung von dem ihr vorgezeichneten Leben und ihrer Familie losgesagt und ihre eigenen Lebensziele unbeirrt durchgesetzt.

In einem Brief an den Freund der Jugendzeit, Emanuel Fehling, schildert sie ihre Nöte im Elternhaus und wie sie sich das Leben als Frau vorstellt.

Lübeck, 16.4.1890

Lieber Emanuel,

Ihre lieben Worte taten mir unsagbar wohl. Es macht mich so glücklich zu fühlen, daß Sie mir glauben und daß ich an Sie glauben kann, und wir uns nun immer alles schreiben und sagen können, ich habe mich so danach gesehnt, nach solcher wahren

Freundschaft, und es kommt mir ganz wunderbar vor, das nun gefunden zu haben, was dem Leben doch erst Inhalt gibt.

Was Catty anbetrifft, so kann ich Ihnen seinen passenden Standpunkt erklären. Teils ist es wohl sein eigenes Gefühl, ein, wie ich glaube, sehr verkehrtes Anständigkeitsgefühl, das in unserer Familie leider sehr stark ausgeprägt ist, teils hängt es so zusammen: es ist Ihnen wohl nicht verborgen geblieben, daß ich mich zu Hause sehr schlecht stehe, besonders mit meiner Mutter. Sie kann mich nicht leiden, seit frühester Kindheit bin ich immer ein Stiefkind gewesen. Besonders ist sie in steter Angst, daß ich etwas tue, was sie nicht mögen. Dies bespricht sie immer mit Catty, also steht er gewissermaßen zwischen uns, was für ihn sehr unangenehm ist. Es ist ja nur gut und richtig, daß er es mit Mutter hält, nur sehen Sie, wird ihm sozusagen die Aufsicht über mich übertragen; wenn er also mit mir unter einer Decke spielte, so würde er die Eltern täuschen, und das will er nicht. –

Ich verdenke es ihm nicht, aber es tut mir oft sehr weh, C. und ich könnten so viel mehr voneinander haben. Sie können sich denken, wie grausam schwer diese häuslichen Verhältnisse sind, wenn man sich nach Liebe sehnt und immer zurückgestoßen wird; ich habe früher meine Mutter leidenschaftlich geliebt und förmlich danach gelechzt, von ihr geliebt oder wenigstens freundlich wie die anderen behandelt zu werden, aber allmählich hat sich das abgestumpft und erkaltet und es ist beinahe Krieg zwischen uns; sehr selten geht es gut miteinander und immer nur kurze Zeit.

Und mit meinem Vater kann ich zu absolut keinem Verständnis kommen, er kann ja auch nicht auf meiner Seite sein, dann würde es ja ganz toll. Sie können sich ja denken, wie schwer das ist. Alle Lebensfreude und Schwungkraft, oder wie soll ich's nennen, wird erdrückt und ich atme auf, wenn ich die Haustür hinter mir habe.

1. Mai halbzehn Uhr morgens

Nach einem öden Greis-Gang und darauf folgendem Donnerwetter von M. suche ich im Schreiben an Sie Erholung. Was Sie in Ihrem Brief über das Recht der Frau sagen, dem stimme ich vollkommen bei. Eine öffentliche Stellung der Frau würde ziemlich undurchführbar sein; wenn man sich z. B. Frau Mesmer als Bürgermeister vorstellt – es würde auch kaum irgendeine Frau sich dafür eignen, es würde eben lächerlich sein. Aber die Frau müßte als dem Manne gleichberechtigt existieren und dieselbe Bildung haben können, die Mehrzahl würde allerdings gerne darauf verzichten, und das schadete denn ja auch nichts. Und vor allem die gesellschaftliche Freiheit – diese Beschränkung ist unerträglich und überhaupt unter aller Menschenwürde. Meiner Meinung nach würden durch eine gemeinsame Schulbildung und völlig zwanglosen Verkehr viel gesündere Verhältnisse entstehen; die jetzigen in der Gesellschaft sind doch durch und durch krank. Die weibliche Erziehung ist eben das Unsinnigste was es gibt; ich kann Ihnen als Beispiel anführen, was ich an mir selber erfahren habe. Ungefähr bis vierzehn Jahre durfte ich mit Catty und unseren gemeinsamen Freunden in allen Freistunden herumlaufen – das war ganz richtig und gut –

Dann hieß es auf einmal, nun bist Du zu groß und mußt ein junges Mädchen werden; ich mußte also außer den Stunden in der Wohnstube sitzen, nähen und stricken. Natürlich wehrte ich mich mit Händen und Füßen, benutzte jede Gelegenheit wegzulaufen, und es konnte eben kein Mensch mit mir fertig werden, die Lehrerin kündigte, und ich wurde nach Altenburg geschickt, wo ich eben herausgeworfen wurde. Sie machen sich gar keinen Begriff, wie mit solch unglücklichen Backfischen zu Hause und in Pensionen verfahren wird, ihnen werden die unnötigsten uninteressantesten Kenntnisse eingetrichtert, furchtbar viel Religion, Grammatik, Handarbeiten und Klavier. Sie sollen gewaltsam in eine Schablone gepreßt werden; was dabei herauskommt, können Sie an den Durchschnitts-jungen Mädchen und -Frauen sehen, ungebildete, bleichsüchtige, spitzenklöppelnde, interessenlose Geschöpfe; die, wenn sie sich verheiraten, in Haushalts- und Kindergeschichten aufgehen und ihrem Mann unmöglich etwas sein können, als eben seine Hausfrau — bleiben sie ledig, so entsteht aus ihnen die Sippe der unleidlichen alten Jungfern, über die sich alles lustig macht, deren Wirkungskreis in Kaffeeklatsch und Diaspora besteht.

Es liegt eben darin, daß man die Frau nicht als Selbst, nur als wesenloses Geschöpf betrachtet. Ist das nicht himmelschreiendes Unrecht? Es gibt ein Gedicht über den Beruf des Weibes, darin kommt folgende Stelle vor, die schildert, wie sie ihren Mann, wenn er nach Hause kommt, empfangen soll:

„Sie geht entgegen ihm, trocknet ihm
das Gesicht
Macht ihm den Sitz zurecht und bringt
sein — Leibgericht!"

Darin ist so ungefähr das enthalten, worauf wir erzogen werden, Beruf und Lebenszweck. —

Wie schwer, ja fast unmöglich es ist, sich gegen dieses Schablonen-Verfahren zu wehren, sich selbst geistig zu erziehen und weiterzubilden, das können Sie sich denken; aber ich kann mich dem nicht fügen, das ist mir unmöglich.

Was ich bei Ibsen besonders liebe, ist seine schöne, edle Auffassung des Weibes und der Ehe. In unserer Gesellschaft findet man es fast nie, daß Mann und Frau wirklich innerlich zusammenleben, das ist ja auch unmöglich, wenn die Frau einen so weit geringeren Bildungsgrad hat. Da heißt es immer „das verstehst Du nicht, das ist nichts für Dich", sehen Sie die Summe von dem, was ich für die Stellung der Frauen für erstrebenswert halte, ist Freiheit des Verkehrs und die Möglichkeit einer wissenschaftlichen und künstlerischen Bildung; letztere ist, wie Sie wissen, mein Ziel; sagen Sie mir gelegentlich Ihre Meinung darüber. Unsere aristokratische Verwandtschaft — wie Catty sagt, eine infame Bande — findet dergleichen unmöglich.

Inzwischen von Hamburg nach München umgezogen, überdenkt sie ihre Situation:

Auf dem Petersberge, 22. Mai 1895

Mein Hochzeitstag vor einem Jahr. Heute liege ich hier oben im Bett in meinem weißgestrichenen hellen Zimmer oben auf dem Berg, mit vier Fenster auf den Inn und auf die Berge — und kann so ruhig an damals denken.

An den wahnsinnigen Tag — und wie eine sich lösende Entzündung ist der Entschluß in mir aufgebrochen, alles zu sagen, mich zu lösen von diesem Bann und von Schuld und Lügen.

Es wird ein namenlos großer Schmerz und ein großes Zerreißen, und kommt doch wie etwas von Frieden über mich.

Damals, an dem Tage, o da war ich sehr stark. Da brach alles Glück hinter mir und vor mir in eine öde, endlose Verzweiflung zusammen. Konnte je ein Mensch einsamer sein? Meine Eltern und Geschwister verloren, von mir gestoßen, den verlassen, den ich geliebt hatte mit der Leidenschaft, die es unwiderruflich nur einmal im Leben geben kann, und nun mit dem Kind von ihm unter dem Herzen zu dem fremden Mann, den ich nicht geliebt hatte, mit dem mich nur ein flüchtiger Sommerrausch zusammengeworfen, von dem bei mir nichts, bei ihm eine Illusion von weiterem Glück zurückgeblieben war. Auf diese Illusion und auf meine zerrüttelte, zerknackte Leidenschaft zu dem andern bauen wir unser Glück auf, lassen uns vom Standesamt und Priester zusammenschmieden.

Auf dem Kopf trage ich Myrthenkranz und Schleier, und da sieht man gar nicht mehr, daß ich kurze Haare habe, und ich bin blaß und habe große Augen und sehe brautmäßig aus und beinahe schön — denn ich habe mich sehr lange im Spiegel gesehen, weil es mein zweites Ich sehr interessiert, wie das erste sich heut machen wird. Vor der Trauung war ich eine Stunde allein, oben, man mußte der jungen Braut doch etwas Ruhe lassen, sich zu sammeln an diesem Tage. Und da hat sie auf dem Bett gelegen und noch einmal, zum letzten Mal so sinnlos über das Vergangene und über das Jetzt geweint — und in die Zukunft hinein, und so trostlos gleichgültig sogen die verschwiegenen weißen Bettücher den letzten verzweifelten Jammer ein.

Nur ein halbe Stunde, genau nach der Uhr, wußte ich, so, nun muß ich aufhören, zu weinen, und wieder ordentlich aussehn und glücklich aussehn. Und dann kam der andere herauf, um mich zu holen, und er war glücklich und froh, und ich wurde lustig und ein Witz über den andern, über den Derwisch, der uns trauen sollte, und über den Myrthenkranz und über alles mögliche.

Und der fette, freundliche Derwisch mit seiner übermodernisierten Traurede. Und dann: Ich frage, dich, du Jungfrau etc., ob du diesem Mann folgen willst.

Und das fremde Kind in mir mit seiner ahnungslosen Gegenwart. Eine Art Freude in mir bei alledem, ein Stolz, so va banque zu spielen, so ganz allein und so ganz stark, die Kraft, die niemand ahnte, schwoll in mir empor. Fort comme la mort, jetzt für immer und nie mehr und nie wieder schwach. Die Stunde der großen Verachtung, in der alles brach, nur die Kraft nicht.

An meinem Geburtstag bin ich von München gekommen und hier herauf, allein und mit ganz neuen sündigen Erinnerungen, mit einer neuen frischen Maisünde und da bin ich wieder jung und froh und gesund geworden. Ich hatte den wieder gesehen, von dem das Kind war, und da war auch das vorbei, die ganze Leidenschaft einfach vorbei, und es hat sich in einer furchtbaren Last von mir heruntergerungen als Antwort auf seine Frage: Nein, es ist vorbei, ich liebe dich nicht mehr. Kein Vorwurf und keine Reue, das weißt du, aber eben überhaupt nichts mehr. Das ist vorbei.

Und ihm war es heimlich leid, denn er möchte mich jetzt lieben, damit ich ihm nicht über den Kopf wachse in meiner neuen Kraft, die aus der emporgewachsen ist, die er mir einst suggeriert hat. Und er hat gesagt, es ist noch nicht zu spät, er würde mich jetzt lieben können. O ja, es ist zu spät für uns beide. Meine Liebe zu dir hat zu viel ertragen, daran ist sie draufgegangen, vorbei wie eine heiße akute Krankheit.

Dann bin ich hingegangen zu einem andern, heiß und fröhlich, mit Weinlaub im Haar — o ja, ich habe es gefühlt, es brannte mir förmlich am Kopf und sengte das alte Trauerspiel da fort — — und einfach in seine Arme hinein. Da bin ich, da hast du mich, wenn du willst. (...)

Dann kam es mir plötzlich, als ob das vergangene Jahr sich von mir abschälte, Borke auf Borke abbrach und fortkrümmelte, fortstäubte, so wie eine große Befreiung, daß ich Walter nun alles sagen muß. Es muß alles heraus, herunter. Ich muß mein Leben wieder da herausreißen. Wenn ich auch sein Glück zerbreche, ich werde ihm dafür die Wahrheit geben, etwas weit besseres. Ich habe ja auch kein Glück. Es zerbricht, wo ich es anfasse.

Eine kurze Zeit habe ich ihm Glück geben können, er war glücklich, und ich wollte mit meinem ganzen Willen, daß er glücklich sein sollte. Ich dachte, so meine Schuld wieder auszutragen. Aber nun eine neue dazu und dann vielleicht wieder eine und immer wieder eine. Lüge auf Lüge und so Weib, so feige und listig. Nein, ich habe große Kraft gebraucht, um so zu schweigen, jetzt weiter zu schweigen, würde nicht mehr Kraft sein. Ich würde jetzt aus Schwäche schweigen. Um nicht zu zerstören. Um nicht sein Glück und mein letztes Anrecht auf Glück zu zerstören. Nun muß auch das sein.

Franziska macht sich den Bruch mit der Konvention und der Ehe mit Walter Lübke nicht einfach ...

16. Juni

Ich fühle mich krank und ein lähmendes Katastrophengefühl. In acht Tagen ist Walter da. Es wird furchtbar sein, mit ihm zusammenzusein mit dem Gefühl dessen, was kommen muß.

Und wie lange werde ich es ertragen, so neben ihm herzugehn – ich, die glaubte das ein ganzes Leben hindurch zu können. Mir ist jetzt, als ob ich keinen Tag mehr vermöchte, den Aufschrei zurückzuhalten, der gewaltsam aus mir hervor will. Endlich Wahrheit, doch noch einmal anfangen zu leben. Und das Leben bei ihm war so weich, so warm, so ruhig, so gut. Es war so gut, einmal so geliebt zu werden, wie ein krankes Kind. Er hat eine große gute Seele und ist stark und hat ein weiches Herz, wie ein Kind. Er ist wohl der erste Mensch, vor dem ich eine unbegrenzte Achtung habe, den ich nie schwach fühle. Und eine stille, tiefe Liebe zu ihm, aber das ist wieder sonderbar, dem ich nicht Geliebte sein kann. Ich könnte mit ihm leben, meine Gedanken, mein Streben, all das mit ihm teilen, wie mit keinem andern, und meine Sinne, meine Leidenschaften ihm gegenüber schwiegen, und was das Verhängnisvolle für unser Zusammenleben ist, sie gehen andern nach. Und bis dahinein wird er mich nicht verstehen können, eben weil er mich mit ganzer Leidenschaft liebt. Es wird furchtbar sein, ihm das zu sagen, aber es gehört mit zur vollen Wahrheit. Er muß es oft empfunden haben, daß ich kalt war, und doch weiß er, daß ich sehr sinnlich bin. Dieses Jahr hat er das alles auf meine fortwährende Krankheit geschoben, jetzt würde er es doch bald herausfühlen müssen.

Warum habe ich jetzt auf einmal eine so wahnsinnige Sehnsucht nach Wahrheit, nach unbedingter, erbarmungsloser, vielleicht alles zerstörender Wahrheit? (...)

Von mir weiß ich, daß ich die einsame, harte Kraft habe, ein Leben, wie es jetzt werden wird, noch einmal auf mich zu nehmen.

Und sie quält sich weiter ...

Neujahrsnacht 1896–97

Um zehn Uhr nach Haus gekommen. Alles dunkel und kalt. Zündhölzer gesucht, Licht gemacht, Feuer angezündet und nur dagesessen. Denke daran, wie ich als Kind die Neujahrsnacht eines Unglücklichen von Jean Paul las, mit Entsetzen daran dachte, wenn's mir auch so ginge. Und es kommt mir vor, als ob es jetzt so weit mit mir wäre; alles vorbei und keine Hoffnungen mehr.

Und ich bin noch so jung, ich könnte noch so glücklich sein und glücklich machen.

Aber ich suche eigentlich nur nach dem Mut zu sterben. Und ich bin fünfundzwanzig Jahre alt.

Seit vier Monaten habe ich Walter nicht gesehn, und ich ertrage es nicht ohne ihn. Sonderbar — und mit ihm ertrug ich's auch nicht. Ich komme mir vor wie jemand, der zum Tode verurteilt ist und zum Leben möchte. Seit ich ihn nicht mehr habe, fühle ich eine ganz wahnsinnige Liebe zu ihm und eine nagende Sehnsucht.

Ich bildete mir immer ein, mein Leben müßte etwas Fabelhaftes, Großes und Reiches werden, aber es geht mir alles immer wieder in Trümmer. Vor sechs Jahren schrieb ich in der Neujahrsnacht an Emanuel. Damals war mir zum erstenmal aufgegangen, was Jugend und Liebe ist. Dann kam München, die Erfüllung, Malerei, und dann zerbrach wieder alles. Ich wollte mich an meine Kunst halten, sie ist mir immer das Höchste gewesen — da kam die Krankheit, die hat mir alles genommen. Die Kunst war und ist ja das einzige, an dem ich mich zusammenreißen kann, aber ein kranker Mensch kann nicht arbeiten (...)

Walters Entsetzen, als ich ihm die Wahrheit sagte, für ihn war's unfaßlich. (...)

Aber warum jetzt seit unsrer Trennung diese unglückliche Liebe zu Walter, der mir jetzt ferner steht als irgendeiner von den andern? Bilde ich es mir ein, ist es nur, daß man sich immer nach dem sehnt, was rettungslos verloren ist — oder die ungeheure Sentimentalität in mir — das alles haben wollen, oder das Gefühl, daß er immer noch eine Art Halt für mich war, nicht ganz herunterzukommen? — (...)

Ich kann meine Freiheit nicht aufgeben, und dann wäre sie hin, wenn ich auch ein besseres Dasein hätte. Dann wär' ich offiziell darin und könnte nie wieder heraus. — Ich bin eigentlich ein großes Schaf, vielleicht brächte ich es soweit, in Glanz zu leben, aber ich hätte dann alles andere nicht, meine absolute Freiheit und mein Leben für mich, das ganz von dem andern getrennt ist. Wenn ich nicht mag, verkrieche ich mich dahinein und bin verschwunden. (...)

Sollte es doch sein, was ich manchmal zu ahnen glaube — das wäre wieder ein Hoffnungsschimmer, von dem ich leben könnte. Neues Leben — aber lieber nicht daran glauben. Vielleicht ist dies Jahr mein letztes.

F. zu Reventlow bekanntestes Werk

Eine Malerin von Weltgeltung: Paula Modersohn-Becker

Minna Hermine Paula Becker sollte nach den Vorstellungen des Vaters eigentlich einen soliden und sicheren Beruf ergreifen — den einer Lehrerin. Am 8. Februar 1876 in Dresden geboren, wird sie jedoch schon von Kindesbeinen an durch ihre Mutter mit der bildenden Kunst vertraut gemacht und erhält Malunterricht. Nach einem ersten Aufenthalt in England läßt sie sich 1893 tatsächlich in Bremen — wo sie seit 1888 ansässig war — zur Lehrerin ausbilden, besucht aber daneben Mal- und Zeichenkurse. 1896/97 nimmt sie in Berlin privaten Kunstunterricht, in Worpswede dann bis 1899 bei dem Maler Mackensen, dem Gründer der dortigen Künstlerkolonie. Ihre erste Ausstellung 1899, ebenfalls in Bremen, findet nicht ungeteilten Beifall, doch Paula Becker ficht das nicht an. 1900 lebt sie ein halbes Jahr in Paris; dort lernt sie den Dichter Rainer Maria Rilke kennen, mit dem sie eine tiefe Freundschaft verbinden wird. Im folgenden Jahr heiratet sie den Worpsweder Maler Otto Modersohn. Nach zwei weiteren Parisaufenthalten in den Jahren 1903 und 1905 will sie 1906 ein ganzes Jahr dort verbringen und sich gleichzeitig von ihrem Mann trennen, doch bleibt sie finanziell von ihm abhängig. Sie kehrt von einem weiteren Parisaufenthalt 1907 nach Worpswede zurück, wo sie nach Geburt einer Tochter am 20. November überraschend an einer Embolie stirbt.

Paula Modersohn-Becker hat sich gegen die Meinung ihrer Familie und anderer durchgesetzt und beharrlich ihr Ziel — Malerin zu werden — verfolgt und, wenn auch in vollem Umfang erst postum, dafür volle Anerkennung geerntet. Für ihre künstlerische Entwicklung, in der sie auch von der französischen Maler-Avantgarde beeinflußt wurde, waren ihr nur sechs Jahre vergönnt. Sie wurde nicht nur zur Wegbereiterin des Expressionismus, sondern auch zur Vermittlerin der jungen französischen Kunst, deren Bedeutung sie als erste erkannt hatte, in Deutschland. Von hohem zeit- und kunstgeschichtlichem Wert sind ihre Briefe und Tagebuchaufzeichnungen.

Während ihres ersten Aufenthaltes in Paris schildert sie ihre Eindrücke von der Stadt und ihr Leben so:

[An Otto und Helene Modersohn]

Paris, 9 Rue Campagne Première
den 29. Februar 1900

Liebe Frau Modersohn und lieber Herr Modersohn.

Da komme ich endlich zu dem Brief. Hier in Paris „kommt" man nämlich zu so tausend Sachen, und das ist dann eben erst die Hälfte von alledem, was man tun möchte. Also eine von diesen tausend Sachen schreibe ich mir augenblicklich endlich von der Seele. Zuerst vielen Dank für Ihren lieben Brief zum „Heiligen 8.". Er machte mir so sehr große Freude. Er erfüllte mich ganz mit Worpsweder Gefühlen. Überhaupt jetzt, wo man das Nahen des Frühlings so in sich und um sich hat, da denke ich manchmal in wie viel reinerer Gestalt es ihm vergönnt ist, in Worpswede seinen Einzug zu halten als hier. Auch hier spürt man ihn ja auf Schritt und Tritt. Aber in diesem Riesenorchester hier spielen so tausend Geiglein. Man kann den Klang des einzelnen nicht mehr erfassen. So geht mir's auch mit dem Frühling.

Übrigens bin ich von Veilchendüften umgeben, (die vielen künstlichen gar nicht mitgerechnet, denn die sind meist sehr unkünstlich.) Blumen sind hier eins von den wenigen Stücklein Natur, an welches sich die Leute klammern. Und dann fassen sie sie nicht als Blumen auf wie wir Deutschen, sondern mehr als etwas Duftendes, Farbiges. Wir Deutschen in unserer Auffassung sind wohl etwas schwerfällig, etwas bieder, nicht nervös genug. Aber man spürt doch irgendwo einen warmen Herzschlag. Bei diesen Leuten sprechen eigentlich nur die Nerven. Das kommt in ihrer Kunst überall zu Tage, in feiner und nicht feiner Weise. Und da, wo es fein auftritt, da können wir Deutschen viel lernen. Von neuesten Bildern sieht man wenig. Sie bleiben wohl zum Salon und der Ausstellung. Sehr interessierten mich ein paar farbige figürliche Studien von Bonnat, tief und einfach im Ton und kolossal zusammengehalten. Dann ist da der Degas, von dem unsereins natürlich wünscht, daß er einmal etwas anderes leistet als Balleteusen und Absynthkneipen. Mir scheint es auch als ob er das Naive in der Linie zu sehr sucht und dadurch manieriert wird. Aber er hat eben auch dieses technisch Künstlerische. (...)

Nun noch ein wenig von meinem Leben. In der kleinen Rue de la grande Chaumière hat der Cola Rossi seine Akademiehäuser, worunter kleine rumpelige, schmutzige, komische Baracken zu verstehen sind, denen es aber an Poesie nicht fehlt in Gestalt von einem Treppenaufgang von wildem Wein umrankt, von einer eigentlichen Ballustrade, auf der man in den Pausen Luft schöpft, und von durch ihr Alter und ihren Dreck Ehrfurcht einflößende Portieren. Cola Rossi ist neben Julian die beste Akademie. Er selber ist früher Modell gewesen, spielt jetzt den Grandseigneur und läßt beim ersten Schneider arbeiten, er protegiert die Künste, die Professoren und Eleven, oder tut wenigstens so, hat meist montags ein Gesicht, als ob er sonntags was ausgesessen hätte, was er wohl auch in der Woche tut. In diesen heiligen Hallen zeichne ich Akt morgens mit den Weiblein, abends mit den Männlein. Man kann hier auch Malen, aber da werden so viel Scheußlichkeiten geboren, daß ich mir das ohne Schwierigkeit verkneife. Saußig, nur auf die Modellierung geachtet. Zwischen den Weiblein morgens gibt es viel rauhe Haare und ungeputzte Stiefel, einige kluge Köpfe, und wenig Talent. Sie arbeiten mehr wie das Herdenvieh, ohne Ahnung, worauf es ankommt. Nachmittags bummle ich umher, schau' mir die Welt an oder arbeite hier in meinem grünen, kleinen Atelier. Abends um sieben Uhr bei den Männlein geht's noch komischer zu. Gibt es da komische Gestalten! Eigentlich vernünftig wie bei uns zu Hause sieht kein einziger aus. Samtanzüge, lange Haare, Hemdärmel, Handtücher als Schlipse und andere kleine Eigenheiten haben diese angehenden Künstler aufzuweisen. Galavorstellung: Bombardement mit Brotrinden, Hahngeschrei und Katzenkonzert und allgemeine liebevolle Prügelei. Viel Yankees, viel Spanier, Engländer, einige Franzosen und Deutsche. (...)

Die Eltern haben in einem Versuch, die frisch verlobte Paula in die Bahnen der treusorgenden Ehefrau zu lenken, die Tochter 1901 zu einem Kurs in Haushaltsführung nach Berlin geschickt. Doch Paula ist wenig begeistert.

[An Otto Modersohn]

Berlin, Eisenacher Str. 61
den 6. März 1901

Lieber,

Hurrah, heute kommt der letzte Brief aus Berlin und ich ziehe wieder auf den Weyer Berg zu meinen stillen Brünjesleuten. Ich kann Dir nicht sagen, wie ich mich freue. Ich kranke ordentlich danach. Also der Sonntag bringt uns ein Wiedersehn. Heute kriegst Du den letzten Geschäftsbrief, und dann hast Du wieder mich. Du lieber, lieber Mann. Deine Cordelia. Weißt Du, mein ganzes Gedanken- und Gemütsleben ist unter dem Drucke dieser großen Stadt ganz verdorret oder eingefroren. Nun taut es in Worpswede langsam auf. O wie ich mich darauf freue, denn dieser Stein als Herz ist nicht schön und macht mich müde und traurig.

Komisch, daß gleich vom Anfang der Ehe an wir Frauen es sind, denen die Proben auferlegt werden. Ihr Männer dürft einfach so bleiben, wie Ihr seid. Na, ich nehme Euch das ja auch nicht übel, denn ich mag Euch ja sehr gerne so leiden. Nur, daß im allgemeinen die männliche Natur größer ist als die weibliche, mehr im Zusammenhang und mehr aus einem Guß, das entspringt wohl daraus. Ich meine damit nicht uns zwei beiden im Besonderen, denn ich halte mich auch aus einem Guß; aber im Allgemeinen Männlein und Weiblein. Du siehst, mir wächst schon wieder der Kamm —; das ist ein beglückendes Zeichen oder Vorzeichen für meine Worpsweder Tage. (...)

Mein König Rother sei geküßt von deinem Weiblein

Paula Modersohn-Becker, Selbstporträt (1907)

[An Otto Modersohn]

Berlin, Eisenacher Str. 61
Freitag, 8. März 1901

Mein lieber Otto,

Ich sitze hier bei gepacktem Koffer, durch ein mütterliches Telegramm zurückgehalten. Ich sollte noch nicht kommen und immer noch kochen, kochen, kochen. Das kann ich nun aber nicht mehr, will ich auch nicht mehr, tue ich auch nicht mehr. Das ist vom Menschen mehr verlangt, als er kann. Das ist Frühlingsvergeudung, wenn ich hier hinter hohen Mauern danach hungern soll. Also ich reise Sonnabend doch. Hoffentlich wird es nicht ungemütlich zu Hause. Und Sonntag komme ich zu Dir. Nun doch. Trotz alledem. (...)

[An die Mutter]

Berlin, Eisenacher Str. 61
den 8. März 1901

Meine liebe Mutter,

daß mein Wiederkommen ein so unangenehmes und gestörtes wird, macht mich sehr traurig. Es tut mir so sehr leid, Vater Unruhe zu machen; gerade, wo ich weiß, daß er in diesen Tagen nervöser ist denn je. Lieben, wie soll ich Euch es denn nur in Worten schreiben, wie es für mich gar keinen anderen Weg gibt, als nach Hause zu kommen. Ich möchte so sehr gern, daß unser Wiedersehen nicht trübe ist, das ist ja keine Gelegenheit, um trübe und traurig zu sein. Von Anfang an habe ich zwei Monate für meinen Berliner Aufenthalt festgesetzt. Ich habe meine Zeit gut angewandt, Mutter. Nun geht es aber nicht länger. In mir schreit etwas nach Luft, das will sich nicht besänftigen lassen. Ich habe Euch das schon einmal in einem Brief geschrieben, den Ihr für einen Karnevalscherz hieltet. Ich führe hier ein Leben, das gar nicht mein Leben ist. Mein eigenster innerster Mensch hungert, hungert nach Tiefe und Ruhe. Die Art, wie ich hier an die Kunst und an das herantrete, was für mein Leben das Höchste ist, wird mir durch die Verhältnisse veroberflächlicht. Es bedrückt mich so, daß meine Seele nicht freudig und angefacht unter ihnen gehen kann, wie sie es muß. Und jetzt heischt sie Freiheit von mir, und ich gebe sie ihr, ich halte sie nicht länger.

Es ist nicht nur Sehnsucht nach Otto Modersohn, die mich treibt, ich kann aber diese teppichklopfende Luft und hohen Häuser nicht mehr aushalten. Und warum? Ich habe hier ein großes Teil für den Haushalt gelernt. Daß ich nicht perfekt bin, weiß ich von selber. Aber dieses lernt sich ja auch nur in meinen eigenen Verhältnissen.

Liebe Mutter, ich schreibe Dir dieses alles, weil ich weiß, daß Du auch diese Stimme in uns kennst, die will. Und das ist unsere eigenste Stimme. Ihr gebe ich nach. Haltet es nicht für ruchlos oder herzlos. Ich kann nicht anders. Ich muß. Und daß ich dieses Muß in meiner Natur habe, dessen freue ich mich. Denn das ist der Instinkt, der sie leitet.

Liebe Mutter, mein Brief ist sehr verworren. Aber es erregt mich, daß ich Euch Ärger bereite. Ich schreibe Dir und hoffe, daß Du meine Worte in Deine liebe sanftere Sprache übertragen Papa sagen wirst, damit unser Wiedersehen ein nicht gestörtes wird. Es ist so traurig, daß Ihr Euch an mir ärgert. Da ist doch auch hin und wieder etwas zum Freuen an mir, ich meine noch außer meiner Verlobung.

Lies diesen Brief mit Milly durch und besprich ihn mit ihr, und versucht, Euch ein wenig in meine Seele zu versetzen, die nach Freiheit lechzt und ihre Fesseln sprengt. Es ist nicht Schlechtigkeit von ihr. Es ist auch nicht Schwachheit von ihr. Es ist Stärke. Es ist gut, sich aus Verhältnissen loszulösen, die einem die Luft benehmen.

Ich stehe hier, ich kann nicht anders. Amen.

Eure Paula

1903 ist sie wieder in Paris, um sich nur dem Malen zu widmen. Es ist eine Zeit der intensiven Auseinandersetzung mit der Kunst.

[Tagebuch]

15. Februar 1903

Ich sah heute eine Ausstellung altjapanischer Malereien und Skulpturen.

Mich packte die große Merkwürdigkeit dieser Dinge. Mir erscheint unsere Kunst noch viel zu konventionell. Sie drückt sehr mangelhaft jene Regungen aus, die unser Inneres durchziehen. Das scheint mir in der altjapanischen Kunst mehr gelöst. Der Ausdruck des Nächtlichen, des Grauenhaften, des Lieblichen, Weiblichen, des Koketten, alles dies scheint mir auf eine kindlichere, treffendere Weise gelöst zu sein, als wir es tun würden. Auf das Hauptsächliche das Gewicht legen!! — Als ich von den Bildern meinen Blick auf die Menschen gleiten ließ, fand ich sie viel merkwürdiger, viel schlagender, frappanter, als sie je gemalt worden sind. Solche Erkenntnisse kommen uns nur in Augenblicken, das nivellierende Leben verwischt sie manchmal, aber aus solchen Augenblicken muß die Kunst entstehen.

[An Otto Modersohn] Paris 29, Rue Cassette

den 18. Februar 1903

Lieber Otto, mein lieber Rother und König,

... Weißt Du, ich denke hier auch viel mit an Deine Bilder. Sie müssen noch viel, viel merkwürdiger werden. Da muß ein Hauch und ein Ahnen und eine Merkwürdigkeit in ihnen sein, wie in der Natur, wie sie uns in Augenblicken erscheint, wenn unser Auge ungetrübt und klar in das seltsame Wesen der Dinge schaut. Ein Ausdruck von Dir ist: „Man hat so ein Gefühl, da geht es um.“ Wenn Du nun ein Bild malst, ist es das erste, daß Du dies Gefühl in seiner ganzen Stärke zum Ausdruck bringst. Da mußt Du alle Mittel dazu am Schnürchen haben: die Technik, die Farbe, die große Form. Dies sind Deine Mittel, und der Zweck ist, deine Kompositionen als Bilder entstehen zu lassen. — Die Franzosen haben doch eine entzückende Delikatesse und Feinfühligkeit im Ausdruck. Und dabei handhaben sie ihr

Werkzeug mit solch großer liebevollen Sauberkeit. Merkwürdig, je mehr ich Rembrandt verstehen lerne, desto mehr fühle ich auch, daß sie ihn verstanden haben. Ich freue mich, daß Du jetzt Sachen im kleinen Maßstabe vorhast. Und fange an zu glauben, daß man erst wahrhaft malen kann, wenn man auch im kleinen sich ausdrückt. Ist das Kleine nicht der viel schnellere, leichtere Ausfluß einer glücklichen Stunde. Ich denke an Millet, Rembrandt, Böcklin. –

Hier sind eine ganze Menge Rembrandts. Wenn sie auch gelb sind vor Firnis, so lerne ich trotzdem so viel von ihm. Das Krause in sich, das Leben. Hier ist ein kleines Ding, ich weiß nicht, ob es auch eine Frau Potiphar ist. Es ist ein Frauenakt im Bett. Aber wie der gemalt ist, und wie die Kissen gemalt sind in ihrer Form mit den Spitzeneinsätzen, das alles ist ganz entzückend. Dann die kleine heilige Familie mit dem reizenden offenen Fenster. (...)

Ich glaube doch, daß Paris bald wieder ein Kaiserreich wird –, das Volk ruiniert doch alles zu stark. Das Parkett im Louvre geht auch schon kaputt, und im Saal antiker Bilder, der sehr ruhig und abgelegen ist, waren heute zehn Trunkenbolde schlimmster Güte und ich allein. Über die Antike ein andermal. – Ich erlebe viel, nicht wahr, Du Lieber?

Nun laß Dich innig küssen, mein lieber Neununddreißiger. Mit dem neuen Jahre Vierzig soll die große Kunst beginnen.

[Tagebuch] 25. Februar 1903

Ich sehe sehr viel und komme, glaube ich, innerlich der Schönheit näher. In den letzten Tagen habe ich viel Form gefunden und gedacht. Ich stand bis jetzt der Antike sehr fremd gegenüber. Ich konnte sie wohl schön finden an und für sich; aber ich konnte kein Band finden von ihr zur modernen Kunst. Und nun habe ich es gefunden, und das heißt, glaube ich, ein Fortschritt. Ich fühle eine innere Verwandtschaft von der Antike zur Gotik, hauptsächlich die frühe Antike, und von der Gotik zu meinem Formempfinden.

Die große Einfachheit der Form, das ist etwas Wunderbares. Von jeher habe ich mich bemüht, den Köpfen, die ich malte oder zeichnete, die Einfachheit der Natur zu verleihen. Jetzt fühle ich tief, wie ich an den Köpfen der Antike lernen kann. Wie sind die groß und einfach gesehen! Stirn, Augen, Mund, Nase, Wangen, Kinn, das ist alles. Es klingt so einfach und ist doch so sehr, sehr viel. Wie einfach in seinen Flächen solch ein antiker Mund erfaßt ist. Dann fühle ich, wie ich in der Zeichnung in der Natur viel merkwürdige Formen und Überschneidungen aufsuchen muß. Mir liegt das Gefühl des sich Ineinander- und Übereinanderschiebens der Dinge. Ich muß es nur achtsam ausbilden und verfeinern. Ich will in Worpswede viel mehr zeichnen. Ich will mir die Armenhauskinder oder Familie A. oder Familie N. zu Gruppen stellen. Ich freue mich sehr auf die Arbeit, ich glaube, der Aufenthalt hier wird mir sehr gut getan haben.

Paris, Place de la Concorde

IV
Die adligen Damen an Höfen und auf Herrensitzen

Paula von Bülow

Gräfin Elise von Bernstorff

Eine Gräfin berichtet vom preußischen Hof: Elise von Bernstorff

Elise von Bernstorff erblickte als Tochter des Grafen Magnus von Dernath und der Gräfin Charlotte, geborene von Bernstorff am 27. Januar 1789 in Kopenhagen das Licht der Welt, wo ihr Vater im Dienst des dänischen Königshauses stand. Nach ihrer Übersiedlung nach Kiel im Jahr 1805 wurde sie im Januar 1806 offiziell bei Hofe vorgestellt und heiratete im gleichen Jahr den mit ihr verwandten Christian Graf von Bernstorff. 1811 geht sie mit ihrem Mann, der beim Wiener Kongreß die Interessen des dänischen Königs vertritt, für vier Jahre nach Wien. Ab 1815 lebt das Ehepaar in Berlin, wo Christian von Bernstorff 1818 in den preußischen Staatsdienst übertritt. Nach dem Tode ihres Mannes im Jahr 1835 verbringt Elise von Bernstorff die ihr noch verbleibenden zweiunddreißig Jahre in Oederan bei ihrer kranken Tochter, dann ab 1841 in Dresden. Als sie wieder einmal vor dem kalten deutschen Winter nach Südfrankreich entflieht, erkrankt sie in Nizza schwer und stirbt dort am 1. November 1867.

Elise von Bernstorff und ihre Lebenserinnerungen sind nicht nur wegen der Familiennachrichten, die sie mit großer Herzlichkeit darstellt, interessant, sondern vor allem weil es ihr trefflich gelingt, die Atmosphäre in Hofkreisen einzufangen, und weil sie viele wichtige Ereignisse persönlich miterlebte – so etwa den Besuch des Zaren im Jahr 1826 in Berlin:

Am 6. Juni fuhr der König seiner geliebten Tochter nach Friedrichsfelde entgegen; die Herzen seiner Untertanen folgten ihm; man genoß mit dem zärtlichen Vater dieses Wiedersehen nach langer, verhängnisvoller Trennung! Das Volk strömte in Massen aus dem Tor, um früher der hohen in und durch Liebe beglückten Familie zu begegnen. Es verdoppelte sich der Jubel, als man auch den Kaiser gewahrte, und als dieser nun an der Hand seiner Gemahlin, von seinem königlichen Schwiegervater geführt, auf dem Balkon des Schlosses erschien, da erscholl unendlicher Jubel aus vielen tausend Kehlen und drang bis zu uns in der fernen Wilhelmstraße herüber. Ein unermeßliches Gewühl füllte den Schloßplatz; das fortbrausende Rufen der Begeisterung schien sich donnernd Bahn zu brechen und sein Widerhall sich über die ganze Stadt zu legen. Der Eindruck soll unbeschreiblich gewesen sein, als die jubelnde Menge im ungeheueren Chor „Heil Dir im Siegerkranz“ anhub. (...)

Tags darauf erneuerte sich der Jubel des Publikums, als der König seine kaiserlichen Kinder in die Oper begleitete, beide bis an den Rand der Loge vorführte und mit sehr ausdrucksvoller Miene gewissermaßen vorstellte. Diesmal gehörte ich mit zu denen, die bis in das Innerste der Seele gerührt wurden, als der königliche Großvater nun auch den hübschen kleinen Thronfolger herbeiwinkte, ihn vor sich hinschob und ihm hieß, die Leute zu grüßen, die ihn so freundlich ansähen.

Ich glaube wirklich, daß bei diesen Szenen kein Auge trocken blieb. Man hatte vor vier Jahren bei der blutigen Thronbesteigung seiner Kinder zu viel mit dem König und für ihn gelitten; man hatte zu lebhaft für das heldenmütige Auftreten des jungen Kaisers Nikolaus geschwärmt, hatte ihn noch im vorigen Herbst in zu großen Gefahren gewußt, um nun nicht mit ganzer Seele die Freude und den Stolz mit zu empfinden, welche das Herz des Schwiegervaters erfüllen mußten. Seit dem Frühwinter 1825 hatte man die so geliebte Prinzeß Charlotte nicht in Berlin gesehen und sich, seitdem sie Kaiserin war, vergeblich nach ihrem Anblick gesehnt. Der kleine Großfürst Alexander war noch gar nicht in dem Vaterlande seiner Mutter gewesen.

Die Art, wie der Kaiser hier überrascht hatte, gefiel uns ausnehmend, und wir dachten es uns nicht, daß solche Überraschungen bald zur stehenden Ordnung werden und die Reisen des kaiserlichen Paares sich so oft wiederholen würden, daß das dafür abgestumpfte Publikum sich auch nie wieder zu solchem Jubel erheben konnte. Indessen freue ich mich doch noch der

Erinnerung an die Glorie, die damals den edlen Zaren umgab, an die magische Schönheit seiner Gemahlin, für die niemand ein so offenes Herz zu haben schien wie er selbst. (...)

Nur einer Fee wußten wir die Gefeierte an diesem Abend zu vergleichen, oder einer in Duft gehüllten Nymphe; denn der Flor ihres Kleides, der Flor ihres Shawls (in der Modesprache Wolke genannt), der Flor ihres Aufsatzes, alles war weiß und so durchsichtig wie der Kranz von Marabouts, der den einem Heiligenschein gleichenden Aufsatz umgab. Diese scheibenartigen Toques, die hinten offen waren, kleideten sehr gut. Man durfte an dem Abende die vielen Juwelen, die durch diese blütenreiche, zarte und duftige Toilette durchblitzten, nur für Sterne ansehen; sonst würde man gefürchtet haben, die Steine möchten die Sylphide, die sie trug, niederdrücken. Die Oper selbst, es war die „Stumme von Portici", ward bei dieser Gelegenheit weniger beachtet, als sie es verdiente; die Wahl war nicht glücklich; denn wenn die Stimmung des Kaisers nicht so gehoben gewesen wäre, so würde es ihn verletzt haben, hier auf der Bühne eine teilweise Wiederholung der aufrührerischen Szenen zu sehen, die ihm bei seiner Thronbesteigung beinahe das Leben gekostet hatten. Er teilte gar nicht die Liebe des Königs für das Schauspiel und verließ Berlin noch vor der zweiten Galaoper, die sechs Tage später den Neuvermählten zu Ehren gegeben ward („Agnes von Hohenstaufen", komponiert von Spontini). Bei dieser war das Haus wieder sehr gefüllt und die Toiletten noch brillanter, weil man eben von der Cour kam. Der Enthusiasmus aber fehlte ganz. Der Kaiser hatte sich indes ein schönes Denkmal in der Familie gestiftet, indem er die Fürstin Liegnitz nicht nur mit ausgezeichneter Zuvorkommenheit behandelt und ihr den Katharinen-Orden geschenkt, sondern auch den König vermocht hatte, sie an den Vermählungsfeierlichkeiten von Anfang bis zu Ende teilnehmen zu lassen und ihr überhaupt eine bessere Stellung am Hofe zu geben. Seinem edlen Beispiele folgend, betrug sich jetzt auch die Kaiserin so gegen die Gemahlin ihres Vaters, wie man es schon im Herbst 1824 vergeblich erwartet und gehofft hatte.

Von den Festlichkeiten weiß sie zu berichten:

Bei der Vermählungsfeier war in meinen Augen der Kaiser der Held des Festes; er sah so edel und schön, so würdig und so innig teilnehmend aus; er war, das merkte man seinem gesammelten Wesen an, ganz mit der kirchlichen Weihe des Festes beschäftigt und schlug andächtig sein Kreuz beim Eintritt in die Kapelle, während der übrige Teil der Gesellschaft ganz zerstreut schien. Bei den mancherlei Stellen der Reden, die von ehelichem Glück und ehelicher Treue sprachen, winkte er seiner Gemahlin vertrauensvoll und selbstbewußt zu; genug, es spiegelte sich in ihm der ebenso gute Christ wie Gatte.

Jetzt reiheten sich mehrere Feste aneinander. An einem der Tage, wo wir von der Ermüdung und Erhitzung des vorigen Abends ausruhen wollten, gedachten wir uns durch eine frühe und einsame Morgenspazierfahrt im Tiergarten zu erquicken; da führte uns der Zufall an dem großen Exerzierplatz vorbei. Wir sahen den Kaiser und seinen königlichen Schwiegervater heransprengen. Sie hielten in unserer Nähe, und wir konnten deutlich beobachten, wie der kaiserliche Knabe sich an die Spitze des ihm soeben verliehenen Ulanen-Regiments stellte und es dem König in sehr guter Haltung vorüberführte. Ich leugne es nicht, daß mir dieses Zusammentreffen wahre und große Freude machte.

Sage ich etwas von der Redoute? Sie war wohl eben nicht viel anders als ihre Vorgänger und die Maskenbälle späterer Zeit, für mich aber ganz neu; denn ich hatte niemals eine Redoute besucht und tat es diesmal nur auf Zureden des lieben Feldmarschalls, in dessen Gesellschaft ich seine und meine Töchter einführte. Wir faßten Fuß in der Loge, die an die königliche anstieß, und pflogen von dort aus allerlei Unterredungen mit den hohen und höchsten Personen. Die Prinzessinnen erschienen alle in dem russischen Bürgerkostüme, welches so geschmackvoll als prächtig ist, und wir bemerkten mit geheimem Vergnügen, wie der Kaiser an dem der Gemahlin zupfte und ordnete. Wir aber hatten nur eine etwas phantastische Kleidung und keinen Maskenanzug gewählt. Ich klage mich aber als schlechte Mutter an, daß ich nichts mehr von dem Anzug meiner Töchter weiß, wohl aber mich meines und der Kostüme der Gneisenaus erinnere; sie prangten in übertrieben großen wagenradähnlichen Toques von rosa Flor und Band, und ich hatte mich in eine Knalltoilette geworfen: scharlachfarben Astrachan (im Jahre 1815 in Hamburg gekauft) mit weiß drapierter Taille und Ärmeln und einen goldgestickten Turban mit scharlachrotem Esprit. (...)

Tags zuvor waren wir fast die einzigen aus der Stadt auf einem déjeûner dansant bei Prinz Wilhelm Bruder gewesen, wo wir Nichttanzenden beinahe traulich um einen runden Tisch gesessen und Bilder besehen hatten, während die Prinzessinnen arbeiteten. Hier nun war es, wo ich mit eigenen Augen sah, was mir früher schon bedauernd erzählt worden war, daß unsere ehedem so einfache Prinzeß Charlotte jetzt als Kaiserin aller Reußen so despotische Manieren angenommen habe und sich zugleich einen orientalischen Luxus erlaube, der ebenso sehr gegen unsere Sitten verstoße. Sie wechselte, sagte man, auf jedem Balle Schuhe, Handschuhe und Schnupftuch. Hier beobachtete ich, wie der alte Graf Modène, ihr Oberkammerherr, auf einen Wink seiner hohen Herrin ein Taschentuch mit den tiefsten Verbeugungen, deren sein steifer Rücken fähig war, überreichte und dafür das Gebrauchte und ihm ziemlich nonchalant zugeworfene in Empfang nahm. Dergleichen betrübte mich von dieser noch immer so lieblichen Fürstin, für die nicht zu schwärmen es so schwer war. Da saß ich nun und bewunderte ihr graziöses Dahinschweben beim Tanz, ihre edle Haltung, ihre durch einen malerischen Anzug so gehobene Schönheit: ein antikes Bandeau von glattem Gold mit Solitären umschloß ihre Stirn, ein Lorbeerkranz erhob sich diademartig hinter ihm; zu diesem ernsten Kopfputz kleidete das frische rosa Atlaskleid mit der leichten Tunika von Flor sehr gut. Die lange feine Schneppentaille war mit drei Reihen fächerartig zusammenlaufender Diamanten besetzt, die von der Schneppe an wieder in drei sich nach und nach erweiternden Linien bis auf die Garnitur hinabliefen. Auf den Schultern hielten kostbare Edelsteine die Draperie zusammen, und der Schluß des Mieders am Rücken war ebenfalls von dergleichen Steinen.

Nun ward uns eine wohltuende Pause in den Festen vergönnt, während welcher ein Karussell eingeübt wurde, das dem Geburtstag der Kaiserin zu Ehren am 13. Juli im Neuen Palais zu Potsdam gegeben werden sollte. Am 12. schon mußte ich mich dazu bequemen, hinüberzufahren; in Anbetracht des Gepäckes, mit dem wir uns beschweren, der Mühe, die wir uns geben mußten, ein Quartier in dem überfüllten Städtchen zu finden, konnte man es wohl eine Reise nennen. Die Proben zu einem figurierten Tanz hatten uns so früh nach Potsdam hinausgetrieben; denn Sophie war zu ihrem eigenen Verdruß Teilnehmerin an diesem Tanz, den sie selbst gar nicht hübsch fand und mit dem sie auch nicht ausgesöhnt wurde durch den Orden der weißen Rose, der ihr dafür zufiel. Freilich hätte es mehr Freude gemacht, wenn die Kaiserin selber dieses kleine, in Silber getriebene Zeichen der Teilnahme an ihrem Fest verteilt hätte; denn dadurch, daß es erst später verliehen wurde, verlor es seinen größten Wert.

Klara war eine der Ritterdamen, dazu erwählt von Hermann Erbgrafen zu Stolberg-Wernigerode.

Am anderen Morgen …

Schon früh ließ ich Fritz Roeder kommen, um uns spazierenzuführen. Als wir heimgekehrt waren, füllten sich unsere kleinen Zimmer mit Besuchen, u. a. fanden sich ein die Mitbewohner des Gasthauses, Alopeus und seine Tochter, die Frau und

Mutter entschuldigten, weil sie soeben von einem russischen Frühgottesdienst auf dem Schlosse sehr angegriffen zurückgekommen sei.

Nichtsdestoweniger erschien sie auch am Nachmittage dieses wie am Abend jenes Tages in voller Glorie ihrer sich noch immer trotz der Jahre und des Kränkelns erhaltenden Schönheit. Es traf sich so wunderlich, daß wir beide eine gleiche Toilette gewählt hatten, beide himmelblaue Florkleider und Aufsätze mit Juwelen, deren Pracht bei ihr noch durch ein soeben von der Kaiserin geschenktes Diamantenbouquet und mehr noch durch den Glanz der eigenen Schönheit so sehr erhöht wurde, daß ich mich neben ihr in eine behagliche Dunkelheit und Unscheinbarkeit versetzt fühlte. Im glühendsten Sonnenschein fuhr ich mit meinen zwei geputzten Dämchen gleich nach fünf Uhr in unserer großen Berline, mit vier Pferden bespannt, aus Potsdam zum Neuen Palais, nahm unterwegs Marie Radowitz, die Dame des Grafen Lynar, mit, langte aber unter tröpfelndem Regen auf dem schön bereiteten Schauplatz der bevorstehenden Freuden an. Doch der Himmel ließ es bei dieser Drohung bewenden, klärte sich wieder auf, und es gab einen einzig schönen Abend und ein wahrhaft großartiges Schauspiel.

In den Höfen und Vorhöfen des Palais, in denen sonst größte Einsamkeit und Todesstille herrschten, stelle man sich ein buntes Gewimmel vor. Alles war ausgeschmückt mit Fahnen und Trophäen aus der Ritterzeit; doch was die Phantasie sich auch Herrliches ausmalen kann, es wird ihr nie gelingen, das Bild der Wirklichkeit zu erreichen. Bald ordnet sich die schaulustige Menge auf den zu beiden Seiten des großen Hofes errichteten Tribünen; die nach und nach zusammenströmende Gesellschaft im Gefolge des Hofes bewegt sich langsam aus den Schloßtoren heraus und verteilt sich auf der zu beiden Seiten des Hofzeltes fortlaufenden Tribüne. Der Anblick war köstlich, und da man in einem Nebenhofe ausgestiegen und in den Gemächern, die sich auf die Gärten öffnen, seine Cour gemacht hatte, auch vollkommen überraschend. Das Auge schweifte mit Entzücken von einem zum anderen und weilte mit nicht geringem Wohlgefallen auf dem zeltartig verzierten Balkon, den der König mit seinen Töchtern, Schwiegertöchtern und Nichten einnahm, alle so schön oder doch so anmutig; alle so heiter, so glücklich! Da waren außer der Kaiserin die Erbgroßherzogin von Mecklenburg-Schwerin, die Prinzeß der Niederlande, die Prinzen Wilhelm und Karl, die Tante Wilhelm, ihre Töchter Elisabeth und Marie, die Herzogin von Dessau, deren Mutter, die Herzogin von Cumberland, die Stiefschwester Auguste von Schwarzburg-Rudolstadt, geb. Prinzeß Solms, der Schwager und die Schwägerin des Königs, die Strelitzer Herrschaften und, wie mochte ich sie nicht zuerst nennen, unsere holdselige Kronprinzessin. Alle trugen zu Ehren der Kaiserin als Schmuck das Emblem des Festes, die weiße Rose. Ihre weiße Rose, ihr maiden blush, ihre blanche fleur hatte man die Gefeierte früher in der königlichen Familie genannt; jetzt paßte dieser Vergleich nur noch halb, und zu einer großen Parüre kleidet diese farbenlose Königin der Blumen ebenfalls nur halb gut. Die tanzenden Damen hatten sich denn auch, um die Blässe der Rosen zu beschämen, dunkelrote Mieder und Besätze und durchsichtige Schleier gewählt, und in Sophiens Quadrille nahmen nicht nur sie, sondern auch Emilie Gneisenau, Alexandrine Alopeus und Augustine Malzahn sich sehr schön aus. Meine Klara saß auf derselben Estrade, links von mir, mit den dreiundzwanzig anderen Ritterdamen; mein echter rother Shawl hing ihr leicht über die Schultern, und ein russisch grün und weißer Ritteranzug kleidete sie gut. Ich durfte auch keine Sorge um eine Erkältung hegen; denn der Abend war himmlisch und ward immer schöner, auch da noch, als der Duft der Abendkühle sich schon über die Landschaft legte. Die Atmosphäre war aufs köstlichste erfüllt mit dem Balsam, den die Lindenblüten von allen Seiten her ausströmten. Nun ertönte eine Fanfare, ein Herold nebst Gefolge reitet in die Schranken ein, senkt seine Lanze vor der Königin des Festes und bittet sie in schön gesetzten Versen um gütige Erlaubnis für die Ritter, sich in edlen Spielen vor ihr zu zeigen. Dieser Abgesandte wird gnädig aufgenommen, doch in Erwartung des Kommenden beinahe mit Ungeduld angehört, und es folgt eine zweite Fanfare, es öffnen sich die Schranken, und herein reiten die vierundzwanzig Bannerherren, alle mit einem reichen Gefolge von Knappen und Schildträgern, ein Anblick, durch den man sich gänzlich zurückversetzt glaubte in die herrliche Ritterzeit. Als Blüte der Ritterschaft erscheinen die schönen Prinzen, als Krone der liebe, auch hier einzig allerliebste Kronprinz, den das Kostüm kleidet, als habe er nie ein anderes getragen, der auf seinem Kampfroß sitzt, als habe er nie ein anderes geritten, der sich so heiter und zuversichtlich umsieht, als sei er des Sieges gewiß, oder als kümmere er sich nicht sehr um den Siegespreis.

Nach zweimaligem langsamen, schönen Rundreiten des fast unabsehbaren Zuges begann das würdige und durch keinen Unfall gestörte Ringen und Kämpfen um den Sieg, ein herrliches Schauspiel!

Das neue Palais in Potsdam

Pöppelmanns berühmter Zwingerpavillon in Dresden, wo Helmina von Chézy 1817–23 lebte

Eigensinnig und unbeirrbar, kritisch und selbstbewußt: die Schriftstellerin Helmina von Chézy

Helmina von Chézy ist das, was man gerne eine schillernde Persönlichkeit nennt. Eigensinnig, prestigebewußt und unbeirrbar in ihrem Tun, hat sie es ihren Mitmenschen nicht immer leicht gemacht – und diese folglich auch ihr nicht. Am 26. Januar 1783 in Berlin als Wilhelmine von Klencke geboren, wächst sie bei ihrer Großmutter, der Dichterin Anna Louisa Karsch, auf, die wohl die schriftstellerische Ader von Helmina gefördert hat. Ihre erste, 1799 geschlossene Ehe wird ein Jahr später bereits wieder gelöst, woraufhin sie sich nach Paris begibt und dort ihren Lebensunterhalt mit Artikeln über die französischen Zustände verdient. 1803 heiratet sie den Orientalisten Antoine Léonard de Chézy, trennt sich 1810 aber auch von diesem Ehemann und zieht nach Heidelberg. Während der Befreiungskriege pflegt sie in den Lazaretten von Darmstadt und am Niederrhein Verwundete. Als sie sich kritisch über die Berliner Invaliden-Prüfungs-Kommission äußert, wird sie wegen Verleumdung belangt, jedoch freigesprochen. 1817 übersiedelt sie von Berlin nach Dresden, 1823 nach Wien. Auch dort fällt sie mit übereifrigen Hilfsaktionen unangenehm auf. Nach dem Tod ihres Mannes im Jahr 1832 geht sie nach Paris. Der preußische König setzt ihr später ein Jahresgehalt aus, damit sie ohne Mangel überleben kann. Die letzten Jahre verbringt Helmina von Chézy in Genf, wo sie am 28. Januar 1856 gestorben ist.

Über ihre Gedichte und Erzählungen meinte Jakob Grimm: „... und so muß es eigentlich der Karschin zugeschrieben werden, daß ihre Enkelin sich einbildet, eine Dichterin zu sein." Diese wenig günstige Beurteilung schränkt jedoch den Wert ihrer Erinnerungen unter dem Titel „Unvergessenes" nicht ein. In lockerem Plauderton berichtet sie darin nicht nur Interessantes über die vielen Persönlichkeiten, die sie traf, sondern überliefert uns ein anschauliches Bild der Sitten und Gewohnheiten, der Lebensart und auch der Moden ihrer Epoche.

Am Hof herrscht ein ganz besonderes Klima, jeder möchte in der Gunst der Herrscherfamilie möglichst weit oben stehen. Helmina von Chézy äußert sich in diesem Punkt sehr kritisch:

Es ist etwas ganz Eigenes um Hofgunst. Hofluft berauscht vielleicht auch die vernünftigsten Menschen, sie überfirnist Schwächen und Flecken der Thronenden; sie ist ein feines Gift, welches auch tödlich werden kann. Wer nicht durch Geburt und Verhältnisse gezwungen ist, sie einzuatmen, der bleibe davon. Ich habe in meinem Leben nicht allein diejenigen gekannt, welche die höchsten Personen umgaben, denen ich zu nahen das Glück hatte; sondern auch diese selbst, und sie sind mir verehrungswürdig und liebenswert erschienen. Zuweilen waren jedoch ihre Umgebungen nicht im Einklang mit ihnen. Der Hof ist die Schule der Heuchelei.

Es trifft sich, daß die edelsten der Throneskinder sich durch den falschen Glanz geheuchelter Liebe und Treue blenden lassen und dem Besten unrecht tun.

Der Neid ist das Wechselfieber der Hofleute; sie ergrimmen still bei jeder Gunstbezeigung, die einem andern zugewendet wird. Sie selbst legen den Maßstab ihrer Beurteilung an die übrige Menschheit unrichtig an; sie glauben nicht an Menschenwert, und daran sind oft die Menschen selbst schuld. Sie suchen den Gebietern dieselbe Meinung vom Menschengeschlecht beizubringen, die sie gefaßt haben, und das nicht immer mit Unrecht. Sie können bei diesen Gesinnungen des Mißtrauens, der Mißgunst nicht glücklich sein. (…)

Fürstenhöfe sind keine völlig abgehobenen kleinen Welten für sich. Sie beeinflussen auch Lebenseinstellung und Präsentation des entfernter lebenden Adels und des gehobenen Bürgertums. Helmina von Chézy zeigt dies am Beispiel der Mode auf.

(…) Ich hatte vorhin von dem allen nicht sprechen wollen, es ergötzte mich, darüber nachzudenken, wie denn unsere Ältermütter von der schönen geschmackvollen Kleidertracht früherer Zeiten (man gehe nur zu denen Ludwigs XIII. zurück) zu den scheußlichen Trachten gelangt sind, die seit Ludwig XV. und seit der Regentschaft grassiert, und der ich jetzt notwendig erwähnen muß, nicht allein, wie sie jetzt sind und waren, sondern wie sie noch werden können. Ungeschmack herrscht in allem, Unzweckmäßigkeit nicht minder. Zu oft bleibt das Gute auf halbem Wege stehen, doch das Üble nie. Unsre Enkelinnen wird man ohne allen Zweifel in den barockesten Trachten erblicken, von denen ich viele schon selbst erlebt, den Leib mit zwei Händen zu umspannen. Der breite steife Reifrock um die Hüften her, damit die Taille feiner erscheine! Der Kopfputz eine halbe Elle hoch, um Größe zu gewinnen!

So viel Tand und nutzlose Schnörkel um und an den Damen, daß eine Fremde wie zu Lady Montagues Zeiten untersuchend fragen wird: „Bist du selbst das alles?"

Ich selbst lief noch am Gängelbande umher, als ich junge und alte Damen im damaligen Aufputz sah: das Haar über hohe Wulsten gezogen, stark gepudert und auftoupiert. Da man der damaligen Dauphine Maria Antoinette gern eine Schmeichelei bezeigen wollte, und da es fälschlich hieß, sie habe rotes Haar, so bestreute man sich mit rotem Pulver. Rund um die Frisur her wurden wurstähnliche Locken gesteckt; hinter den Ohren hingen, den Hals bekleidend, zwei lange Locken, gleichfalls mit einer Wurst endend, auf den Busen herab. Von den übrigen Zieraten des Anzugs und Kopfputzes will ich schweigen, meine schönen Leserinnen haben dergleichen gewiß schon auf alten Familiengemälden gesehen. Nur muß ich bei dieser Gelegenheit bemerken, daß Herr Dr. Klencke an der Beschreibung des Aufputzes meiner Großmutter Karschin ohne Not Puder und Zitternadeln verschwendet hat. Kein Körnchen Puder hat jemals ihr Haupt berührt. Wenn ihre Freundinnen sie baten, sich doch zu pudern, weil es ja Mode und mithin anständig sei, so rief sie entrüstet aus: „Was, ich soll mir Mehl auf den Kopf streuen? Nimmermehr!" Sie trug ihr feines braunes Haar ganz natürlich aufgeschlagen und setzte ein Kopfzeug auf, dem oben am Scheitel ein Veilchenstrauß nicht fehlen durfte; denn etwas mußte sie für die Mode tun, um nicht zu arg verketzert zu werden.

Ich kann mich rühmen, Läufer und Haiducken gesehen zu haben, die scharlachrot gekleidet waren. Der Fackeltanz wurde bei Vermählungen aufgeführt. Die Damen bemühten sich sehr um Doppelkinne und um eine etwas schiefe Haltung des Kopfes. Selten sah man eine ohne einen kleinen Papagei und Bologneserhündchen, oder einen schnarchenden Mops, dem zur Verschönerung der Schweif abgehauen war, die Nase eingeknickt, auch die Ohren kurz abgeschnitten. Die armen Tiere jammerten mich; doch kamen sie zum Glück aus der Mode.

Am liebsten sah ich die schneeweißen seidenhaarigen Bologneserhündchen mit ihren rosenfarbenen Halsbändchen, ihren umlockten Augen und ihren hängenden purpurnen Zünglein. Auch sie verschwanden nach und nach.

Bei großen Gelegenheiten, wenn es unmöglich war den Friseur frühmorgens zu bekommen, wurde er für den Abend vorher geholt. Er baute die Frisur mit der größten Sorgfalt auf und brachte wenigstens zwei Stunden damit zu; dann nahm er vom feinsten Postpapier einige lange Bogen und umsteckte die Frisur mit vielleicht hundert feinen Nadeln. Die gemarterte Dame setzte sich auf ein Sofa, unterstützte ihren Nacken, behing ihre Füße mit warmen Tüchern und blieb schwebend angelehnt im beschriebenen Zustande die ganze Nacht. Ihre Augenlider waren rot und geschwollen vom festen Anziehen der Haare.

Es wurde mir vergönnt, noch in meinen frühesten Jahren die Umwandelung zu bewundern, die plötzlich eingetreten war. Meine Mutter nahm mich zur Vermählungsfeier der Prinzessin Friederike und Wilhelmine von Preußen auf das Schloß mit. Unsern Augen bot sich das überraschendste Schauspiel dar. Die Königin-Mutter und die junge Königin erschienen, sowie der übrige Hof, noch mit gepuderter Frisur und im Reifrock; allein zuletzt erschienen die Bräute des Herzogs von Dork und des Statthalters der Niederlande, Friederike und Wilhelmine von Preußen, mit ihrem Nymphenwuchs, ihren sanft geröteten Wangen und ihren lieben hellen Augen. Sie trugen die strahlenden Brautkronen mit blühenden Myrtenzweigen durchflochten, das schöne Haar leicht gelockt um den blendenden Nacken her, eine griechische Chemise, die anschmiegend die Formen ihrer lieblichen Gestalt begleitete, und eine breite goldene Arabeske in dem brillanten Leibgürtel.

(...) Von nun an griff die griechische Tracht in das Leben ein; das Publikum fühlte, welchen glänzenden Sieg die Sache des guten Geschmacks und der Schönheit davongetragen habe. Wenige dachten noch an den Zusammenhang der Umwandelung der Tracht mit der Umwandelung der Sitten und Gebräuche, die ihr auf dem Fuße nachfolgte. Im Jahre 1817, als ich in Berlin war, hatte sich wieder eine Veränderung in den Kostümen gezeigt: Sie waren minder ungezwungen, minder leicht, faltenreicher, den Formen des Körpers nicht so angeschmiegt; allein im Benehmen der Töchter und Söhne des Thrones blieb der eingetretene Wechsel bemerkbar, sowohl in Preußen als im benachbarten Sachsen, wo lange die größte Steifheit geherrscht hatte.

Als sie 1830 nach München kommt, schildert sie ihre Eindrücke so:

München machte bei meiner ersten Ankunft keinen angenehmen Eindruck auf mich; es hat sich seitdem sehr verschönert. Ich traf dort die Brüder Boisserée, wie überall und immer rühmlich beschäftigt. Melchior leitete die unübertrefflichen Arbeiten der Glasgemälde, in welchen ein Teil seiner Galerie zum zweitenmal in voller Herrlichkeit erblühte. Sulpiz gab seinen Dom von Köln heraus. Beide waren in ihrer Tätigkeit noch so jung, so lebenskräftig wie ich sie als Jünglinge gekannt; beide übten noch die vorige Gastlichkeit gegen die Fremden, welche ihre

Kunstwerke zu sehen kamen, und ihr Haus war noch immer der Sammelplatz aller berühmten Gelehrten, Künstler und Literatoren.

Die Königin Therese ließ mich kurz nach ihrer Ankunft zu sich rufen. Ich fand sie höchst liebenswürdig, und ganz so, wie sie mir die Kaiserin und die Erzherzogin Sophie geschildert hatten. War sie doch eine Schwestertochter der Königin Luise von Preußen. Sie hatte Ähnlichkeit mit ihr, und nicht bloß äußerliche. Als die Rede von meinen Söhnen war und sie erfuhr, daß Max bei der Nationalgarde sei, fragte sie mich: „Aber was tut denn Ihr Sohn bei der Nationalgarde?“ Ich antwortete rasch: „Das ist der Zwang der neuen Freiheit, Ew. Majestät!“ Dies Wort gefiel ihr außerordentlich, es klang, wie das Meiste was ich sprach, beinahe unbewußt aus meiner lyrischen Natur heraus. Wäre ich besonnen, wäre ich nicht Helmina! Die Königin selbst war so expansiv, daß sie einen durch den Zauber ihrer Gemütlichkeit verlockte, ihr gegenüber laut zu denken. König Ludwigs Bezeigen war ganz verschieden von dem seiner Gemahlin. Sie vergab sich kein haarbreit von ihrem Rang, so huldreich sie sich oft benahm; König Ludwig dagegen ging im Schloßgarten mit dem Literaten Saphir spazieren.

Ihre Sehnsucht nach Kontakt mit Kreisen des Hofes geht auch in München in Erfüllung. Ihr werden verschiedene Audienzen gewährt, bei deren Schilderung sie auch ein Bild vom Charakter der jeweiligen hochgestellten Persönlichkeit entwirft:

Ich kam damals oft zu Ihrer Majestät der Königin Therese, die sich vom jungen Künstler Selb lithographieren ließ. Sie ließ mich zu jeder Sitzung rufen, um ihr vorzulesen. (...)

Diese Sitzungen bei der Königin waren sehr interessant, und ich freute mich jedesmal darauf wie ein Kind. Die Königin war höchst liebenswürdig, es lag kindliche Hingebung in ihrem Wesen. Einen Zug ihrer tätigen Herzensgüte darf ich hier nicht übergehen.

Eines Morgens, als sie mich hatte zu sich rufen lassen, rief sie mir zu: „Ich habe Ihnen etwas Wichtiges mitzuteilen. Ludwig Philipps Tochter, die junge Herzogin Marie von Württemberg, wird hier in München erwartet. Ich will Sie durch ihre Tante, die Kurfürstin, Witwe Karl Theodors, anmelden lassen; es läßt sich vielleicht wegen Ihrer Pension etwas bei ihr ausrichten!" „Wegen meiner Pension?" rief ich aus, „das kann ich nicht, Ihre Majestät!" Die gute Königin stampfte mit dem Fuß, es stand ihr sehr zierlich. „Es ist wahr", rief sie, „ich hatte vergessen, daß Sie von Ludwig Philipp keine Gnade erbitten wollen." Ich beugte mich halbkniend auf ihre Hand. „Königin", rief ich aus, „um eine Gerechtigkeit darf ich ihn bitten, ohne von meinen Grundsätzen abzuweichen. Es ist sogar meine Pflicht, kein Mittel unversucht zu lassen, um meines Mannes hinterlassene Schriften an das Licht zu ziehen. Wenn Ew. Majestät so gnädig sind, mir Gehör bei der Herzogin Marie zu ermitteln, so werde ich dieser eine Vorstellung an ihren königlichen Vater mitgeben, damit er verfüge, daß diese Handschriften in Druck kommen und zum besten der Witwe verkauft werden; dieser Gunst genießen alle Hinterbliebenen großer Gelehrten. Die Werke liegen fertig zum Druck, sie sind nach dem Urteil kompetenter Richter gediegen und werden Frankreich Ehre und Nutzen bringen." (...)

Die Königin hörte mich anteilvoll an, erbot sich noch an demselben Morgen die Sache bei der Kurfürstin einzuleiten, und ermahnte mich sofort, die Vorstellung an den König Philipp aufzusetzen. Ich gehorchte. Diese Vorstellung beschränkte sich auf eine etwas dürre Darlegung der Tatsachen sowie auf einen Anruf an des Königs Gerechtigkeit und war durchaus mit keiner Schmeichelei verbrämt. Ich wies sie meinem Freunde, Grafen von Méjan, der mich darauf aufmerksam machte, daß nichts Verbindliches darin stand. Ich entgegnete, daß es mir unmöglich sei, anders an Ludwig Philipp zu schreiben! Graf Méjan sagte: „Er ist einmal der Chef des Staats, und Sie die Witwe eines Franzosen! Die Ehrerbietung erfordert, daß Sie bittend vor ihn hintreten." Ich gehorchte dem wackern Freunde und setzte einige verbindliche Worte in die Vorstellung, muß aber vermuten, daß sie dem Könige nicht gefiel, denn sie blieb unbeantwortet und erfolglos, obgleich die edle Prinzessin geglaubt hatte, mir den Erfolg verbürgen zu können.

Die Kurfürstin, Witwe Karl Theodors, ließ mich zu sich rufen. Ich bewunderte im stillen die Reste ihrer Schönheit und die unverwüstete Jugend ihrer Augen, die ein achtzehnjähriges Gesicht geschmückt haben würde; auch die hohe Intelligenz in den Fragen, die sie an mich stellte, die Klarheit ihrer Begriffe, die Bedeutsamkeit ihrer Worte erfreuten mich. Diese Audienz währte ziemlich lange, mir aber dennoch zu kurz. Mehrere Tage darauf läßt mich die Herzogin Marie zu sich laden. Mit klopfendem Herzen durcheilte ich den hohen Blumengang, der zu ihren Zimmern führte. Niemand war im Vorzimmer befindlich. Die Herzogin kam mir entgegen. Eine weiblich zierliche Gestalt von graziöser Haltung, mit feinen ausdrucksvollen Gesichtszügen und schönen Augen, in deren sanftem Blick unverkennbare Wehmut lag. Sie redete mich Deutsch an, das sie gut und untadelhaft sprach. Zuerst unterhielt sie sich mit mir von meiner Angelegenheit, dann von Kunst und Poesie. Ihre sinnigen Worte waren verbindlich und huldreich. Sie entließ mich und verhieß, daß ihr Vater mir gewiß Gerechtigkeit schaffen würde. Nicht ohne einige Regungen von Stolz sog ich ihre Worte ein, als sie lobend von meinen Dichtungen sprach; wahrscheinlich kannte sie welche durch das Medium der Musik. Ich war so bevorzugt, sie noch zweimal zu sehen, und zwar in der Scheidestunde, wo auch die Familie der Kurfürstin und deren Gemahl Graf Arco zugegen waren. Der ganze Kreis der Abschiednehmenden geleitete die hohe Frau an die Reisekutsche. Ihr sanfter Blick winkte mir, mich ihr zu nahen. Sie reichte mir ihre schöne kunstreiche Hand, rief mir noch lebhaft zu: „Leben Sie wohl, meine Liebe! Seien Sie überzeugt, daß mein Vater Ihnen Gerechtigkeit widerfahren lassen wird!" Ihr folgten feuchte Blicke und heiße Segenswünsche; für diesseits blieben sie unerfüllt. In der Blüte der Jugend, in der Fülle des Eheglücks und der Mutterfreuden schied sie aus dieser Welt, welche sie nur kurze Zeit geschmückt hatte. Sie ähnelte ihrer geistvollen höchst originellen Urgroßtante, der Schwägerin Ludwigs XIV., Herzogin von Orleans, der unschuldigen Ursache des blutigen Sukzessionskrieges.

Wenn die Königin Therese Geschenke machte, was sehr oft der Fall war, so wußte sie dieselben durch die Art des Gebens zu würzen und zu erheben. Sie hatte mir im Jahre 1832 eine ausgezeichnet schöne und kostbare Uhr verehrt, die von eigentümlicher Form war; auf dunkelblauem Email war ein Sternenkranz um eine Gedenkblume her gemalt. Diese Uhr war mir in Paris gestohlen worden.

Eines Tages führte sie mich in ein Kabinett, wo sie ein Schreibfach öffnete, indem sie zu mir sagte: „Frau von Chézy, Ihnen ist die Uhr gestohlen worden, die sie von mir besaßen; nun denken Sie sich einmal, Ihre Uhr hat sich wiedergefunden!" Bei diesen Worten langte sie ein Etui heraus, in welchem eine schöne goldene Uhr mit geschmackvollem Haken lag.

Sophie von Hahn, in Karlsruhe geborene langjährige Gutsherrin in Kurland

Als Gutsherrin in Kurland: Sophie von Hahn

Sophie Anna Franziska von Hahn, geborene de Graimberg, erblickt am 29. März 1804 in Karlsruhe das Licht der Welt, wo die Eltern ein Pensionat für adlige Töchter leiten. Im Jahr 1816 beugt sich ihre Mutter dem Wunsch des Großherzogs, seine Kinder zu erziehen, und die Familie übersiedelt ins Karlsruher Schloß. Sechs Jahre später wird Sophie in Mannheim, wo die fürstliche Familie seit dem Tod des Großherzogs lebt, in die Gesellschaft eingeführt. Im Mai 1823 heiratet sie den kaiserlich-russischen Kammerjunker und Kollegienrat Baron Paul von Hahn und begleitet ihren Gatten bald darauf nach Mitau, wo dieser als nunmehriger Gouverneur von Kurland residiert. Ab 1828 lebt die Familie, Sophie hat inzwischen zwei Söhne, in Riga, dem neuen Dienstsitz von Hahns, der nun Livland als Gouverneur verwaltet. Als ihr Mann 1834 in der Funktion eines Senators nach St. Petersburg geht, begleitet ihn Sophie und reist von dort aus drei Jahre später mit ihm in den Kaukasus. Dann erfahren wir nur noch, daß Hahn 1848 aus dem Staatsdienst ausscheidet und von da an mit seiner Frau auf seinem Gut Asuppen in Kurland lebt. Sophie von Hahn stirbt am 16. März 1863 in Karlsruhe.

Sophie von Hahn kennt das Leben des Adels aus direkter Anschauung. Besonders lebendig und unterhaltsam weiß sie vom Alltag der Landjunker und Bauern im Kurländischen zu erzählen, wie sie ihn nach ihrer Heirat 1823 erlebte.

An der Spitze des Asuppenschen Haushaltes stand als „Wirtin“ die Schwester der Pastorin Seeberg. Mademoiselle — damals wurden nur Töchter aus adeligen Häusern mit „Fräulein“ angeredet — Charlotte Reimer. Sie mochte etwa dreißig Jahre alt sein und war das leibhaftige Ebenbild ihres Vaters; Chorrock und Bäffchen hätten sie befähigt, ohne Furcht vor Entdeckung eine Kanzel zu besteigen. Von ihr geleitet, wagte ich mich in das, was man die „Gegenstube“ nannte, d. h. in die dem Teile des Hauses, den wir bewohnten, entgegengesetzte Hälfte. Sie enthielt u. a. die große sehr reichlich mit Mehl, Grütze, Licht, Seife usw. versehene Handkammer, das große Speisezimmer der Leute, die sogenannte „Volksstube", die Leutestube und die Küche; kaum wagte ich mich in diese, wo außer der ganz bäuerlich gekleideten Ausspeiserin noch mehrere, meinen Begriffen nach schmutzige Mädchen sich bewegten. Eine offene Tür gestattete Einblick in ein Gemach, das man für einen Kajütenraum hätte halten können, denn zwei Etagen Schlafstellen reihten sich längs den Wänden.

„Was ist das für eine Stube?" fragte ich meine Führerin. „Es ist die Schlafstube der Hofmädchen und der Hofjungen", war die mir völlig unglaublich scheinende Antwort. Ich hatte für dieses Mal genug und eilte in meine einfachen, aber sauberen Räume zurück, als in der Ecke der großen Volksstube eine Balge, an welcher eine Schöpfkippe befestigt war, meine Aufmerksamkeit auf sich zog. Sie enthielt eine grauweiße Flüssigkeit, in der hie und da ein paar Klunker saurer Milch und ein paar Körner schwammen. „Wünschen Frau Kollegienrätin vielleicht dieses vaterländische — wie soll ich sagen — Getränk oder Speise kennenzulernen?" — „Bewahre, liebe Mademoiselle Reimer, es hat kein einladendes Aussehen." — „Und doch", versetzte sie, „findet es so viel Beifall, daß man stets besorgt sein muß, daß es nicht ausgehe. Jeder, der es wünscht, schöpft nach Lust und Bedürfnis, und sobald die Portion zu deutlich abnimmt, wird sie wieder aufgefüllt. Auf diese Weise behält sie stets die so angenehme Säure, die die ‚saure Grütze' zu einem so trefflichen Mittel, den Durst zu löschen, macht. Frau Kollegienrätin würden sie gewiß schmackhaft finden, wenn sie geruhten, sie zu kosten." Die ganze Bereitungsweise, die gütergemeinschaftliche Art des Verbrauches, zu deren Höhe sich mein Liberalismus nicht aufzuschwingen vermochte, ließen mich mit Abscheu diese Zumutung zurückweisen, und auch dieses zu meinem Schaden, denn der empfangene Eindruck verhinderte mich zwanzig Jahre an dem Genusse einer Speise, die, reinlich bereitet, ein wahres Labemittel in den heißen Tagen ist.

Auch über die weiblichen Gestalten, die mit kurzen, gestreiften Röcken, bloßen Füßen, kurzen Jacken, die um die Taille, falls es eine solche gab, grobe graue Hemden hervorgucken ließen, mit ungekämmten, durch ein dickes Tuch zusammengehaltenen Haaren, über diese Wesen, die sich im Halbdunkel jener Regionen bewegten, begehrte ich Auskunft: „Sagen Sie mir doch, liebe Mademoiselle Reimer, was ist das für eine Herde von Mädchen, die, fünf bis sechs an Zahl, allmorgendlich in mein Schlafzimmer stürzen, sobald ich es verlassen habe?" — „Das ist ein Teil der Arbeitsmädchen, die die Bauernwirte allwöchentlich auf den Gutshof schicken. Sie werden zu allerlei Diensten verteilt. Diese, von denen Sie sprechen, reinigen die herrschaftlichen Zimmer und haben in der Freizeit zu spinnen." — „Vor allen Dingen, liebe Mademoiselle Reimer", sagte ich, „befreien Sie mich von der Überzahl dieser schmutzigen Nymphen. Geht es an, so suchen Sie mir die reinlichste, verständlichste unter ihnen zur Unterstützung meiner Kammerjungfer aus, welche von nun an mit diesem Mädchen den Zimmerdienst allein verrichten wird."

Als Sophie von Hahn 1823 nach Kurland kam, war die Leibeigenschaft bereits seit sechs Jahren aufgehoben. Doch so arg viel hatte sich nicht verändert:

Die Bauern hielten zunächst die Aufhebung der Leibeigenschaft für ein unglaubwürdiges Gerücht. Daher kam es, daß sie, um sich Gewißheit zu verschaffen, sogar in Asuppen, wo sie es relativ gut hatten, gleich nach der Freilassung in großer Zahl kündigten. Überrascht, daß ihre Kündigung angenommen wurde, und dadurch von ihrer Freiheit überzeugt, baten sie alsdann flehentlich, sie nicht beim Worte zu nehmen und sie zu behalten, was zur Zufriedenheit beider Teile auch geschah.

Die neue Bauernverordnung hatte, den bisher üblichen Gehorch zugrunde legend, diesen durch die Frone ersetzt. Freiheit und Frone scheinen einander auszuschließen, wo Hebung des Bauernstandes ernstlich bezweckt wird. In der Frone ist es zu suchen, wenn, solange diese bestand, die Aufhebung der Leibeigenschaft jenen Zweck nicht erreichte. Zur Bestreitung der dem Gutshof schuldigen Arbeiten war der Bauernwirt gezwungen, mehr Knechte, Mägde und Pferde zu halten, als sein Grundstück ernähren konnte. Die Arbeit auf dem Gutshof hatte den Vorrang, und bei ungünstiger Witterung mußte der Bauer die Augenblicke, sozusagen, eskamotieren, in denen er seine Feldarbeit machen und seine Ernten einbringen konnte.

Auch konnte er niemals eine Arbeit sich vornehmen oder beginnen in der Gewißheit, sie ungestört ausführen zu können, denn jeden Augenblick konnte er zur Hofsarbeit nach dem Gute abberufen werden.

Wie oft auch kam es vor, daß der Bauer, zur Einführung des Getreides mit Leuten und Pferden auf den Gutshof bestellt, infolge Witterungswechsels zu zwei- oder dreimaligem unnützen Kommen und Gehen genötigt wurde. Nicht nur erhielten die aus dem Gesinde kommenden Arbeitsmädchen und Arbeiter während der Arbeitswoche keine warme Speise — sie brachten ihr Brot, ihre Butter, ihre Grütze für sieben Tage mit —, sondern sie hatten gewöhnlich auch keinen für sie bestimmten Aufenthaltsort und keine Schlafstätte.

Die ganze ledige ländliche Bevölkerung hatte keine Betten, sie schlief auf Bänken, Tischen, Öfen, ohne während der Wochentage die Kleidung zu wechseln oder sich die Haare zu kämmen. Noch jetzt gilt es für Hochmut, wenn Mädchen sich täglich kämmen. Während einiger Jahre, von 1847 bis 1853, hatte ich die Leitung der „Hofmutterei" übernommen — wie man den Teil der Gutsverwaltung, der die Milchwirtschaft, die Vieh- und Geflügelhaltung umfaßte, nannte —, weil er in der Regel einer Frau unterstellt war, die die Bezeichnung der „Hofmutter" führte. Bei der Hofmutterei waren immer mehrere Mädchen beschäftigt, und ich setzte es durch, daß sich diese täglich waschen konnten und zur Nacht sich auskleideten. Dafür wurden sie von den Gutsleuten nur verhöhnt. (...)

Die Bauern mußten also Frondienste leisten. Diese sahen so aus:

Die ganze Organisation des Bauernwesens bis in ihre kleinsten Einzelheiten hinab war darauf berechnet, dem Gutsherren, soweit die Leistungen von Grund und Boden und der sie ausführenden bäuerlichen Bevölkerung dieses ermöglichten, ein von Ausgaben und Sorgen freies Leben zu verschaffen. Der Bauer mußte alle Bauten, sowohl die herrschaftlichen als auch die gemeindlichen, errichten, Kalk und Ziegel brennen und alles Baumaterial anführen, die Wege bauen, das Holz im Walde fällen und es anführen. Er mußte die Hofsfelder wie auch seine eigenen bearbeiten, die Ernte einbringen und die „Gefälle" zur Stadt fahren, d. h. die dorthin bestimmten Fuhren befördern. Die Weiber hatten unbedingt und zu jeder Zeit im Hofe bei der Wäsche, dem Schlachten und zu jeglicher Arbeit ohne Entschädigung zu erscheinen. Allmontaglich stellten sich aus den Bauerngesinden abwechselnd eine Menge Mädchen auf dem Hofe ein, die auf verschiedene Dienste verteilt wurden, etwa zugeteilt der Hofmutterei oder dem Dienst in den Herrschaftszimmern, den ich, wie zu Beginn des Kapitels erzählt, abschaffte. In Asuppen waren es etwa vierzig Mädchen, die jeden Montag für eine Woche erschienen, um danach von einer anderen Schar für abermals eine Woche abgelöst zu werden. Jedes Gesinde ferner hatte fünf Pfund gesponnenen Flachses jährlich zu leisten und außerdem noch fünf Pfund — das sogenannte „Gewicht" — aufzuspinnen, eine Anzahl Stricke, Besen von Birkenreisern, ein Paar Hühner, ein Paar Gänse, ein Schaf, einen Schinken, von jeder Art Beeren einige Stof, ebenso Morcheln und Champignons zu liefern, so daß manche adelige Familie, die sich in eigengebleichtes und eigengesponnenes Linnengewand kleidete, eigengebrautes Bier trank und von keinen geistigen Bedürfnissen zum Bücherkauf verleitet wurde, mit ein paar hundert Rubeln zur Anschaffung von Kolonialwaren ihre Ausgaben vollkommen deckte.

Wie aber stand es unter solchen Verhältnissen mit dem sittlichen und religiösen Zustand des baltischen Landvolkes? Dreihundert Jahre hatte in diesen Landen die lutherische Kirche frei und ungehindert gewaltet, aber nirgends so wenig Frucht geschafft. Denn erst seit fünfundzwanzig Jahren ist ein Anfang gemacht worden, um Schulen, diese rechte Hand der Kirche, ins Leben zu rufen. Bis dahin sah sich der ganze religiöse Unterricht, den ein Lette zeit seines Lebens erhielt, beschränkt auf die wenigen im Katechismus vorgeschriebenen Gebete, welche die Mütter, die sie selbst nicht verstanden, die Kinder mechanisch auswendig lernen ließen, auf die „Gebetsfahrt", die der Geistliche jedes Jahr von Gesinde zu Gesinde hält, um den Kindern diese Gebete zu überhören, und auf einen acht- bis zehntägigen Konfirmationsunterricht. (...)

Der kirchliche Segen wurde für den Beginn der Ehe, für den effektiven Eintritt in dieselbe, nicht für nötig gehalten; er wurde, sozusagen, nachgeholt, wann die Zeit und der Bestand der Kleete an Getreide, Fleisch u. a. die Hochzeitsfeier gestattete. Trat ein Unverheirateter in Verhältnisse, in denen er einer Frau bedurfte, so zog der Gegenstand seiner Wahl alsbald zu ihm, und sie lebten als Mann und Frau meist bis zum Herbste, in welchem nach eingebrachter Ernte die Arbeit relativ ruht und die Kleete gefüllt ist. So ereignete sich's oft, daß der Tod des Verlobten ein unbescholtenes Mädchen als Mutter und die Kinder als unehelich zurückließ. Wenn das nahe Zusammenwohnen so vieler Menschen ohne Unterschied des Geschlechtes und des Alters das Gefühl für Schamhaftigkeit im Keime ersticken und das Zusammenwohnen der Verlobten die Sittsamkeit untergraben mußte, so konnte die unbeschränkte Strafgewalt des Gutsbesitzers und seiner Delegierten über alle Klassen der bäuerlichen Bevölkerung nicht anders als zerstörend auf das Ehrgefühl wirken. Bei diesem düsteren Bilde sollte man glauben, daß der ostseeische Adel ein Verein von Tyrannen gewesen sei. Und doch war es so nicht. Ich habe viele unter seinen Angehörigen gekannt, die in gegebenen Fällen Güte und Mildtätigkeit in dem Bereich ihres Waltens übten, viele, die eine wahrheitsgetreue Darstellung der Sachlage mit Grauen erfüllt hätte.

Über die adligen Landsitze weiß Sophie von Hahn zu berichten:

Im Jahre der Aufhebung der Leibeigenschaft, 1817, gab es in Kurland, die herzoglichen Schlösser abgesehen, wohl einzelne großartige Edelhöfe, von denen jedoch nur eine kleine Zahl unter rechter Pflege stand. (...)

Der spezifisch kurländische Edelmann hatte im großen und ganzen kein Auge für die Umgebung, in deren Mitte er lebte, und wenig Neigung, sie zu verschönen, lebte wenig zu Hause, vielmehr wenig im Hause. Die Landwirtschaft und die Jagd, sowohl seine Beschäftigung als auch sein Lieblingsvergnügen, und sein außerordentlicher Geselligkeitstrieb, den er, das ganze Jahr von Hof zu Hof Besuche machend, befriedigte, machten ihm Komfort und Lieblichkeiten der Umgebung entbehrlich. Das Bauen kostete so gut wie nichts, es galt ihm dabei, nicht solide, sondern schnell zu bauen. Material lieferte das Gut, Baukräfte die Bauernschaft. Bei der Bewegung nach außen, in der sein Leben verlief, hätte es zuviel Zeit erfordert, einen zweckmäßigen Bauplatz zu wählen; es hätte zuviel Kopfzerbrechen gekostet, einen wohldurchdachten Bauplan zu entwerfen oder zu prüfen. Das blieb dem Zufall oder dem Amtmann vorbehalten, so daß viele Herrenhöfe zu Anfang des Jahrhunderts eher einem temporären Campement als einer bleibenden Niederlassung glichen.

Die nötigsten Bauten – Wohnhaus, Herberge, Stall, Kleete usw. – lagen meist inmitten eines ausgedehnten „terrain vague" (wüsten Platzes).

Der Alltag auf Gut Asuppen verlief in geregelten Bahnen:

Unser tägliches Leben gewann Gestalt. Nach dem gemeinschaftlichen Frühstück begab sich Hahn meist für den ganzen Morgen in seine Wirtschaft, auch in den neuen Bau, wo er selber zu arbeiten nicht verschmähte, oder er machte unwirksame Versuche, ein Jäger zu werden. Bis Mademoiselle Reimer mit den häuslichen Geschäften fertig war, schrieb ich Briefe, machte Auszüge aus Geschichtswerken, freute mich aber, wenn ich die Tapisserienadel ergreifen konnte, um Klingelzüge und andere Gegenstände für das neue Haus zu sticken, während Mademoiselle Reimer mir vorlas und zuweilen, sich auf französische Lektüre einlassend, ihre jugendliche Herrin durch ihre wunderliche Aussprache zu tollem Lachen reizte — „Baschü" für Bacchus usw.

Der Mittagstisch vereinigte uns um zwei Uhr, und bald ward ich mit der kurischen Sitte des Mittagsschlafes vertraut, aber nicht auf lange genug, als daß die Dämmerstunde mich an der Harfe verfehlt hätte, die auf meines Schwiegervaters Leichenwagen die Fahrt nach Kurland gemacht hatte. Ich sang dazu Pauls Lieblingsromanzen, an denen nicht er allein sich freute, sondern auch, wenn es noch hell war, ein Paar zahme Tauben, die gar vertraut mit mir taten. Das Licht rief uns an den großen runden Tisch, an dem wir den Abend mit Lektüre und Plaudern verbrachten. Dieses Leben, in dem nichts mir vertraut war als die paar Stuben, die wir bewohnten, in dem ich niemand kannte als den Mann, dem ich gefolgt war, und auch diesen nur unvollkommen, in dem die ganze belebte und unbelebte Außenwelt mir völlig fremd und ich viel auf mich angewiesen war, hat mir mit seinem Halbdunkel, seiner Stille und Ruhe einen im Ganzen gemütlichen Eindruck hinterlassen. Der Pastor Seeberg gesellte sich bisweilen auch zu uns. Seine gute runde Frau war Amme und erschien daher seltener.

Um seine zahlreiche Hausgenossenschaft zu ernähren, hatte Pastor Seeberg mehrere Privatschüler aufgenommen. Das Beste aber taten dabei die zahllosen Hühner und Eier, die die Leute, die den jovialen Prediger liebhatten, in die Pastorsküche, und die vielen Handrollen Flachs und Wolle, die sie in die Spinnstube der Pastorin lieferten. Allabendlich im Winter saß diese in eigengesponnenem Wandkleide und Ärmeln von selbstgesponnener und trefflich gebleichter Leinwand im Kreise der Mädchen im Mädchenzimmer, das Beispiel des Fleißes gebend und den ihren durch ihre Gegenwart belebend. Obgleich Pastor Reimer ein hochgebildeter Mann und Pastor Seeberg nach dem Urteil seiner Amtsbrüder ein guter Theologe war, so kam doch wenig Geistiges und Geistliches zur Gemeinschaftlichkeit des Verkehrs im Pastorate, darin sich das Gespräch doch meistens nur um häusliche Verrichtungen und um Begebenheiten in der nächsten Nachbarschaft drehte.

Zu den Herbstvergnügungen in Asuppen gehörten die großen Fischfänge. Mein Schwiegervater hatte die zwei in verschiedener Höhe befindlichen Teiche angelegt. Alle drei Jahre wurde der höher gelegene in den tieferen abgelassen. Dann belebten die Bauernwirte mit ihren Leuten und Fuhrwerken die Ufer, denn dieser Arbeitstag zählte zu den Festtagen. Über angezündeten Feuern kochten die Kartoffeln in den Feldkesseln und harrten der Zugabe an Fischen, die ungezählt von den Fischern hineingeworfen oder auf Kohlen gebraten wurden. Am Ausfluß des oberen Teiches wurden viele Fische gefangen, die meisten aber blieben in ihm nach dessen Abfluß auf dem Trockenen und wurden von den bis über die Knöchel im Schlamme watenden Bauern in Spänne (Eimer) getan und in die auf Wagen befindlichen, mit Wasser gefüllten Tonnen geladen. Diese Verrichtung ergötzte auch mich sehr, doch nur zu leicht gekleidet wohnte ich ihr bei, bis daß die einbrechende Dämmerung mahnte, daß wir die Speisestunde weit überschritten hatten. Bald nach uns kamen dreißig Fuhren mit fischgefüllten Tonnen im Hofe an; die edelsten der Fische, die Karpfen, wurden in ein mit grobem Tuch gefüttertes Faß geladen, nachdem man ihnen als Wegekost ein in Wein getauchtes Stückchen Weißbrot in den Mund gelegt, und sogleich zum Markt nach Mitau gefahren; die Hechte, unter denen Matadore von zwanzig bis fünfundzwanzig Pfund waren, wurden teils in der Nachbarschaft verschenkt, teils zur Konsumption verwahrt oder gesalzen, während die Menge der Schleien und Karauschen in den Hofteich gelassen wurde, den man als einen Fischkasten im großen betrachten konnte. …

Martini war nun vor der Tür, und Mademoiselle Reimer forderte mich auf, ob ich nicht in der Volksstube mir das Rupfen der geschlachteten Martinigänse ansehen wolle. Den Leuchter in der Hand, begab ich mich mit ihr hin. Rund um die Wand saßen Weiber und Mädchen, die beim Schein zahlreicher Pergel die Gänse ihrer Federn und ihres zarten Flaumes beraubten, dieses der Güte nach in verschiedene Bast- und Pergelkörbe sondernd. Die Ausspeiserin leitete die Arbeit, die anziehend genug war, auch müßige Zuschauer herbeizulocken.

Als Oberhofmeisterin in Schwerin: Paula von Bülow

Durch die diplomatischen Aufgaben ihres Vaters Franz de Paula Graf von Linden hat die am 30. September 1833 in Berlin zur Welt gekommene Paula schon von Kindesbeinen an Zugang zu den allerhöchsten Hofkreisen. So auch, als sie 1843–52 ihren Vater nach Wien begleitet, wohin dieser als Vertreter des württembergischen Staates versetzt worden ist. Ihre Erziehung und Ausbildung konzentriert sich dementsprechend auf das Berherrschen der Etikette. 1852–58 lebt sie wieder in Berlin, wo sie sich im Mai 1858 mit Bernhard von Bülow, Geheimem Legationsrat und Gesandter von Mecklenburg-Schwerin, verlobt. Nach ihrer Heirat im gleichen Jahr leben sie in Frankfurt, da ihr Mann nun Gesandter für beide Mecklenburg beim Bundestag ist. Nach dem Tod ihres Gatten im Jahr 1864 zieht sich Paula von Bülow mit ihren Kindern in die Oberlausitz zurück. 1868 wird sie dann als Oberhofmeisterin an den Schweriner Hof berufen. In den folgenden Jahren begleitet sie den Großherzog und seine Frau auf mehreren Reisen. Im Jahr 1880 nimmt sie aus gesundheitlichen Gründen Abschied vom Hofdienst und lebt bis 1888 in Venedig. Dann rät ihr der Arzt zu frischer Bergluft, und sie übersiedelt nach Graz, bis ihre Kinder sie 1903 auffordern, zu ihnen nach Berlin zu kommen. Von 1906 bis zu ihrem Tod am 7. Juni 1920 lebt sie in Dresden.

Ihr Leben in höchsten Adelskreisen weiß Paula von Bülow in ihren Erinnerungen unterhaltsam und anekdotenreich zu schildern; so schreibt sie etwa über den preußischen Hof, an den sie 1852 zurückkehrte:

Feuchten Auges, mit Heimweh nach der Kaiserstadt an der Donau zog ich im kalten Berlin ein. Aber auch hier blühten Blumen und waren mir sonnige Tage beschieden. Sie waren freilich sehr verschieden von ihren lachenden Kameraden Wiens. In Berlin hatte man bei aller Fröhlichkeit auch ernste Interessen; hier war man fleißig und lustig, dort war man nur lustig. Daher pflegte ich bald zu sagen: „Ich möchte die Tage in Berlin und die Abende in Wien verleben.“

So war für mich Berlin jetzt vielleicht gerade der richtige Ort. Denn ich war, wenn auch erst neunzehn Jahre, doch schon ernster geworden und von ernsteren Interessen erfüllt; die Backfischzeit, in der man nur lustig in den Tag hineinlebt, war vorüber. Auch jetzt noch genoß ich in vollen Zügen mein Recht, heiter zu sein, scherzte, tanzte mit Leidenschaft, lief Schlittschuh, machte Schlittenpartien, saß hoch zu Roß und durchstreifte auf ihm den Tiergarten und Grunewald, der damals noch unberührt war vom Stein und Mörtel der Bauwut; auf dem Lande, bei den Verwandten in Schlesien und Österreich, saß ich am liebsten oben auf dem Bock und kutschierte mit Begeisterung viere lang. (...)

Gleich in die erste Zeit unseres neuen Berliner Daseins fiel ein Ereignis, durch welches uns ein Stück Wiener Lebens wieder lebendig begegnete. Zu Anfang des Jahres 1853 hatte der österreichische Kaiser Franz Joseph seinen Besuch am preußischen Hof angesetzt. In seinem Gefolge befanden sich gute Bekannte, auf deren Wiedersehen ich mich freute, vor allem auf den Erzherzog Ferdinand Max, der seinen Bruder begleitete. Aber es kam anders, als ich es mir in meiner freudigen Erwartung dachte.

Kaiser Franz Joseph und sein Gefolge waren in Berlin eingetroffen. Zu Ehren des hohen Gastes war ein Ball im Königlichen Schloß angesetzt. Die Damen von Rang standen im Halbkreis, nach Rang und Würden rangiert; die Töchter standen hinter ihren Müttern. Der Hof erschien und der junge Kaiser machte Cercle. Dabei schweiften seine Blicke umher, suchend, ob nicht ein bekanntes Gesicht sich zeige. Da sah er meine Mutter. Den Cercle unterbrechend, schritt er auf sie zu und begrüßte sie, trat aber dann sofort auf mich zu, so daß ich aus dem Damenkreise heraustreten mußte und allen sichtbar vor ihm stand. Er sprach eine ganze Weile mit mir. Wie immer war seine Art zu reden wie etwas Eingelerntes, als ob ihm nicht angenehm zu Sinn wäre, während sein Gang elastisch und seine Haltung immer vortrefflich war. Die Liebenswürdigkeit, mit der der Kaiser mich auszeichnete, schien mir ein Prognostikum alles Angenehmen, das bevorstand, obwohl das Sich-hinweg-setzen über alle Regeln und den Usus des Zeremoniells, das in seiner Anrede lag, nicht recht verständlich erschien.

Im merkwürdigen Gegensatz zu des Kaisers Liebenswürdigkeit gegen mich stand das Benehmen seines Bruders. Der Erzherzog Ferdinand Max, der noch vor wenigen Monaten mein eifriger Tänzer und stiller Courmacher gewesen war, näherte sich mir nicht. Er blieb in der oberen Ecke des Saales stehen, in der sich die Fürstlichkeiten zumeist aufhielten, sprach nur mit diesen und überhaupt auffallend wenig, tanzte nicht und gönnte mir weder Anrede noch Tanz. Nur seine Augen sprachen; seine Blicke suchten mich, und unverwandt sah er nach mir. Als mich ein Tanz dicht an ihm vorüberführte, begegneten sich unsere Blicke; der meine war betrübt und vorwurfsvoll fragend, der seine senkte sich tief und lange in den meinen; dann, als der Tanz mich weiter führte, wandte er sich ab, als wollte er einer Versuchung ausweichen und verschwand im Nebenraum. Dieses gänzliche Übergangenwerden von seiten des sonst so höflichen Erzherzogs war für mich befremdend und eine tiefe Enttäuschung und Kränkung.

Etwas Licht in das Rätsel des Verhaltens des Erzherzogs kam schon bald nach diesem Ballabend durch briefliche Andeutungen aus Wien. Dem harmlosen „Schwarm" des Erzherzogs für mich schien doch eine wärmere Empfindung zugrunde gelegen zu haben, der man wohl zuviel Gewicht beigemessen hatte. Dieser wärmeren Empfindung sollten, so wurde mir geschrieben, eine Anzahl an mich gerichtete Gedichte des Erzherzogs entsprungen sein, die bei ihm gefunden worden waren. Die Folge davon war gewesen, daß über ihn das Verbot, in Berlin mit mir zu sprechen, verhängt worden war; die Auszeichnung, die Kaiser Franz Joseph mir zuteil werden ließ, war so zu erklären, daß er die scheinbare Unhöflichkeit seines Bruders zu mildern bemüht gewesen war. Erst viele, viele Jahre später, als ich als Schweriner Oberhofmeisterin am Wiener Hofe war, gaben mir einige Worte, welche Erzherzogin Sophie, die Mutter des Erzherzogs, an mich richtete, die Bestätigung, daß diese Interpretation jenes Rätsels im wesentlichen richtig war.

Ein fünf Jahre später eintretendes Ereignis vermittelt uns ein Bild vom damaligen Leben bei Hofe, wie wir es eigentlich wohl nicht erwarten würden:

Im Winter 1857/58 war das große Ereignis für Berlin die Vermählung des (nachmaligen) Kronprinzen. Die Hochzeit war in England gefeiert worden; dann kam das neuvermählte Paar nach Berlin und nahm die ihnen zu Ehren dargebotenen Einzugs- und Vermählungsfestlichkeiten entgegen, die Stadt und Hof bereitet hatten.

Vor den Toren Berlins, in Charlottenburg, wurde wie üblich die Braut von den Majestäten und einem Teil der königlichen Familie empfangen, wobei, altem Brauch gemäß, die Braut vor König und Königin das Knie zu beugen hat. Hierauf folgt der Toilettenwechsel der Braut und dann der Einzug in die Hauptstadt. In sechsspänniger Galakarosse zog das Paar ein. Die Pferde der Galakarossen trugen goldverzierte Geschirre sowie den bei Gala üblichen hohen Federschmuck auf den Köpfen. Pagen und Stallmeister, diese zu Pferde, schritten neben dem Wagen. Am Brandenburger Tor begrüßte der Erste Bürgermeister der Stadt das hohe Paar mit einer Anrede, die von der Braut beantwortet wurde. Ganz Berlin war in freudiger und neugieriger Erregung. In der Einzugsstraße, auf den Dächern der Häuser, an den Fenstern stand man dicht gedrängt.

Nach dem Einzug folgte Fest auf Fest. Ich sehe noch die junge Kronprinzessin vor mir bei der großen Cour; sie war klein und nicht hübsch, rundlich mit einem gesunden Kindergesicht, in dem ein Paar blaue Kinderaugen leuchteten. Strahlend blickte sie zu ihrem neben ihr schreitenden stattlichen Gemahl auf.

König und Königin fanden Gefallen an der jungen Schwiegertochter; sie wurde „Vicky“ genannt und ward der Liebling und Vorzug der Majestäten. Aber die Herrlichkeit währte nicht lange. Die junge Prinzessin ließ es bald an Rücksichten für die Majestäten fehlen; es gab Verstimmungen. Immer mehr schloß die Kronprinzessin sich ab, vernachlässigte ihre Repräsentationspflichten und zeigte sich als ein gar eigenwilliges Persönchen. Auch ihrem Gemahl gegenüber. Folgendes Geschichtchen wurde bekannt: Der Kronprinz hatte Militärisches in Potsdam zu erledigen, konnte trotz telegraphischer Rufe der Kronprinzessin seine Obliegenheiten nicht abbrechen und kam deshalb verspätet zum Lunch zurück. Als er darob ein freundliches entschuldigendes Wort zu seiner Gemahlin sagte, soll diese geantwortet haben: „Papperlapapp! wenn Mama rief, kam Papa sogleich.“

Im folgenden Jahre wurde dem kronprinzlichen Paare das erste Kind — der spätere Kaiser — geboren. Die Geburt war eine schwere, die Prinzessin litt lange. Endlich, wohl etwas zu spät, veranlaßte der Leibarzt die Hinzuziehung eines zweiten Arztes, des Professor Martin, einer Kapazität ersten Ranges. Aber es vergingen Stunden, es verging die Nacht — der Gerufene kam nicht. Erst am Vormittag erschien atemlos der Ersehnte und erklärte, als man ihm seine Verspätung vorhielt, er habe die Berufung soeben erst erhalten. Wie war das möglich? Es hieß, daß der Befehl für Dr. Martin von dem Lakai in einen Briefkasten der Stadtpost gesteckt worden war, da er über die Eiligkeit des Briefes nicht richtig instruiert worden sei. Wer für das Versehen, dem man es zuschrieb, daß der eine Arm des neugeborenen Prinzen schwächer war, und das leicht noch schlimmere Folgen hätte haben können, die eigentliche Schuld trug, scheint nie vollständig aufgeklärt worden zu sein. (...)

Die eben berichtete Geschichte wird manchem unglaublich erscheinen. Aber es gibt oder gab wenigstens bei Hofe manches, was, gemessen an dem Maßstabe eines gut geleiteten Privathaushaltes, unbegreiflich erscheint. Von den rauchenden Öfen, die den König Friedrich Wilhelm IV. in seinen Leidenstagen quälten, sprach ich schon oben. In den Sterbetagen des Kaiser Wilhelm I. war, als dieser eine Tasse Bouillon verlangte, eine solche im Palais nicht zu haben; sie mußte aus einem benachbarten Hotel geholt werden. Keinerlei Vorkehrung war getroffen, kein Herdfeuer brannte in der Hofküche, kein Mensch war dort der Wünsche des erkrankten Kaisers gewärtig. Übereinstimmend damit sagte mir Großherzogin Marie von Mecklenburg bei Gelegenheit eines Unwohlseins: „Ich versichere Sie, sterben könnte man, ehe aus der Hofküche außerhalb der gewohnten Stunden etwas zu erhalten ist.“

Auch ich selbst habe das erfahren, als ich nach meiner Berufung zur Oberhofmeisterin zum erstenmal in Schwerin eintraf, spät abends, müde und hungrig, und mich auf ein kleines Hofsouper freute. Aber, siehe da, nichts desgleichen erschien, und auf meine Bitte konnte mir nur ein kärgliches Hotelmahl in Eile verschafft werden.

In dem schönen Schweriner Schloß war ja alles prächtig und neuzeitlich eingerichtet, aber in den älteren Schlössern wie Ludwigslust, Rostock usw. war doch manches noch recht primitiv. Sehr altväterlich war in vieler Beziehung auch das Berliner Schloß. Die Hofküchen lagen damals im Souterrain, weit entfernt von den Festräumen und ohne direkte Verbindung mit ihnen; es wurden daher eine Menge Soldaten dazu verwendet, die Speisen nach den Festsälen zu tragen. Das Hinauf- und Hinabtragen geschah auf derselben Treppe, die ein Teil der Festgäste, darunter auch das diplomatische Corps, zu benutzen hatte.

Wie oft sah ich diese militärischen Speiseträger Schulter an Schulter mit uns die Treppen auf- und abgehen, in den Händen die schweren silbernen und silberbedeckten Schüsseln tragend. Noch bedenklicher war es, daß es im ganzen Berliner Schlosse keine sogenannten englischen Einrichtungen gab. Die notwendigen Dinge standen in Vertiefungen der sehr dicken Mauern, sozusagen zwischen Doppeltüren; sie waren vom Zimmer aus durch eine Tapetentür und von außen durch eine ebensolche zugänglich. Die Einrichtung brachte es mit sich, daß, wer am früheren Vormittag die Gänge des Schlosses zu durchschreiten hatte, gewärtig sein mußte, Frauen zu begegnen, die gewisse Dinge forttrugen.

Nach dem Tod ihres Mannes und einem Aufenthalt in der Oberlausitz geht Paula von Bülow als Oberhofmeisterin 1868 nach Schwerin.

Es war Ende Juni 1868, als ich zu meinem Debut als Exzellenz in Schwerin einzog, etwas abgehetzt, müde und hungrig. Am nächsten Morgen mußte ich mich schon um neun Uhr (ich glaube, der Befehl hieß sogar halb neun) bei dem Großherzog einfinden. Meinen Kopf durchflog der beunruhigende Gedanke, ob wohl des öfteren solche frühen Weckrufe an mich ergehen würden. Diese Sorge war aber überflüssig; es blieb bei dem einen Exempel. Der Großherzog erteilte mir die nötigen Instruktionen und zeigte mir die Räume, in denen sich das tägliche Leben abspielen werde. Später am Tage speiste der Großherzog mit seinem neuen Hofstaat. Nach wenigen Tagen erfolgte die Abreise nach Rudolstadt, der Heimat der Braut. Hier lernte ich nun die erst achtzehnjährige Braut kennen, die meine Gebieterin und später bis zum Lebensende meine immer gütige Gönnerin werden sollte. Ich hatte sie vorher nur einmal, als sie noch ein achtjähriges Kind war, gesehen, im Familienkreise des Fürsten Schönburg auf Schloß Gauernitz bei Dresden.

Die Vermählung fand im engsten Kreise statt, mit dem üblichen Zeremoniell, als da war: Hofschleppe und große Toilette. Die einheimischen Damen trugen die Schleppe der Braut. Nach dem Ja-Wort und Ringwechsel traten die einheimischen Hofdamen zurück, und die neuen, zum Hofstaat der nunmehrigen

Großherzogin gehörenden Damen übernahmen die Schleppe; dies waren Gräfin Benedetta Voß (Giewitz) und Fräulein Minka von der Lanken. Im Augenblick des Hofdamenwechsels trat ich meine neue Stellung an und begab mich zur linken Seite der jungen Großherzogin, vorschriftsmäßig eine Kopflänge hinter ihr. Dem Trauungsakt folgte ein Déjeuner, dann Ruhepause, und abends war Tafel und dann Begleitung des neuvermählten Paares nach ihren Gemächern.

Das Rudolstädter Schloß liegt entzückend schön; sein Inneres machte mir den denkbar sympathischsten Eindruck. Die Festtage daselbst verliefen wohlgepflegt und elegant. Zwei geräumige, behaglich eingerichtete Zimmer waren mir angewiesen. Aber der diensttuende Kammerdiener ließ mich nicht in sie eintreten; ich mußte den Hofmarschall zu Hilfe rufen. Der Kammerdiener hatte mich für eine der Hofdamen gehalten — eine Oberhofmeisterin müsse viel älter sein. (...)

Seit zehn Jahren an stilles Leben gewöhnt, sowohl in der Zeit meiner Ehe wie auch nachher in der Lausitz, fiel es mir schwer, mich in das unruhige Leben hineinzufinden. Ich war nicht Herr meiner Tageseinteilung und schwankte stets hin und her zwischen den lieben gewohnten Beschäftigungen und den Anforderungen meiner neuen Stellung. Mehrfaches Umkleiden, Toilettensorgen, in der ersten Zeit fast tägliche Diners am Hofe — das waren Dinge, an die ich mich schwer gewöhnen konnte. Dazu kam, daß ich, die ich in meinem Vorleben an anregende Konversation gewöhnt gewesen, den Verkehr mit dem Hofstaat und den zu Tisch Eingeladenen meist unendlich langweilig fand. Endlich entdeckte ich die Lösung dieser mir zunächst unerklärlichen Langeweile: ich war ja nicht mehr das „Nichts" von ehedem, ich war etwas geworden. „Exzellenz" war ich, und sogar nicht nur die Frau einer Exzellenz, sondern ich selbst wirkliche Exzellenz! Und diese Würde brachte es mit sich, daß mein Platz bei Tafel mir oben neben den anderen Würdenträgern zukam. Diese waren aber ältere Herren und auf Schweigen gestimmt. Zwei dieser

Herren machten eine Ausnahme, der General von Zülow, dem ein pikantes Witzchen leicht von der Zunge flog, und der Minister Graf Bassewitz, der auch nicht zu den „Alten“ gehörte; seine Konversation war nicht lebhaft, aber geistreich und witzig. Meiner jungen Herrin mag es ähnlich ergangen sein, denn ihr hoher Rang brachte auch ihr meist Antiquitäten zu Tischnachbarn.

War „die Hofhaltung elegant und glänzend“, so ging es in Schwerin selbst doch einfacher und langweiliger zu. Das Leben auf den Landsitzen der großherzoglichen Familie machte das aber wieder wett.

Das Frühjahr verlebte die großherzogliche Familie in ihrem Landhaus auf dem Gute Rabensteinfeld am gegenüberliegenden Ufer des großen Schweriner Sees in ländlicher Zurückgezogenheit, die heißen Sommerwochen wurden in Heiligendamm bei

Doberan, dem idyllisch gelegenen kleinen Seebade, verbracht. Bis an das brausende Meer heran stand hier der dichte Buchenwald, dem man nur so viel Raum abgerungen hatte, um einige kleine Landhäuser für die Badegäste bauen zu können.

Wie liebte ich diesen stillen Fleck Erde! Aber wie oft ärgerte ich mich später auch darüber, als Berliner Eleganz, Musik und Tanz und sonstiger moderner Zeitvertreib in die harmonische Stille dieser Waldidylle rücksichtslos eindrangen. Dazu gehörte auch das mich empörende unheilige Morden im sogenannten Taubenschießen; ich sammelte die gemordeten und schickte sie dem Krankenhaus in Rostock. In früheren Jahren war Doberan fast ausschließlich von Einheimischen besucht. In Viererzügen kamen sie angefahren, die Packwagen hochaufgetürmt mit Kisten, Betten und Koffern. Später zog sich der einheimische Adel mehr und mehr zurück vor der Hochflut fremder Gäste, die aus aller Herren Ländern sich einfanden. Dadurch verlor der Heilige Damm den ehemaligen intimen Charakter und den Reiz seiner vornehmen Stille. Heute bietet er ein anderes Bild; keine Viere lang, keine koffer- und bettenbeladene Wagen mehr — aber Eisenbahn, Autos und Berliner Kanaanssöhne und -töchter!

Der Hof führte am Heiligen Damm keine eigene Küche; er pilgerte tagtäglich von seinen entzückend gelegenen Villen nach dem Kursaal und saß an der Table d'hôte wie alle anderen Sterblichen. Man lebte einfach; abends gab es Krabben, rote Grütze, Koteletten und Eierkuchen. Auch Kaiser Wilhelm war ein häufiger Besucher am Heiligen Damm. Öfters kamen auch gute Freunde und Bekannte von mir aus früheren Tagen von Berlin herüber; sie waren nicht allemal Schwärmer für Meer und Wald wie ich, sondern widmeten ihre Schwärmerei mehr der am Heiligen Strand lustwandelnden Damenwelt.

V
Aus der Welt des Bürgertums

Henriette Herz, geborene de Lemos,
die „Königin des Salons“

Ihr Salon war Treffpunkt des geistigen Berlins: Henriette Herz

Die am 5. September 1764 in Berlin geborene Tochter des jüdischen Arztes Benjamin de Lemos war „eine durch seltene Schönheit und hohe Geistesbildung sowie durch ihre persönlichen Beziehungen zu den namhaftesten Männern ihrer Zeit ausgezeichnete Frau", wie ein altes Lexikon anmerkt. Henriette Herz heiratet im Jahr 1779 mit fünfzehn Jahren den renommierten Arzt Professor Markus Herz, der ihre Entwicklung zu einer geistreichen und gebildeten Frau unterstützt. Als ihr Mann 1803 stirbt, bleibt Henriettes Haus dennoch weiter Treffpunkt des geistigen Berlins. So verkehren bei ihr die Humboldts, Friedrich und August Wilhelm von Schlegel, Varnhagen von Ense, Fichte, Rahel Levin (spätere Varnhagen) und andere; ihre beste Freundin ist Dorothea Veit, die Tochter von Moses Mendelssohn und spätere Gattin Friedrich von Schlegels. Nachdem ihre strenggläubige Mutter gestorben ist, tritt Henriette Herz 1817 zum Christentum über. In der Folgezeit wendet sie sich der Ausbildung junger Lehrerinnen zu und stiftet die daraus fließenden Einnahmen größtenteils für wohltätige Zwecke. Im Jahr 1845 verhilft ihr dann Alexander von Humboldt zu einer königlichen Pension, die sie finanziell unabhängig macht. Henriette Herz ist am 22. Oktober 1847 in Berlin gestorben.

In ihrer Person sehen wir ein Beispiel für das gebildete Bürgertum, wie es sich in jener Zeit in bewußter Absetzung gegen den Adel herausgebildet und bei dem nicht mehr die Etikette im Vordergrund steht, sondern die vielseitig interessierte Beschäftigung mit allen geistigen Bereichen in aufgeklärtem Sinne.

Über die Anfänge einer individuellen „Lesekultur" in Deutschland weiß Henriette Herz zu berichten:

In meiner Jugendzeit wurde viel mehr gemeinschaftlich gelesen als jetzt. Teils kaufte man damals noch weniger schönwissenschaftliche Bücher, während es doch in Berlin zu jener Zeit nur eine irgend wohlversehene Leihbibliothek gab, die Viewegsche in der Spandauer Straße, teils bezweckte man, sich über das Gelesene gegenseitig zu verständigen. Wie es denn überhaupt hinsichtlich der Mittel, welche man ergriff, um sich zu bilden, und die Art, auf welche jeder im geselligen Verkehr sein Wissen anderen mitteilte, anders stand als jetzt. Einmal schon sprach man unbefangen und rückhaltlos aus, man habe das Bestreben, sich zu bilden, ein Wort, welches jetzt beinah lächerlich geworden ist. Weil man aber die Absicht und das Verlangen danach aussprach, fanden sich sehr tüchtige Männer, und später, als die Pedanterei schon mehr einer freieren Bewegung Platz gemacht hatte, selbst berühmte Gelehrte, welche es nicht unter ihrer Würde hielten, den so Strebenden ihr Bestes mitzuteilen. Oft trugen sie in geselligen und sehr gemischten Kreisen vor, was unsere heutigen Gelehrten vielleicht nur Studierenden und Studierten vorzutragen der Mühe wert achten würden. Ebenso vereinigten sich sogar Gelehrte aller Fächer, Philologen, Philosophen, Theologen, Juristen usw. mit Frauen und Männern, welche an Wissen und Urteil weit unter ihnen standen, um sich miteinander an Erzeugnissen der schönen Literatur zu erfreuen, welche man sich wie gesagt zu diesem Zwecke vorlas.

Eine Möglichkeit, sich Bildung und Wissen aus Büchern und Zeitungen, die sehr teuer und nicht für jedermann in unbegrenzter Anzahl erschwinglich waren, zu verschaffen, stellten die sogenannten Lesegesellschaften dar.

Eine der frühesten Lesegesellschaften, deren ich mich erinnere, war die, welche sich wöchentlich im Hause meiner ein Jahr früher als ich verheirateten Freundin Dorothea Veit, der Tochter Mendelssohns, später Friedrich Schlegels Gattin, versammelte. Zu ihr gehörten außer dieser Freundin und mir unter anderen mein Mann, Moritz, David Friedländer und eine zweite Tochter Mendelssohns. Gewöhnlich wurde Dramatisches gelesen, und ich darf sagen, gut. Mendelssohn war uns ein fleißiger und aufmerksamer Zuhörer. Aber wie schlichen wir auch um ihn herum, um ein Wort des Urteils von ihm zu hören! War es gar ein beifälliges, wie glücklich waren wir! –

Etwas später, etwa um das Jahr 1785, bildete sich eine Lesegesellschaft, an welcher die ausgezeichnetsten Männer Berlins von den verschiedensten Fächern und Altern teilnahmen. Ich will unter ihnen nur Engel, den stets alten und etwas pedantischen Ramler, Moritz, Teller, Zöllner, Dohm, den Juristen Klein und meinen Mann nennen. Auch die weiblichen Mitglieder ihrer Familien gehörten ihr an. Außerdem aber auch die beiden sechzehn- bis achtzehnjährigen Brüder Wilhelm und Alexander von Humboldt, damals schon von feiner Sitte, lebendig, geistreich, kurz, durchaus liebenswürdig, und von umfassendem Wissen. Sie waren zu jener Zeit schon in unser Haus eingeführt, und so konnte es denn bei ihrem Interesse für alles Schöne, welchem sich später wohl auch einiges für die Schönen unserer Gesellschaft beimischte, nicht fehlen, daß sie dieser angehörten.

Die Versammlungen fanden stets bei dem Kastellan des Königlichen Schlosses, Hofrat Bauer, statt, dessen Frau ihrer Zeit den Anspruch machte, ein bel-esprit zu sein, und zwar im Winter im Schlosse, im Sommer in einem Garten, welchen Bauer vor dem Königstor besaß. Gelesen wurde jedesmal. Kleinere und größere Aufsätze, lyrische und epische Dichtungen, Dramatisches usw. wechselten ab, und sowohl Männer als Frauen lasen vor. Aber im Winter tanzten wir Jüngeren nach dem frugalen Abendessen, und ich erinnere mich, daß Alexander von Humboldt mich an einem jener Abende die damals noch neue Menuet à la Reine lehrte, und im Sommer spielten wir allerlei gesellige Spiele im Freien, bei welchen sich jedoch oft auch die Älteren beteiligten, schlugen Ball usw. Diese Allotria wurden freilich stets nur zu großer Unzufriedenheit der Frau Bauer getrieben, welcher nie genug gelesen werden konnte.

Engel präsidierte gewissermaßen in dieser Lesegesellschaft. Er führte die Irrenden auf den richtigen Pfad, und zwar im Winter von einem Platze hinter dem Ofen aus, welchen er stets einnahm, wann er nicht las. (...)

So lebten wir ein ganzes Jahr auf hochvergnügliche Weise miteinander, von manchem geistigen Nutzen für alle. Der Eindruck, den ich auf Wilhelm gemacht, entging mir nicht, auch schrieben wir einander — ich ihm sehr ruhig, denn ich war es, er mir weniger so, doch wäre es nicht zur Leidenschaft in ihm gekommen, wäre ich zurückhaltender gewesen, so wie überhaupt weder irgendeine Art von Verhältnis noch auch, was man den Hof machen nennt, stattfinden kann, wenn die Frau nicht entweder darin eingeht oder doch geschehn läßt, was sie nicht sollte geschehn lassen. Jede Frau hat es in ihrer Gewalt, den sich ihr nähernden Mann, auf wie feine, geistige Weise er es auch tue, von sich entfernt zu halten, denn sieht er, daß es ihr wahrer Ernst ist, daß er fernbleibe, so bleibt er es auch, und die entstehende Neigung oder auch Leidenschaft geht in sich selbst zurück, und — hiermit habe ich mir mein Urteil gesprochen, denn meine Eitelkeit allein war schuld, daß so viele Männer aller Arten und aller Stände mir den Hof machten und in heftige Leidenschaft entbrannten.

Etwas später bildete sich ein sogenanntes „Teekränzchen", in welchem jedoch ebenfalls öfter gelesen wurde und an welchem unter anderen G. v. Brinckmann, Graf Christian Bernstorff, Ancillon, Gentz und Leuchsenring teilnahmen, welches jedoch auch von solchen Freunden, die sich in Berlin damals nur zeitweise aufhielten, wie zum Beispiel von Dohm und Karl La Roche, bei ihrer Anwesenheit hier stets besucht wurde.

Die sich neu herausbildende bürgerliche Kultur und Geselligkeit ging in Berlin vom jüdischen Bürgertum aus. Warum das so war und wie das vor sich ging, erklärt Henriette Herz so:

Mit Moses Mendelssohn war das Streben, sich deutsche Bildung und Gesittung anzueignen, in den Juden Berlins, und namentlich in der jüngeren Generation, erwacht. Die Männer wendeten sich, durch ihn angeregt, philosophischen Studien zu. Aus diesen Bestrebungen gingen allerdings sowohl philosophisch gebildete Männer, wie zum Beispiel David Friedländer, als tüchtige Philosophen von Fach, wie Salomon Maimon, Bendavid und andere, hervor. Da jedoch die Philosophie von ihren Jüngern wissenschaftliche Vorbildung, geistige Tiefe und bedeutende Opfer an Zeit fordert, die meisten damaligen Juden aber Kaufleute waren und ihren Handelsgeschäften mit Eifer oblagen, so ist es begreiflich, daß ein Teil bald von diesem Studium gänzlich abließ, ein anderer es doch sehr dilettantisch betrieb. Die Frauen wendeten sich, teils durch Mendelssohn persönlich, teils durch seine Aufsätze in den „Briefen, die neueste Literatur betreffend“ und in der „Allgemeinen Deutschen Bibliothek“ veranlaßt, mit dem Feuer, mit welchem lebhafte Naturen ihnen bis dahin gänzlich Unbekanntes erfassen, der schönen Literatur zu. Ihnen standen natürlich in diesen Bestrebungen viel weniger Hindernisse entgegen als den Männern in ihren philosophischen. Die größten waren diejenigen, welche manchen von ihnen durch ihre Eltern entgegengesetzt wurden. Denn diese sahen nicht nur in einer deutschen Bildung zugleich eine auf christlichem Boden ruhende, sondern waren auch jeder Beschäftigung ihrer Kinder abhold, welche diese, ohne einem äußeren Berufe zu dienen, von dem Kreise und den Interessen der bis dahin patriarchalisch gestalteten Familie abziehen konnte. Aber der Widerstand wurde nur zu einer neuen Anregung. Die reicheren Juden, schon durch ausgebreitete Geschäftsbeziehungen in manchen Berührungen mit Christen, waren in dieser Hinsicht die nachsichtigsten. (...)

Da nun manche der jungen Ehepaare ihr Haus den beiderseitigen Bekannten eröffneten, so wurde dies Gelegenheit, den Geist, welcher sich durch die Beschäftigung der Frauen mit der Literatur, ihre Unterhaltung darüber und die Ideen, welche sich durch beide in ihnen erzeugten, gebildet hatte, zur Kunde und Teilnahme weiterer Kreise zu bringen. Und dieser Geist war in der Tat ein eigentümlicher. Er war allerdings einerseits aus der Literatur der neueren Völker hervorgegangen, aber die Saat war auf einen ganz ursprünglichen, jungfräulichen Boden gefallen. Hier fehlte jede Vermittelung durch eine Tradition, durch eine von Geschlecht zu Geschlecht sich fortpflanzende, mit dem Geist und dem Wissen der Zeit Schritt haltende Bildung; aber auch jedes aus einem solchen Bildungsgange erwachsene Vorurteil.

Einer solchen Natur dieses Geistes und dem Bewußtsein derselben in seinen Trägerinnen ist die Üppigkeit, der Übermut, ein sich Hinaussetzen über hergebrachte Formen in den Äußerungen desselben zuzuschreiben; aber er war unleugbar sehr originell, sehr kräftig, sehr pikant, sehr anregend und oft bei erstaunenswerter Beweglichkeit von großer Tiefe. Die höchste Blüte desselben offenbarte sich etwas später in Rahel Levin. Sie war etwa sechs Jahre jünger als ich und die meisten meiner Freundinnen, aber die Wärme ihres Geistes und Herzens im Verein mit dem Unglück hatten sie früh gereift. Ich habe sie von ihrer ersten Kindheit an gekannt und weiß daher, wie früh sie die hohen Erwartungen rege machte, welche sie später erfüllte.

Von einem christlichen bürgerlichen Mittelstande, welcher andere geistige Interessen gehabt hätte als diejenigen, welche der äußere Beruf etwa anregte, war damals hier noch nicht die Rede. Es gab da viele ehrenwerte Familientugenden, aber jedenfalls noch mehr geistige Beschränktheit und Unbildung. Der höhere christliche Kaufmannsstand zählte nur noch wenige Mitglieder, und es stand bei ihm in geistiger Beziehung nicht viel anders. In den Häusern desselben wurden wohl große prächtige Gastmähler und Feste gegeben, die Töchter des Hauses wurden in dem verweichlichendsten Luxus erzogen, aber von Bildung ward nur der äußerlichste Firnis angestrebt. Von dem Beamtenstande war der niedere bei geringen Einkünften mit Amtsgeschäften überhäuft, die Not in den Büros und die Not im Hause, letztere durch die oft zahlreiche Familie verursacht, drückte jede etwa erstrebte geistige Erhebung sofort nieder. — Die hohen Zivil- und Militärbeamten teilten das Geschick des Hofes, welchem der bei weitem größte Teil durch adelige Geburt angehörte und welchem eine geistreiche und anregende Geselligkeit gänzlich abging.

Das letztere war erklärlich genug. In einem monarchischen Staate kann nur der gesellige Kreis des Herrschers den Mittelpunkt für die Geselligkeit des Hofes bilden. Und an einem solchen fehlte es eben unter der Regierung Friedrichs des Großen sowie unter der seines Nachfolgers. Den Umgang des ersteren bildete nur eine kleine Anzahl von Freunden, meist Franzosen. Wenige andere Personen, selbst vom Hofe, wurden zugezogen, und von einer aus Herren und Damen gemischten Gesellschaft war da nicht die Rede. Die Königin aber lebte getrennt von dem Könige in fast gänzlicher Zurückgezogenheit im Schlosse zu Schönhausen und kam nur mitunter zu Haupt- und Staatsaktio-

Schloß Schönhausen

nen nach Berlin. Unter seinem Nachfolger konnten die anderweiten Verbindungen des Königs der Gemahlin desselben wenig Veranlassung sein, ihren Sinn für Ruhe und Bequemlichkeit zu überwinden, die Kreise des Königs aber konnten eben jener Verbindungen halber nicht zu jenem Mittelpunkte werden.

War es aber zu verwundern, daß, inmitten solcher gesellschaftlichen Verhältnisse oder eigentlicher Mißverhältnisse eine geistreiche Geselligkeit sich bot, sie trotz der damals gegen die Juden herrschenden Vorurteile begierig von denjenigen ergriffen wurde, welche überhaupt auf dem Wege mündlichen Ideenaustausches geistige Förderung suchten? Nicht minder begreiflich aber ist es, daß es unter den Männern die jüngeren waren, welche sich zuerst diesen Kreisen näherten. Denn der Geist, welcher in diesen waltete, war der einer neuen Zeit, und nächst dem waren die Trägerinnen desselben durch eine Gunst des Zufalls zum Teil sehr schöne junge Mädchen und Frauen. Und ebenso lag es in den Verhältnissen, daß zuerst der strebende Teil der adeligen Jugend sich anschloß, denn der Adel stand in der bürgerlichen Gesellschaft den Juden zu fern, um selbst, indem er sich unter sie mischte, als ihresgleichen zu erscheinen.

Freilich aber änderten sich innerhalb unseres Kreises die Verhältnisse früh genug. Der Geist ist ein gewaltiger Gleichmacher, und die Liebe, welche hin und wieder auch nicht unterließ, sich einzumischen, wandelte oft den Stolz gar in Demut. Höfisches Wesen vollends hätte sich hier, wo Zwanglosigkeit eine Lebensbedingung war, bald der Satire ausgesetzt gesehen. Sie richtete sich ohnedies schon gegen die ganze Klasse des Hofadels mit seinem kalten steifen Formenwesen.

Gebildete Kaufmannstochter, geschätzte Gastgeberin, geprüfte Mutter eines schwierigen Philosophen: Johanna Schopenhauer

Als Tochter des reichen Handelsherren Trosiener am 9. Juli 1766 in Danzig geboren, erfährt Johanna Schopenhauer in ihrer Kindheit eine umfassende schulische Bildung. Als sie jedoch den Wunsch äußert, Malerin zu werden, wird ihr dies verweigert, sie soll sich statt dessen standesgemäß verheiraten. So geht sie 1785 mit dem viel älteren Heinrich Floris Schopenhauer, gleichfalls Kaufmann, die Ehe ein. Drei Jahre später wird ihr Sohn Arthur, der später berühmte Philosoph, geboren. Anläßlich der Zweiten Teilung Polens im Jahr 1793 wird Danzig von den Preußen besetzt, und die Familie flüchtet nach Hamburg. Dort kommt 1797 Johannas Tochter Adele auf die Welt. In den folgenden Jahren unternimmt sie mit ihrem Mann mehrere große Reisen, so 1803–05 u. a. nach Frankreich, England, Schottland, der Schweiz und Österreich. Kurz darauf begeht ihr Mann Selbstmord. Johanna beschließt, das Geschäft nicht weiterzuführen, sondern übersiedelt im Frühjahr 1806 mit ihrer Tochter nach Weimar, wo sie alles daransetzt, sich einen weithin geschätzten Salon aufzubauen. Das gelingt ihr, als sich Goethe als permanenter Gast einstellt und so Freunde und Bewunderer nachzieht. Um die Wende 1813/14 kommt es zum Bruch mit dem zu Besuch weilenden Sohn Arthur, der befürchtet, seine Mutter könnte ihr ganzes Vermögen ausgeben und nochmals heiraten. In jene Jahre fällt der Beginn ihrer schriftstellerischen Karriere mit der Veröffentlichung ihrer Reiseschilderungen. Als 1819 ihr Vermögensverwalter in Danzig bankrott geht, wird für sie Schreiben zu einer Lebensnotwendigkeit. Sie veröffentlicht eine ganze Reihe von Romanen, die überwiegend Frauenschicksale behandeln. Als sie fürchtet, die Weimarer Gesellschaft könnte hinter ihre finanziellen Probleme kommen, übersiedelt sie 1829 an den Rhein, kehrt jedoch 1837 aus Sehnsucht nach der Landschaft nach Thüringen zurück, wo sie am 16. April 1838 in Jena stirbt.

Der berühmte Sohn hat Johanna Schopenhauer heute nahezu aus unserem Bewußtsein verdrängt; doch zu ihrer Zeit war sie eine allseits bekannte Frau, die vor allem mit ihrem Salon in Weimar aus ihrer großbürgerlichen Erziehung heraus einen Gegenpunkt zum Hofleben setzte.

In ihrer mit siebzig Jahren begonnenen Autobiographie beschreibt sie ihre Kindheit und Jugend in der reichen Handelsstadt Danzig.

Am fernen Strande der Ostsee, in der alt-ehrwürdigen, damals noch freien Reichsstadt Danzig, erblickte ich am neunten Juli des Jahres 1766 das Licht der Sonne zum ersten Mal. Ich kam an einem Posttage, deren es damals nur zwei, und nicht wie jetzt, sieben in der Woche gab, zur Welt, deshalb wollten Einige behaupten, meine Ankunft sei an diesem Tage meinem Vater nicht ganz bequem gewesen, weil sie in seinen Geschäften ihn störte; demohnerachtet erregte sie große Freude, um so mehr, da sie meinen Eltern für den Verlust ihres Erstgeborenen, eines Knaben, wenigstens einigen Ersatz bot. (...)

Christian Heinrich Trosiener, mein Vater, zählte sich zwar nicht zu den reichsten, aber doch zu den angesehenen und wohlhabenden Kaufleuten der großen Handelsstadt. Der in Rußland wurzelnde, damals sehr blühende Zweig seines Geschäftes, der jetzt ganz verdorrt ist, ließ keine Art von Sorge in ihm aufkommen.

In seinem Äußern hatte er etwas Imposantes, seine Amtskleidung auf dem Rathause, der faltenreiche, mit Sammet breit aufgeschlagene Mantel von schwerer schwarzer Seide, die lockenreiche, weißgepuderte Alongeperücke, die bis auf den Rücken herabreichte, gaben dem großen wohlgewachsenen Manne ein recht stattliches Ansehen. Für die damalige Zeit hatte er bedeutende Reisen gemacht, war in Warschau, Petersburg und Moskau gewesen, hatte in Frankreich, besonders in Lyon, mehrere Jahre zugebracht, und nicht nur die Sprachen dieser verschiedenen Länder, sondern auch eine gewisse geistige und körperliche Gewandtheit sich angeeignet, durch die er auch in seiner äußeren Erscheinung sich vorteilhaft auszeichnete. (...)

Zur rührigen Hausfrau, in dem Sinne der damaligen Zeit, eignete meine Mutter ihrer Natur nach sich wenig, auch war mein Vater keineswegs gesinnt, dieses von ihr zu verlangen; er war völlig damit zufrieden, daß sie die Oberaufsicht über ihr Hauswesen recht verständig zu führen verstand. Übrigens war sie an ihrem Nähtisch vom Morgen bis zum Abend für sich und die Ihrigen beschäftigt; das alte Sprichwort: was ihre Augen sehen, wissen ihre Hände zu machen, galt im vollsten Maße von ihr.

In Hinsicht auf das, was in unsern Tagen von Frauen und Mädchen gefordert wird, war freilich die Erziehung meiner Mutter nicht minder vernachlässigt worden, als die der Mehrzahl ihrer Zeitgenossen. Ein Paar Polonaisen, ein Paar Murkis auf dem Klavier, ein Paar Lieder, bei denen sie selbst sich zu akkompagnieren wußte, Lesen und Schreiben für den Hausbedarf, das war so ziemlich alles, was man sie gelehrt hatte. Doch Mutterwitz, natürlicher Verstand und jene rege, den meisten Frauen eigne Auffassungsgabe entschädigten sie für den Mangel an erworbenen Kenntnissen. (...)

Auch an die damalige Mode kann sich Johanna Schopenhauer noch gut erinnern:

Die Kleidung der Männer war von der jetzigen himmelweit verschieden, junge Elegants fingen allmählich an, den Perücken den Abschied zu geben und ihr eigenes, gepudertes Haar, en aile de pigeon frisiert, zu tragen. Die Haarbeutel blieben indessen, nur in etwas kleineren Dimensionen, und ohne Postillons d'amour. Pantalons, Gilets und Fracks waren noch nicht erfunden. Die Röcke hatten beinahe den Schnitt der jetzigen Hofkleider, man trug sie in allen Farben, sogar weiße mit reichen Stickereien in Gold oder bunter Seide, und dazu passende, gestickte seidene Westen. Ältere Männer, wie zum Beispiel mein Vater, trugen auch wohl Röcke von dunkelfarbigem Samt, bei einer Weste von Gold-Glacé, und sahen recht stattlich und anständig in dieser Kleidung aus. Manschetten und Jabots von Brüsseler Spitzen waren im Putz unerläßlich; vor allem aber, bei Alt und Jung, der Degen, ohne welchen einige Jahre früher niemand, zu der höheren Bürgerklasse gehörend, sich auf der Straße gezeigt hätte.

Mein Vater und seine Zeitgenossen bedauerten noch immer, daß die Herren nicht mehr, wie noch vor kurzem, an der Börse Degen trugen, um dadurch von ihren Gehülfen sich zu unterscheiden. Um keinen Preis wäre er in Gesellschaft, in Konzert oder auf den Ball ohne ein solches unschuldiges Mordgewehr erschienen, und manche Träne habe ich heimlich vergossen, wenn Adam es verlegt hatte, der Wagen vor der Tür hielt und ich über dem Suchen danach die schönste Anglaise versäumen mußte.

Stiefel wurden nur bei üblem Wetter getragen, selbst die ältesten Männer gingen täglich, ohne Besorgnis sich zu erkälten, in Schuhen und seidenen Strümpfen einher; in einer Gesellschaft, wo Damen zugegen waren, in Stiefeln zu erscheinen, wäre höchst ungezogen gewesen. So wollte es damals die unter dem höheren Bürgerstande allgemein herrschende Etiquette, welche besonders, wenngleich auf andere Weise, auch den Frauen manchen Zwang auferlegte. Ohne von einem Bedienten oder in dessen Ermangelung von ihrem Jungfermädchen sich folgen zu lassen, hätte keine Frau aus den höheren Ständen auch nur den kleinsten Weg über die Straße zurückgelegt; keine ging in die Läden, um ihre Einkäufe selbst zu besorgen, die Kaufleute waren darauf eingerichtet, die verlangten Waren zur Auswahl in die Häuser zu schicken. An öffentlichen Orten, auf der Promenade oder im Theater ohne männliche Begleitung zu erscheinen, galt für unschicklich; da aber die Männer nicht minder als jetzt mit Geschäften überladen, Brüder und Vettern aber nicht immer zur Hand waren, so mag diese strenge Sitte zu der häuslichen Lebensweise der Frauen nicht wenig beigetragen haben.

Ergötzlich aber war es anzusehen, wie die Phantasie der Mütter bei der äußern Erscheinung ihrer Söhne freien Spielraum sich vorbehielt. Die Mädchen wurden mit einiger Abänderung nach der eben herrschenden Mode gekleidet, aber die Knaben liefen bis in das sechste oder siebente Jahr fast karnevalsartig geputzt einher, weil man die Kleidung ihrer Väter zu solchen Modifikationen nicht herleihen wollte.

Die polnische Nationaltracht war die gewöhnlichste, und auch für die Knaben die bequemste, sobald man nur nicht auf den Einfall geriet, sechsjährige Bübchen zu Starosten umformen zu wollen. Aber da gab es auch noch Duodez-Husärchen, Chineserchen, Ungarn, Tyroler. Zwei meiner Vettern zeichneten, der eine als holländischer Matrose, der andere als Großsultan sich aus; letzterer war mit allem Zubehör ausstaffiert, mit Säbel, Turban, Reiherbusch, sogar mit einem mit blitzenden Steinen und Gold ausgelegten hölzernen Dolch, den er im Gürtel trug.

In andern Städten wurde dieser wunderliche Gebrauch vielleicht noch weiter getrieben, denn eine Berliner Dame, welche meine Mutter besuchte, brachte uns sogar einen allerliebst-niedlichen Hamlet von fünf Jahren in vollem Theaterkostüm zum Spielgesellen mit. (...)

Bedeutend früher als heutzutage üblich ging Johanna bereits zur „Schule“:

Kaum hatte ich das dritte Jahr meines Lebens zurückgelegt, als ich schon täglich zweimal, vormittags und nachmittags, in eine kaum zweihundert Schritt von meinem elterlichen Hause entfernte Schule auf ein paar Stunden geschickt wurde.

Stillsitzen lernen war alles, was fürs erste von mir gefordert wurde; anfangs protestierte ich sehr laut gegen diese Zumutung, doch niemand kehrte sich daran. Ich mußte den sauren Weg zur Schule gehen und ging schon am zweiten Tag ihn gern, denn außer mir waren noch zwanzig Kinder aus der Nachbarschaft,

Knaben und Mädchen, zu dem nämlichen Zweck dort versammelt, von dem ich aber nicht rühmen kann, daß er dadurch sonderlich gefördert worden wäre.

Die düstere Schulstube, mit ihren getäfelten Wänden von durch die Zeit gebräuntem Eichenholz, in der wir dennoch so fröhliche Stunden verlebten, das große, aus mehr als hundert kleinen runden Scheiben zusammengesetzte Fenster stehen noch sehr lebhaft in meiner Erinnerung. In der Ecke dieses Fensters thronte in ihrem geräumigen Sorgstuhl eine uralte Frau mit schneeweißem Haar, in etwas fremdartiger, sehr sauberer, aber einfacher Tracht.

Das Alter hatte ihr Auge mit einem immer dichter werdenden Schleier umwoben, doch ihren heitern Sinn nicht zu umdunkeln vermocht. Deutsch sprach sie wenig und ungern, sie war eine geborne Französin und hatte, als Hugenottin, ihres Glaubens wegen, aus ihrem schönen Vaterlande flüchtig werden müssen, aber sowohl die Tracht, als Sitten und Sprache des französischen Bürgerstandes beibehalten. Ihr Alter und ihr schwaches Gesicht erlaubten ihr nicht, ihren beiden, auch schon ziemlich bejahrten Töchtern in Leitung der Schule beizustehen, aber sie war doch gern mitten unter den Kindern.

Mich hatte sie zu ihrem Liebling erkoren, ich durfte dicht zu ihr hinflüchten, wenn das Getobe der wilden Knaben mir zu arg wurde. Dann nahm sie mich auf den Schoß und sagte allerlei leichte französische Worte und Redensarten mir vor, die ich zu ihrem großen Vergnügen wie ein gelehriger Papagei nachplapperte und zuletzt auch wirklich verstehen lernte.

Der Name dieser Frau wird in der Kunstgeschichte unsrer Tage nie untergehen, denn sie war die Mutter des in seinem Fach bis jetzt noch unerreichten Chodowiecki. (...)

Dann beginnt ein ernsthafter Schulunterricht, den Johanna durch Privatlehrer und Bekannte der Familie erhält.

Doch was sollte, was konnte nun an die Stelle derselben treten? Jameson (ein mit der Familie befreundeter Prediger) vertändelte manche Abendstunde mit mir, aber Wunderkinder waren ihm ein Gräul, und ich war noch so jung! Let the little victims play, sprach er freundlich, wenn meine Mutter schalt, weil ich mit meiner damals noch nicht vierjährigen Schwester Lotte es zu arg trieb. Weder meine Mutter noch ich verstanden diese Worte; als ich englisch gelernt hatte, verstand ich sie wohl, aber die eigentlich tiefe, ernste Bedeutung derselben haben erst viel später Leben und Welt mich erkennen gelehrt.

Kandidat Kuschel, so hieß mein neuer Lehrer, war der Sohn eines nicht bemittelten, aber sehr rechtlichen Handwerkers. Der Vater war gestorben, der zweite Sohn noch zu jung, um dem Gewerbe desselben gehörig vorstehen zu können; die Sorge für die alternde Mutter fiel zum großen Teil dem älteren zu, der seinen mit Unterricht außer dem Hause gewonnenen Erwerb freudig zu ihrer Pflege verwandte.

Des Himmels Segen ruhte darauf; sein einfaches, anspruchsloses Betragen, gleich entfernt von kriechender Demut und hochfahrendem Wesen, erwarb ihm allgemeine Achtung, seine Milde und Herzensgüte die Liebe seiner Schüler. Sein Lehrtalent wurde von jedermann als ausgezeichnet anerkannt, und der Tag hätte aus noch einmal so vielen Stunden bestehen mögen, es hätte nur von ihm abgehangen, sie alle zu besetzen; er begnügte sich damit, zu leisten, was menschliche Kräfte vermögen. (...)

Jameson sah, mit welcher Leichtigkeit und welchem Vergnügen ich auffaßte, was man mich lehrte, und hatte große Freude daran. Selten ließ er jetzt einen Tag vergehen, ohne mich mit zu sich zu nehmen; sein ganzer Hausstand wurde dann zu meiner Unterhaltung in Bewegung gesetzt. Sein großer pechschwarzer Kater, Tamerlan, und sein kleines schneeweißes Hündchen, Frei geheißen, machten ihre besten Künste mir vor; Jungfer Konkordia, die alte Haushälterin, fütterte mich mit Bonbons und schälte mir Apfelsinen; er selbst ergötzte mich unendlich durch allerlei artige Zauberkünste, die er mit Hülfe einer außerordentlich zierlichen Elektrisiermaschine hervorbrachte, oder erzählte mir Märchen und allerlei Merkwürdiges von Tieren und Pflanzen und fremden Ländern. Dabei lernte ich nach und nach Englisch, fast ohne es gewahr zu werden; ich lernte es wie meine Muttersprache, fürs erste nur plaudern, dann aber auch lesen und schreiben.

Ein Mädchen und Englisch lernen! Wozu in aller Welt sollte das ihr nützen? Die Frage wurde täglich von Freunden und Verwandten wiederholt, denn die Sache war damals in Danzig etwas Unerhörtes. Ich fing am Ende an, mich meiner Kenntnis der englischen Sprache zu schämen und schlug deshalb einige Jahre später es standhaft aus, auch Griechisch zu lernen, so sehr ich es innerlich wünschte und so freundlich auch Jameson deshalb in mich drang.

Über die Anfangszeit ihres Salons in Weimar schreibt Johanna Schopenhauer rund dreißig Jahre später ihrem Sohn Arthur:

Weimar, den 28. November 1806 ... Der Zirkel, der sich sonntags und donnerstags um mich versammelt, hat wohl in Deutschland und nirgends seinesgleichen; könnte ich Dich doch nur einmal herzaubern! Goethe fühlt sich wohl bei mir und kommt recht oft. Ich habe einen eigenen Tisch mit Zeichenmaterialien für ihn in eine Ecke gestellt. Diese Idee hat mir sein Freund Meyer angegeben. Wenn er dann Lust hat, so setzt er sich hin und tuscht aus dem Kopfe kleine Landschaften, leicht hingeworfen, nur skizziert, aber lebend und wahr wie er selbst und alles, was er macht. Welch ein Wesen ist dieser Goethe! wie groß und wie gut! Da ich nie weiß, ob er kommt, so erschrecke ich jedesmal, wenn er ins Zimmer tritt; es ist, als ob er eine höhere Natur als alle übrigen wäre; denn ich sehe deutlich, daß er denselben Eindruck auf alle übrigen macht, die ihn doch weit länger kennen und ihm zum Teil auch weit näher stehen als ich.

Er selbst ist immer ein wenig stumm und auf eine Art verlegen, wenn er kommt, bis er die Gesellschaft recht angesehen hat, um zu wissen, wer da ist. Er setzt sich dann immer dicht neben mir, etwas zurück, so daß er sich auf die Lehne von meinem Stuhle stützen kann; ich fange dann zuerst ein Gespräch mit ihm an, dann wird er lebendig und unbeschreiblich liebenswürdig. Er ist das vollkommenste Wesen, das ich kenne, sehr sorgfältig gekleidet, immer schwarz oder ganz dunkelblau, die Haare recht geschmackvoll frisiert und gepudert, wie es seinem Alter ziemt, und ein gar prächtiges Gesicht mit zwei klaren braunen Augen, die mild und durchdringend zugleich sind. Wenn er spricht, verschönert er sich unglaublich; ich kann ihn dann nicht genug ansehen. Er spricht von allem mit, erzählt immer zwischendurch kleine Anekdoten, drückt niemand durch seine Größe. Er ist anspruchslos wie ein Kind; es ist unmöglich, nicht Zutrauen zu ihm zu fassen, wenn er mit einem spricht, und doch imponiert er allen, ohne es zu wollen. Letztens trug ich ihm seine Tasse Tee zu, wie das in Hamburg gebräuchlich ist, daß sie nicht kalt würde, und er küßte mir die Hand; in meinem Leben habe ich mich nicht so beschämt gefühlt; auch alle, die in der Nähe waren, sahen mit einer Art Erstaunen zu. Es ist wahr, er sieht so königlich aus, daß bei ihm die gemeinste Höflichkeit wie Herablassung erscheint, und er selbst scheint das gar nicht zu wissen, sondern geht so hin in seiner stillen Herrlichkeit wie die Sonne. — Dann ist immer Meyer und Fernow da, beide auch gar interessant, jeder anders ... Dann kommen die Bertuchs, Dr. Schütze, ein sehr mittelmäßiger Dichter, aber sonst sehr gescheit, Dr. Riemer, der bei Goethe im Hause ist, auch ein sehr gebildeter guter Kopf. Das sind die Hauptpersonen, meine gute Ludecus nicht zu vergessen, die unter dem Namen Amalie Berg manchen recht hübschen Roman geschrieben hat, und noch verschiedene Nebenpersonen, die anderswo Hauptpersonen wären. Um halb sechs versammeln sie sich. Wir trinken Tee, plaudern; neue Journale, Zeichnungen, Musikalien werden herbeigeschafft, besehen, belacht, gerühmt, wie es kommt. Alle, die was Neues haben, bringen es mit; die Bardua zeichnet irgendeinen als Karikatur, Goethe sitzt an seinem Tischchen, zeichnet und spricht. Die junge Welt musiziert im Nebenzimmer; wer nicht Lust hat, hört nicht hin. So wird's neune, und alles geht auseinander und nimmt sich vor, nächstens wiederzukommen ...

Wieland ist 73 Jahre alt, lebhaft genug für sein Alter. Er bat auch zu mir kommen zu dürfen. Bei schlechtem Wetter geht er nicht aus; daher ist er noch nicht gekommen, und da er ohne Spiel nicht leben kann, so wird er bei mir seine Rechnung nicht finden; denn in meinem Zirkel spielt niemand. Auch weicht er Goethen sehr an Interesse. Er trägt ein schwarzes Käppchen wie ein Abbé; das gibt ihm bei seinem weißen Haar etwas Würdiges. Er hat eine französische Physiognomie und kann nie gut ausgesehen haben; jetzt ist er, besonders ohne Brille, ziemlich häßlich. Er war gar freundlich und aufmerksam gegen mich und schien viel von mir gehört zu haben ...

Wie gespannt das Verhältnis zwischen Arthur und seiner Mutter ist, das 1814 endgültig in die Brüche geht, enthüllt folgender Brief:

Weimar, den 13. Dezember 1807 (...) Von allen Gründen, die Dich bestimmten, Weimar zu wählen, sehe ich nur den einen, daß Du gern hier sein wolltest. Du bist in Weimar nicht mehr als anderswo bis jetzt zu Hause; ob Du es mit der Zeit sein wirst, werden wir sehen, ich lasse Dich eben gewähren, wie ich immer getan habe ...

Nun zu Deinem Verhältnisse hier gegen mich, und da dünkt mir es am besten, ich sage Dir gleich ohne Umschweife, was ich wünsche und wie es mir ums Herz ist, damit wir einander gleich verstehen. Daß ich Dich recht lieb habe, daran zweifelst Du nicht, ich habe es Dir bewiesen, solange ich lebe. Es ist zu meinem Glücke notwendig zu wissen, daß Du glücklich bist, aber nicht ein Zeuge davon zu sein. Ich habe Dir immer gesagt, es

wäre sehr schwer, mit Dir zu leben, und je näher ich Dich betrachte, desto mehr scheint diese Schwierigkeit, für micht wenigstens, zuzunehmen. Ich verhehle es Dir nicht: solange Du bist, wie Du bist, würde ich jedes Opfer eher bringen als mich dazu entschließen. Ich verkenne Dein Gutes nicht, auch liegt das, was mich von Dir zurückscheucht, nicht in Deinem Gemüt, nicht in Deinem innern, aber in Deinem äußern Wesen, Deinen Ansichten, Deinen Urteilen, Deinen Gewohnheiten — kurz, ich kann mit Dir in nichts, was die Außenwelt angeht, übereinstimmen. Auch Dein Mißmut ist mir drückend und verstimmt meinen heitern Humor, ohne daß es Dir etwas hilft. Sieh, lieber Arthur, Du bist nur auf Tage bei mir zum Besuch gewesen, und jedesmal gab es heftige Szenen um nichts und wieder nichts, und jedesmal atmete ich erst frei, wenn Du weg warst, weil Deine Gegenwart, Deine Klagen über unvermeidliche Dinge, Deine finstern Gesichter, Deine bizarren Urteile, die wie Orakelsprüche von Dir ausgesprochen werden, ohne daß man etwas dagegen einwenden dürfte, mich drückten und mehr noch der ewige Kampf in meinem Innern, mit dem ich alles, was ich dagegen einwenden möchte, gewaltsam niederdrückte, um nur nicht zu neuem Streit Anlaß zu geben. Ich lebe jetzt sehr ruhig, seit Jahr und Tag habe ich keinen unangenehmen Augenblick gehabt, den ich Dir nicht zu danken hätte. Ich bin still für mich, niemand widerspricht mir, ich widerspreche niemandem, kein lautes Wort hört man in meinem Haushalt, alles geht seinen einförmigen Gang, ich gehe den meinen, nirgends merkt man, wer befiehlt und wer gehorcht, jeder tut das Seine in Ruhe, und das Leben gleitet hin, ich weiß nicht wie. Dies ist mein eigentliches Dasein, und so muß es bleiben, wenn Dir die Ruhe und das Glück meiner noch übrigen Jahre lieb ist. Wenn Du älter wirst, lieber Arthur, und manches heller siehst, werden wir auch besser zueinander stimmen, und vielleicht verlebe ich dann meine besten Tage in Deinem Hause mit Deinen Kindern, wie es sich für eine alte Großmutter gehört. Bis dahin laß uns streben, daß die tausend kleinen Neckereien nicht unsere Gemüter erbittern und die Liebe daraus verjagen. Dazu gehört, daß wir wenig miteinander sind; denn obgleich wir bei jedem wichtigen Anlaß bald eins sind, so sind wir bei jedem andern desto uneiniger. Höre also, auf welchem Fuß ich mit Dir sein will. Du bist in Deinem Logis zu Hause; in meinem bist Du ein Gast, wie ich es etwa nach meiner Verheiratung im Hause meiner Eltern war, ein willkommener, lieber Gast, der immer freundlich empfangen wird, sich aber in keine häusliche Einrichtung mischt. Um diese bekümmerst Du Dich gar nicht — — ich dulde keine Einrede, weil es mich verdrießlich macht und nichts hilft — — an meinen Gesellschaftstagen kannst Du abends bei mir essen, wenn Du Dich dabei des leidigen Disputierens, das mich auch verdrießlich macht, wie auch alles Lamentierens über die dumme Welt und das menschliche Elend enthalten willst, weil mir das immer eine schlechte Nacht und üble Träume macht und ich gern gut schlafe.

Emanzipierte und engagierte Schriftstellerin: Fanny Lewald

Am 24. März 1811 in Königsberg in die sehr jüdisch-patriarchalisch denkende Familie Markus hineingeboren, ist Fanny Lewald (dieser Name wurde später vom Vater angenommen) das gleiche eintönige Leben wie anderen Bürgertöchtern bestimmt. Ein erster Riß zeichnet sich ab, als sie mit Siebzehn im Jahr 1828 zum Christentum übertritt. Reisen mit dem Vater und ein Aufenthalt bei der weltoffenen Familie ihrer Tante in Breslau 1832 bewirken bei der vielseitig interessierten jungen Frau ein übriges. Ihr Cousin August Lewald, Leiter der Zeitschrift ‚Europa', ermuntert sie 1841 zum Schreiben. Zwei Jahre später erscheint ihr erster Roman „Clementine". Doch erst 1844 kann sie sich von ihrer Familie lösen und zieht nach Berlin, wo sie vom Schreiben leben will. Auf einer Italienreise im gleichen Jahr lernt sie ihren späteren Mann, den Kritiker Adolf Stahr, kennen. Sie heiraten jedoch erst 1853, nachdem sich Stahr ein Jahr zuvor endlich von seiner Familie (Frau und fünf Kindern) getrennt hat. In den folgenden zwanzig Jahren entstehen die meisten ihrer Romane. Nach dem Tod ihres Mannes im Jahr 1876 zieht Fanny Lewald nach Dresden, wo sie am 5. August 1889 verstorben ist.

Mit den zahlreichen Romanen, die Fanny Lewald vornehmlich zum Broterwerb verfaßte, war sie zu Lebzeiten eine sehr bekannte und geschätzte Schriftstellerin.

Der erste wichtige Lebenseinschnitt war für Fanny Lewald der Übertritt zum Christentum. Über das Verhalten gegenüber Juden erzählt sie im folgenden:

Je älter ich geworden war, je mehr hatte ich es gemerkt, wie sorgfältig die Meinen, die Eltern und alle ihre Verwandten, es vermieden, davon zu sprechen, daß wir Juden wären. Einzelne, fremdklingende Worte, von denen ich wußte, daß es jüdische waren, wurden zwischen ihnen hie und da einmal als Verständigung gebraucht, wenn man uns Kindern eine Mitwissenschaft entziehen wollte, aber man sah es nicht gern, wenn wir diese Worte gehört hatten; in Gegenwart der Dienstboten oder fremder Personen bediente man sich ihrer nie, und allen den darauf bezüglichen Fragen wich man jetzt wie früher aus. In der Schule hingegen wurde es mir immer fühlbarer gemacht, daß ich nicht der Allgemeinheit angehörte. (...)

Wo sich in jener Zeit einzelne Juden oder jüdische Familien sehen ließen, rief man ihnen spottend in den Straßen nach. Gerüchte von Feindseligkeiten, welche in Süddeutschland gegen die Juden verübt worden waren, zirkulierten, wohin ich in der Familie kam, und wenn die Eltern sich auch hüteten, uns zu Hause etwas davon hören zu lassen, so sprach man bei den Tanten und Onkeln um so mehr und um so besorgter davon. Ich vernahm es, wie man in Frankfurt am Main und in Würzburg den Juden die Fenster eingeworfen und ihre Häuser geplündert haben sollte, wie angesehene Männer auf der Straße beschimpft und mißhandelt worden wären, und man war in großer Angst um die in Hamburg lebenden Geschwister meiner Mutter, weil dort der Judenhaß auch sehr groß und der Pöbel sehr roh sein sollte. Da solche Epochen der Verwirrung in den Geistern der Völker aber epidemisch sind und sich mitteilen, man weiß nicht wie, so waren auch unsere Dienstboten von der Kunde erreicht worden, und der Glaube, daß an irgendeinem Tage in Königsberg etwas Unerhörtes gegen die Juden unternommen werden würde, war aus der Kinderstube in mich gekommen. Mein Vater, meine Mutter versicherten, das sei Torheit, es wäre nichts von alledem wahr, was man fable, aber ich erfuhr doch, daß man in der Langgasse eines Abends einem reichen Kaufmann die Fenster eingeworfen habe, und daß dies wahr sein müsse, merkte ich daran, daß man uns Kinder abends nicht mehr, wie sonst, auf den Fenstertritten sitzen ließ, wenn wir bei meinen Tanten waren, die in der Langgasse wohnten und deren Wohnzimmer nach der Straße gelegen waren. (...)

In Königsberg aber ging die Epidemie der Judenverfolgung

ziemlich gelind vorüber. Es blieb bei den spottenden Nachrufen, und als man sich damit genug getan hatte, fand man sich von beiden Seiten äußerlich wieder zurecht. Es kehrte alles in das alte Gleis zurück, und auch wir lebten bis in das Jahr 1820 ganz in der alten Weise fort. Es kamen freilich nicht mehr so viel auswärtige Gäste in das Haus als in den ersten Jahren, deren ich mich zu erinnern wußte, aber im Hause blieb die alte reichliche Lebensweise sich gleich, und nur die Besorgnis um den ältesten Bruder meines Vaters, dessen Kränklichkeit zu einem Lungenleiden geworden war, beunruhigte die Familie.

Aus Breslau zurück, wo sie sich leidenschaftlich verliebte, hat Fanny Lewald Schwierigkeiten, sich in das bürgerliche Leben und ihre Rolle als brave Bürgerstochter hineinzufinden:

Bei uns im Hause nahm das Tun und Treiben den gewohnten Gang. Wir frühstückten in der Vorstube, unsere Eltern küßten uns zum guten Morgen, sie saßen am Fenster auf dem Fenstertritt, die vier kleinen Schwestern gingen, von dem Hausknecht begleitet, in die Schule, die Brüder in ihre Kollegien, der Vater an sein Geschäft, meine Schwester an die Besorgung der ersten Haushaltsgeschäfte. Und ich? Ich hatte auf der Welt Gottes nichts zu tun, ich hatte auch keinen Plan.

Endlich besann ich mich, daß ich mich in mein Zimmer hinaufbegeben könne, um mich neu einzurichten. Ich räumte die Bücher, welche man mir während der Reise geschenkt hatte, in das Schränkchen, vor dem meine Mutter so oft mit mir gekniet, als ich noch ein unordentliches Kind gewesen war, das sie mühsam zur Ordnung gewöhnt. „Unserer lieben Fanny von ihren Eltern zu ihrem achten Geburtstage“, stand darin auf einem angeklebten Blatte geschrieben. Welch’ eine Ewigkeit war das her, seit diesem achten Geburtstage! (...)

Ich war mit den paar Büchern bald an Ort und Stelle, ich ordnete meine Briefe, ich besah und durchstöberte alle Papiere in meinem Schreibtisch, ich las weinend die Breslauer Stammbuchblätter durch, brachte meine Kommode, den Kleiderschrank, den Nähtisch in Ordnung – nun war ich fertig und was nun?

Da kam es mit einem plötzlichen Entschlusse über mich, ich mußte vorwärts!

Müßiges Leiden habe ich nie ertragen können, und das Gefühl der schweren Undankbarkeit, deren ich mich gegen die Meinen schuldig machte, indem ich meine Heimkehr zu ihnen so unwürdig beging, brachte mich zur Besinnung. Sie waren ja völlig schuldlos an allem, was mich beschwerte; und was hatte ich denn zu ertragen im Vergleich zu Heinrich, der aus Liebe zu den Seinen einen weit schwereren Schmerz mit sich selber abmachte, und heiter und dankbar anerkannte, was ihm an Liebe entgegengebracht wurde? Ich wollte nicht geringer sein als er, ich wollte mit mir fertig werden, still für mich leiden, was ich nicht ändern konnte, und tun, was mir oblag.

Aber das war das Schlimme, es lag mir eben gar nichts ob! Nicht einmal die Wirtschaft hatte ich zu führen, wie bei meinem Austritt aus der Schule, denn ich sollte jetzt in den Haushaltsbesorgungen mit meiner Schwester Monat um Monat abwechseln und den ersten Monat noch in Freiheit genießen. Das war eine schlimme Freiheit für mich, und fast hätte ich mich nach meinem alten Stundenplan mit seinem strengen Reglement zurückgesehnt. (...)

Somit begann nun für mich jenes Leben, das die Mädchen in unseren bürgerlichen Familien fast überall führen: ich konnte tun, was ich wünschte, aber ich wußte nicht, was ich mit mir und mit meiner Zeit beginnen sollte.

Ich war im Vaterhause, hatte keine Nahrungssorge und keine notwendige Tätigkeit, außer den Näharbeiten für die Familie, an denen es natürlich bei einem Hausstande von achtzehn Personen niemals fehlte. Wir hatten einige Jahre vorher bei einer besonderen Lehrerin das Ausbessern und Feinstopfen erlernt, ich nähte auch nicht ungern, denn alle Menschen, die mit einem starken Tätigkeitstriebe begabt sind, gewinnen Freude an jeder Arbeit, bei welcher irgend etwas zustande kommt. Aber den ganzen Tag nur nähen und stricken und ausbessern, das konnte, sollte und wollte ich nicht. Mit meinen alten Umgangsgenossen fühlte ich mich eben in jenem Zeitpunkt nicht wie sonst verbunden, ich hatte also kein augenblickliches Interesse, das mich an sich zog, und so blieb mir denn nichts übrig, als ein Nachsinnen über dasjenige, was zu vergessen mir sehr nötig gewesen wäre, um mich gesund zu erhalten. (...)

In unserm häuslichen Leben und in unsern geselligen Verhältnissen waren inzwischen manche günstigen Veränderungen eingetreten. Meines Vaters Vermögenslage besserte sich fortdauernd. Wir hatten mit einigen Professoren-Familien, teils durch unsern Aufenthalt im Seebade, teils durch meine beiden studierenden Brüder näheren Umgang gewonnen, es waren uns auch ein paar geistvolle Dozenten, welche sich von Berlin nach Königsberg übergesiedelt hatten, empfohlen worden, und da wir jetzt die Möglichkeit besaßen, für den Haushalt mehr als früher aufzuwenden, so sahen wir häufig Leute bei uns, ohne daß der Zuschnitt der Bewirtung dadurch wesentlich verändert worden wäre.

Es wurde nach wie vor mit dem Essen keine Art von Luxus getrieben, wenn sonntags, wie das inzwischen zur Sitte geworden war, einer oder der andere Gast mit uns speiste. Man aß eine Suppe, einen Braten, trank Bier, und damit war die Sache abgetan; und selbst wenn größere Gesellschaften geladen wurden, für welche eine entsprechende Veränderung gemacht werden mußte, sah man nur darauf, daß alles, was dargeboten wurde, gut war, nicht daß vielerlei und Ungewöhnliches gegeben wurde.

Aber eben dadurch war es den Menschen behaglich bei uns. Sie sahen, daß sie nicht belästigen, und daß sie zwanglos und mit Freude aufgenommmen wurden. Der Vater hatte uns aus einem der Lagerräume ein Zimmer einrichten lassen, das sich als Eßstube bequem an die übrigen Stuben anreihte, die Service, die

Gedecke, das Silber waren erneut worden, und uns Töchtern wurde für unsere Garderobe alle wünschenswerte Freiheit gewährt, denn beide Eltern hatten Freude daran, uns wohlgekleidet zu sehen.

Als Fanny 1841 aus Berlin zurückbeordert wird, um die kranke Mutter zu pflegen, beginnt sie ihren ersten Roman „Clementine“:

Von Kindheit auf an eine regelmäßige Zeiteinteilung gewöhnt, hatte ich es mir gleich zum Gesetz gemacht, auch meine neue Tätigkeit dahin zu regeln, daß ich am Morgen, wenn ich fertig angezogen war, mich an die Arbeit setzte. Die Erkerstube, welche ich in der Sommerwohnung innehatte, war dann noch nicht aufgeräumt, ich ging also mit meinem Schreibwesen in die Laube des kleinen bäuerlichen Gartens, und da saß ich nun die ganzen Morgen still für mich allein und schrieb und schrieb, mit einer so reinen und großen Freude, daß ich noch heute gern daran gedenke. (...)

Mir klopfte das Herz vor Entzücken, wenn ich niederschrieb, was ich über die Liebe, über die Ehe dachte. Es war mir wie das Niederlegen eines Glaubensbekenntnisses. „Ich hasse die Ehe nicht“, ließ ich einmal die Heldin des Buches, Clementine, in einem Brief an ihre Tante schreiben, „ich hasse die Ehe nicht, im Gegenteil! Ich halte sie so hoch, daß ich sie und zugleich mich zu erniedrigen fürchte, wenn ich dies heilige Band knüpfte, ohne daß mein Gefühl teil daran hätte. Was kann es Beglückenderes geben, als mit einem geliebten Manne sein Leben zu verbringen? Für ihn zu sorgen, seine Freuden und Leiden zu teilen; zu wissen: alles, was mein Herz bewegt, alles, was mich berührt, teilt und fühlt mein bester Freund mit mir? Beide leben dann ein doppeltes Leben. O! ich habe mir das oft himmlisch schön gedacht, ich habe es heiß gewünscht, und ich halte heute noch die Ehe für den einzigen Weg, der den Menschen zu der größten Vollkommenheit führt, die seiner Individualität möglich ist.

Darum aber kann ich den Gedanken an eine gleichgültige Ehe nicht ertragen, weil sie für mich eine unglückliche wäre; und ich habe es nie begreifen können, wie in der Ehe irgend etwas die Menschen aneinander kettet, als ihr Herz. Die Ehe ist in ihrer Reinheit die keuscheste, heiligste Verbindung, die gedacht werden kann.

[...] – Aber was hat man aus der Ehe gemacht? – Ein Ding, bei dessen Nennung wohlerzogene Mädchen die Augen niederschlagen, über das Männer witzeln und Frauen sich heimlich lächelnd ansehen. Die Ehen, die ich täglich vor meinen Augen schließen sehe, sind schlimmer als Prostitution. Erschrick nicht vor dem Worte, da Du mich zu der Tat überreden möchtest. Ist es denn nicht gleich, ob ein leichtfertiges, sittlich verwahrlostes Mädchen sich für eitlen Putz dem Manne hingibt, oder ob Eltern ihr Kind für soundso viel Tausende opfern? Der Kaufpreis ändert die Sache nicht; und ich gestehe Dir, ich würde das Weib, das augenblickliche Leidenschaft und heißer Sinnentaumel hinreißen, groß finden, gegen diejenige, die, das Bild eines geliebten Mannes im Herzen, sich dem Ungeliebten ergibt für den Preis seines Ranges und seines Namens."

Es war mir, als hätte ich eine Tat getan, einen Freiheitskampf bestanden, einen mir nicht mehr zu entreißenden Sieg erfochten, wenn ich solche Worte vor mir auf dem Papiere hatte, wenn ich mir dachte, daß mein Vater sie lesen, sie als meine Überzeugung vor der Öffentlichkeit ausgesprochen lesen würde. Ich dachte Tag und Nacht nur an meine Arbeit, meine ganze Seele war davon entflammt, ich vergaß die Zeit, es raubte mir den Schlaf.

Mitunter, wenn ich in meiner Laube saß, bis der Mittag heraufkam und die heiße Augustsonne mir auf den Scheitel brannte, kam die Mutter zu mir, mir mein Frühstücksbutterbrot zu bringen. Sie sah dann mein flammendes Gesicht, sie scherzte gutmütig darüber, daß die Wangen mir so glühten, und nannte mich neckend: ihren armen Poeten! Aber sie ließ mich ruhig gewähren, und schwer krank, wie sie es damals schon selber war, hatte sie Mitleid mit mir, denn auch mir ging es übel, und die ungewöhnliche Aufregung, in welche mein Arbeiten mich versetzte, verschlimmerte das Nervenleiden, das mich plagte.

Fast in jeder Nacht, und oftmals auch am Tage, wurde ich von einem Herzkrampf befallen, der mir den Atem nahm, mir den Angstschweiß auf die Stirne trieb, und mich auf das äußerste ermattet zurückließ, wenn er vorüber war. Gefährlich sollte diese Beschwerde nicht sein, ich magerte aber dabei ab, und denke noch mit Grausen an die Angst jener Tage und Nächte.

Sie sah das Biedermeier mit wachen Augen: Ottilie Wildermuth

Lange wurde das Werk von Ottilie Wildermuth mit dem Stempel „schwäbisches Biedermeier" versehen, und die gute Aufnahme, die ihre Bücher zu ihren Lebzeiten und noch lange über ihren Tod hinaus vor allem bei weiblichen Lesern fanden, rückte für die spätere Literaturgeschichte die Autorin in die Nähe einer Eugenie Marlitt oder Hedwig Courths-Mahler. In Gero von Wilperts ‚Deutschem Dichterlexikon' von 1988 heißt es: „Christliche Erzählerin und Jugendschriftstellerin. Zahlreiche gemüthafte, meist breite Darstellungen, seinerzeit vielgelesen". 1884 dagegen lobt Robert Koenig in der fünfzehnten Auflage seiner Literaturgeschichte ihre „lebenstreuen, unverfälschten Kulturbilder unserer Zeit", und für Otto von Leixner zeichnet sie sich (1916) aus „durch gesunden weiblichen Sinn". Die bedeutenden zeitgenössischen Schriftstellerkollegen sparten auch nicht mit Lob. So schreibt ihr etwa Adalbert Stifter 1854:

„Ich sage Ihnen tausend lieben warmen Dank für Ihr herrliches Buch. Lange hat mich nichts so erfreut. In unserer Zeit der Kunstlosigkeit oder der Kunstungeheuerlichkeit hat dieses gesunde Gestaltungsvermögen mich wie eine reine edle Muse mit klaren menschlichen Augen angeschaut. ... Sie müssen sehr viel nach der Natur arbeiten (wie die Maler sagen), weil Ihre Gestalten so rund gebildet sind, daß man um sie herumgehen kann, daß man sie von der Sonne beleuchtet in den Gassen der kleinen Stadt oder auf den Feldern derselben herumgehen sieht; besonders aber, daß Sie einer Klippe unserer Zeit aus dem Wege gegangen sind, die ich so sehr hasse und die ich doch leider selber in der Jugend aufsuchte, der Übertreibung. Maßhalten dürfte das sicherste, aber schwerste Merkmal des wahren Künstlers sein. ..."

Und der Pfarrer Bitzius aus Lützelflüh in der Schweiz, in der Literaturgeschichte bekannter unter seinem Pseudonym Jeremias

Gotthelf, hatte ihr wenige Monate vorher mitgeteilt:

„Sie sind im Pfarrhaus Lützelflüh längst eine liebe Bekannte. Ihre Bekanntschaft machten wir im Morgenblatt, beschieden Sie dann, um Sie immer zu haben, ins Haus, brachten es aber noch nicht dazu, Ihnen eine bleibende Stätte zu verschaffen. Denn Sie, wenigstens Ihr Buch, sind eine sehr unruhige Person, stehen nie an Ihrem Platz; will man Sie haben, muß man Sie suchen, und findet man Sie endlich, so ist's oft an sehr seltsamen Orten. ..."

Daß heute Ottilie Wildermuths anschauliche Schilderungen in ihrem Wert als zeitgeschichtliche Dokumente erfaßt werden, zeigt die Herausgabe ihrer Briefe und die Aufnahme einzelner Geschichten in eine ganze Reihe von Sammelbänden in den vergangenen Jahren.

Ottilie Wildermuth wurde am 22.2.1817 als Tochter des Landvogteikriminalrats Gottlob Rooschüz (ab 1819 Oberamtsrichter in Marbach) zu Rottenburg geboren. Mehr als Volksschulbildung war damals für die jungen Mädchen nicht üblich, weswegen es auch für sie dabei blieb — auf die zu dieser Zeit einzige weiterführende Lehranstalt für Mädchen in Württemberg, das Stuttgarter Katharinenstift, wollten die Eltern sie nicht geben, da dagegen das Vorurteil herrschte, dort würden nur Lehrerinnen oder vornehme Damen herangezogen. Doch sie eignete sich zu Hause zusammen mit dem ältesten Bruder nahezu gefürchtete Lateinkenntnisse an und lernte später in Tübingen (womit sie schon aus dem Rahmen fiel und in den Geruch eines ‚Blaustrumpfs' kam) auch Englisch.

Die damals für eine Tochter aus gutem Hause für entscheidend gehaltenen Kenntnisse im Kochen, Nähen und Tanzen wurden Ottilie in Stuttgart beigebracht, doch beschäftigte sie sich frühzeitig auch mit den Werken von Lenau, Uhland, Schwab, Körner und Walter Scott.

1843 heiratete sie Dr. Johann David Wildermuth, der am Tübinger Gymnasium Englisch, Französisch, Mathematik und Geschichte lehrte. Auf die Töchter Agnes (1844) und Adelheid (1848) folgte 1852 der Sohn Hermann, der später zum bedeutendsten Nervenarzt Stuttgarts wurde. Agnes verheiratete sich nach Norddeutschland, die unverheiratete Adelheid half der Mutter im Haushalt — wie auch deren eigene Mutter Eleonore. Beider Hilfe war sicher nicht unwesentlich dafür, daß sich Ottilie Wildermuth „in ihrem turbulenten, von Besuchern überlaufenen Hausstand" auch noch der Schriftstellerei widmen konnte: Nach anfänglichen Beiträgen im Stuttgarter „Morgenblatt" schon seit 1847 erschienen 1852 ihre „Bilder und Geschichten aus dem Schwäbischen Leben", 1854 gefolgt von „Neue Bilder und Geschichten aus Schwaben" und „Aus der Kinderwelt". Jahr für Jahr kamen dann weitere Titel der gefragten Autorin heraus, 1862 bereits eine achtbändige Werkausgabe, und von 1870 an war Ottilie Wildermuth auch Herausgeberin des „Jugendgartens".

Neben ihrer schriftstellerischen Tätigkeit führte Frau Wildermuth einen ausgedehnten Briefwechsel mit Freunden und Verehrern, mit dem studierenden Sohn und der ins holsteinische Meldorf verheirateten Tochter. Unmittelbarer noch als ihre Geschichten sind diese Briefe Zeitzeugnisse, und daher zitieren wir im folgenden daraus.

In den Briefen an den Sohn Hermann, der als Vierzehnjähriger das evangelisch- theologische Seminar in Urach bezieht, dann mit achtzehn Jahren jedoch sein Medizinstudium aufnimmt, ist Ottilie Wildermuth ganz die besorgte, um das körperliche wie seelische Wohlbefinden des Sohnes bekümmerte Mutter. Doch trotz des vielen Alltagskrams in diesen Briefen wird immer auch ein Stück Leben im heimatlichen Tübingen lebendig und die Atmosphäre im elterlichen Haushalt:

Tübingen, 21. Oktober 1867. Montag

Hier, lieber Hermann, bekommst Du einen stattlichen Anzug, in dem Du aussehen wirst wie ein alter Bürgermeister. Wenn Du später Deine Waschkiste schickst — tu es nicht zu spät —, so schick mir mit, was Du etwa von zerrißnen Kleidern hast; vergiß es nicht!

Der liebe Vater ist ärgerlich, daß Du nicht, wie es Dir aufgetragen, am Sonntag, gestern, geschrieben hast; ich denke, es ist vielleicht noch ein Brief von Dir unterwegs. Teil nur Deine Zeit recht ein und halte Deine Kraft frisch und klar, immer auf das geheftet, was das Nötigste ist, so gewinnst Du gewiß auch Zeit und Frische zur Erholung.

Agnes hat heut' auch geschrieben. Sie wußte gar nicht, daß ihr in Straßburg gewesen seid, und möchte gar zu gern von eurer Reise hören. Kommst Du nicht dazu, ihr einen nachträglichen Reisebericht zu schicken? Ihr Bubele muß ganz köstlich sein. Habt ihr auch so greuliches Regenwetter gehabt? Wenn's wieder schön kommt, so suche doch noch in die Luft zu kommen; man wird vielleicht wieder auf lange eingeregnet.

Hat euch eure Frau Speisemeisterin gestern keinen Kirchweihkuchen gebacken? Ich habe bescheidne Kirchweih gehalten mit einem Käsküchle, von dem ich Dir zum Gruß beilege.

Es kommen wieder viel Studenten; sind u. a. zwei Amerikaner an uns empfohlen, nette Leute, die gern kommen und viel Interessantes aus Amerika erzählen. …

Tübingen, 23. Oktober 1867. Mittwoch

Hier, lieber Hermann, sind ein paar Trauben, die die Wilcherin für Dich gebracht hat; sind freilich nicht sehr süß, doch muß man's nehmen, wie's gibt. Schade, daß Du Montag nicht bei uns warst; Frau Uhland hatte uns mit Professor Kossaks in ihren Weinberg geladen und der Tag war so schön! Die Kossaklen vergnügten sich höchlich mit etwas Feuerwerk. Gestern hatten wir die Kleinen bei uns, da Professors verreist waren. Der kleine Erich ist sehr drollig; er geht jetzt zur Schule und erzählt uns: „In der Schule, da bin ich nu der beste Schüler."

Sonntag besuchte uns ein Offizier mit sonnenverbranntem Antlitz, vielen fremdartigen Orden und seltsamer Uniform, dunkelgrün mit weiten roten Hosen. Er war ein Adjutant Kaiser Maximilians, ein ehemaliger Schüler des lieben Vaters, Herr von

Montlong von Rottenburg. Von hier aus reist er nach Österreich, wo er zur Kaiserfamilie beschieden ist.

Ich bin auch der Meinung des lieben Vaters, daß Du gewiß besser tust, all Deine Kraft auf die auch vorgeschriebenen Arbeiten zu wenden, als noch mehr Geschäfte anzufangen. Gott stehe Dir bei, daß Dir's gelingt, das Maß geistiger Gaben, das Dir verliehen ist, richtig und treu anzuwenden. Deine Gefahr, wenn ich's recht verstehe, ist das Vertrödeln und Verlieren des Augenblicks; lernst Du die Zeit, die nun einmal zum Lernen bestimmt ist, gut verwenden, so darfst Du Dir gewiß die freie Zeit zur Erholung gönnen, die ich Dir auch so wohl gönne.

Das Bierkrüglein kann ich nicht zu Trauben packen, will es ein andermal schicken. Den Platen laß in dunkles gepreßtes Papier binden mit Lederrücken, Platen hinten in Golddruck …

Tübingen, 19. November 1867. Dienstag

Hier, lieber Hermann, erhältst Du die gewünschten Bücher; eine Übersetzung von Cäsar haben wir nicht.

Die Idee zu Deinem Aufsatz ist ganz nett, obgleich ich nicht glaube, daß es die ursprüngliche Idee des Dichters ist. Ich glaube, es bezieht sich nur auf das jetzige Leben, auf den geselligen Verband der Menschheit unter sich, das große Gebäude, in das jeder sich einfügen lassen muß, der nicht als zweckloser Stein auf der Straße und im Kot liegenbleiben will. Um aber dazu tauglich zu sein, muß er sich behauen lassen, das heißt sich der geselligen Sitte fügen, seine Ecken und Härten abschleifen, damit er paßlich und ohne Störung sich dem Gebäude einfüge, sei's als starker Quader zum Grund, sei's als Zierstein an der Fensterwölbung etc. Du hast es weiter und größer gefaßt; wird auch gut sein.

Bin heute auch einmal wieder arg in Eile; Herr Krabbe hat einen expreß Reisenden hierher geschickt, da ein Leipziger eine Geschichte von mir unverschämt nachgedruckt, er einen Prozeß anfangen und dazu Vollmachten etc. will; heut' abend kommen Wingölf, kurz, 's ist alles los und ledig auf der Welt.

Große Indignation ist hier über eine leidige Studentengeschichte, die in der Nacht auf den Sonntag vorgefallen. Drei norddeutsche Studenten soffen im Schwanen, das ein schlechtes Wirtshaus sein muß, bis gegen zwei. Dort gab es Streit; weiß nicht, wollte der Wirt, der gleichfalls besoffen war, keinen Wein mehr geben oder sie 'nausschmeißen, kurz der eine Student stürzte, betrunken wie er war, zu Boden, der Wirt schlug auf ihn los, als er seine Flinte holte, ließen die zwei ihren Freund im Stich, er wurde von der schändlichen Wirtsfamilie, Vater und Tochter, aufs Roheste mißhandelt, der Arm doppelt abgeschlagen, so daß er jetzt auf den Tod verlegt in schweren Schmerzen im Krankenhaus liegt. Der Wirt und das abscheuliche Weibsbild, die, erst siebzehn Jahre alt, mit betrunken war und dem Verletzten noch mit einem Stein auf den Kopf schlug, sind eingesetzt. Man ist sehr empört über das rohe Volk, möchte aber diese entsetzliche Geschichte auch in den Studenten einen edlern Geist wecken, daß sie aus freiem Ehrgefühl andre Studentengesetze schaffen und dies tierische Saufen abschaffen, das ein Schandfleck ist für die Jugend, die gerade Kern und Blüte unsres Vaterlands sei. Man fürchtet, daß man den Arm abnehmen muß. Welche Botschaft für die fernen Eltern, die mit Segen und Hoffen, mit eignen Opfern den Sohn in die Ferne gesandt, wenn nun die Botschaft kommt: „Der Sohn liegt in der Fremde erschlagen oder verstümmelt, weil er betrunken war wie ein Vieh." (...)

Von 1859 bis zu ihrem Todesjahr 1877 reicht ein Briefwechsel Ottilie Wildermuths mit dem Gymnasialdirektor Gustav Heinrich Wagner in Ratibor/Oberschlesien und später in Königsberg. Gerade weil sie einem Freund in der Ferne gelten, sind die Briefe mit ihren Schilderungen der Zeitverhältnisse und auch als Quelle für die Gedanken der Autorin zu Zeitfragen besonders ergiebig. Auf Erziehungsprobleme und die Frage der Ausbildung der Mädchen geht sie in einem Brief vom September 1862 ein:

... Es ist ein unruhiger Sommer, über den ich jetzt Übersicht halte, und ich sehne mich wirklich recht nach der Herbstruhe, wo ich all die Eindrücke des Sommers ein wenig ordnen, den Ballast über Bord werfen und das Gute in mir aufspeichern kann.

Im Frühling war die Konfirmation meiner Adelheid, so habe ich nur noch ein Schulkind, und tut mir ganz ahnd, daß nun ein Weihnachten kommt, wo ich keine Puppen mehr zu machen habe, — es ist mir oft wie ein Traum, daß die Kinder schon so alt und groß sind; wie muß erst bei Ihnen einmal das Leben kompliziert werden, wenn die Ihrigen alle heranwachsen! Ich bin recht froh, daß Sie so viel Mädchen haben! Wir haben ein Sprichwort, weiß nicht, ob es auch in Ihrer Gegend ist, —: „mit viel Mädchen lebt man leichter, und mit viel Knaben stirbt man leichter." So gebe denn Gott Ihnen Beiden ein gutes und langes Leben, damit Sie sich der Mädchen recht freuen können und die Knaben also heranwachsen, damit Sie auch dereinst ruhig scheiden können!

Mein Häuflein ist nun leicht zu übersehen — meine Agnes ist schon achtzehn, hat vor wenigen Tagen den Geburtstag gefeiert, in der Tat ein nettes Mädchen — schlank und blühend, auch nicht ohne poetisches Talent, das ich aber sehr in der Stille und unberufen lasse. Ihre häuslichen Studien kommen jetzt erst in Gang, doch ist's ihr in neuester Zeit angelegen, es zu etwas zu bringen. Mir geht's wie den meisten Müttern, ich meine: „In deinem Alter habe ich doch schon mehr gearbeitet und geleistet", meine Mutter hat aber vorzeitig auch so zu mir gesagt, und zu ihr die Großmutter, und zuletzt sind alle leidlich durchgekommen. Der Papa, der alles gar ernst nimmt, ist mit dem Stande ihrer Kenntnisse nicht besonders zufrieden. Ich kann das nicht so schwer nehmen, sintemal ich selbst mit so wenig durch die Welt gekommen bin. Ich war acht Jahre lang in einer und derselben Klasse der Volksschule, allwo ich alljährlich in der Geographie erfahren, daß Europa 14 Königreiche besitze und drei Kaiserreiche — in der Geschichte ähnliche wichtige Tatsachen.

Jetzt rückt man freilich mehr an die Mädchen und sollte dann auch mehr erwarten können. Vorderhand schwärmt sie für Emanuel Geibel, für Garibaldi, für allerlei romantische Erscheinungen und soll sich ihrer Jugend freuen.

Da ist zwischen meinem Mann und mir eine kleine Differenz der Ansichten, will einmal Ihre pädagogische Ansicht auch darüber hören. Er sagt: es ist ein Gewinn für später, wenn die Jugend an Entsagung und Entbehrung gewöhnt wird; ich sage: wir wissen nicht, wie sich die Zukunft unserer Kinder gestalten wird. Machen wir ihnen daher die Kindheit und Jugend so hell und sonnig als es in unserer Lage und unseren Mitteln möglich ist, so haben sie eine fröhliche Erinnerung, um davon zu leben; Sonnenschein brauchen junge Blumen, Sturm und Regen kommt von selbst. Wer hat recht??

Meine Adelheid, die gibt ganz und gar keine Schönheit, aber sie hat ein gutes helles Gesicht, ein Paar freundliche braune Augen, überhaupt eine sonnige Freundlichkeit, die ihr Gnade bei Menschen verschafft. Poesie ist nicht ihre Stärke, doch ist sie die beliebteste Geschichten- und Märchenerzählerin, überhaupt der Liebling der Kinder — auch ist ihr Lebensplan, Kleinkindergärtnerin zu werden.

Der Bub, ach, das ist noch ein ungeschlachter kleiner Bengel, und die Göttermilch der alten Klassiker „geht ihm oft herb ein", doch ist er nicht ohne Sinn und Interesse für den Inhalt und dichtet immerzu begeisterte Kriegslieder gegen die Franzosen. Ein gutmütiger Bursch ist er, — jetzt im Augenblick sitzt ganz Tübingen in lauter Hopfenranken, und alle Kinder verdienen sich mit Hopfenpflücken ein klein Taschengeldchen, da hat sich denn auch mein Hermann 18 Kreuzer verdient, und ich fürchtete, der Bursch werde es vernaschen, denn er ist ein wenig gelüstig. Siehe, da kommt er triumphierend und bringt der Agnes ein neues Zeichenheft, der Adelheid ein schönes Schreibbuch von seiner eigenen Errungenschaft.

Als besorgte Brautmutter zeigt sich uns Ottilie Wildermuth in einem weiteren Brief (26./27. Juni 1864):

Es sind nun länger als zwei Jahre, daß Willms, der hier Theologie studiert, zum erstenmal, durch eigentümlichen Zufall, möcht' ich sagen, in unser Haus kam. Er kam von da an oft, ohne daß wir das Mindeste dabei dachten, obwohl wir viel Spaß mit ihm hatten und ihn seiner braungelben Farbe wegen den Zigeuner hießen. Wir mochten ihn alle gern leiden von der Großmama bis zum Hermann herunter; doch bemerkte ich bei ihm und Agnes nichts Besonderes, als daß ihm das fröhliche Mädchen, die eben in Blüte stand, zu gefallen schien.

Ich war wie aus den Wolken gefallen, als ich im September 1862, kurz nach seiner Rückkehr in die Heimat, einen Brief erhielt, in dem er mir sein Herz aufschloß und fragte, ob wir später unsere Einwilligung geben würden, wenn es ihm gelinge, Agnes' Liebe zu erwerben. Eigentlich waren wir alle gar nicht dafür, die große Entfernung, die totale Verschiedenheit von Land und Leuten, Sitten, selbst Sprache — das alles stand ungeheuerlich vor uns — nur für den jungen Mann selbst und seine einfach und redlich ausgesprochene Liebe sprach eine geheime Stimme in meinem Herzen, und ich konnte nicht zustimmen, als mein Mann meinte, man solle Agnes gar nichts davon sagen. Ich glaubte aber, sie werde es — wie man bei uns in Schwaben sagt — über ein Haus hinauswerfen. Sie war kaum achtzehn, sehr heiter und lebensfroh, recht inmitten des fröhlichen Verkehrs mit ihren Freundinnen, voll poetischer Ideale, mit lebendigstem Interesse für Poesie, Malen und Sprachen und — Willms ist ein Kind des Nordens, auf den das alte Sprichwort „Frisia non cantat" noch jetzt Anwendung findet: redlichen Herzens und tüchtig in seinen Kenntnissen und Bestrebungen hat er nicht die glänzenden Eigenschaften, die ein junges Mädchenherz bestechen. Und doch — wer kann ein Mädchenherz erraten? Wohl machte seine Werbung einen wunderbarlichen Eindruck; doch, als ich sagte: Ich habe schon geschrieben, Agnes", war ihre rasche, fast ängstliche Frage: „doch nicht abgeschrieben, Mutter? Mutter, ich meine, ich könnte glücklich mit ihm sein." Wir legten keinen überwiegenden Wert auf diese erste Herzensregung; machten dem jungen Mann nicht die mindeste Hoffnung und wollten, daß beide frei bleiben sollten, bis Agnes mit gereifterem Urteil einen wohlerwogenen Entschluß fassen könnte. Von Zeit zu Zeit schrieb mir Willms und bat später um Erlaubnis, wieder hierher kommen zu dürfen. – Nun, daß ich es kurz mache, nach Pfingsten kam er, die Liebe der jungen Leute hat durch diese 1 1/2 Jahre Probe gehalten, und Agnes hatte, nachdem sie ihn wiedergesehen, noch dieselbe Freudigkeit, ihm zu folgen, und wenn es bis zum Nordpol sein müßte. Der Vater gestattete Willms, mit ihr selbst zu sprechen. – Da bei uns stille und ununterbrochene Stunden so selten sind, ging ich mit Agnes in den wunderschön gelegenen Garten der Frau Uhland, zu dem ich einen Schlüssel von ihr habe, und Willms kam später nach. Ich dachte, als ich die beiden miteinander gehen ließ, sie werden nun lange brauchen, sich zu besprechen und zu verständigen; es waren aber wenige Minuten, so kamen sie als ein glückliches Brautpaar zu mir.

Nun, in Gottes Namen – es war von Anfang meine innige Bitte, daß der Herr, der ja die Herzen und die Umstände in seiner Macht hat, es so lenken wolle, wie es nach seinem Willen und den Kindern zum Heil und Segen sei; ihm sei auch ihre Zukunft befohlen.

Der Bräutigam ist nun abgereist; sein Vater ist Superintendent, und er ist gegenwärtig zur Hilfe bei ihm, Agnes ist von den Schwiegereltern dringend eingeladen, und da sie bis Bremen gute Reisegelegenheit bekommt, so wollen wir sie noch diesen Sommer auf einige Wochen gehen lassen. Die Aussichten und Stellen der Geistlichen in Ostfriesland sind gut, doch ist noch nicht gewiß, wenn Willms angestellt wird; früher als in einem Jahr darf in keinem Fall von der Hochzeit die Rede sein, mir aber wäre es sehr lieb, wenn es zwei Jahre anstünde.

Wir haben in den wenigen Wochen, die er hier verweilte, unseren neuen Sohn sehr liebgewonnen und sind gewiß, daß Agnes in gute und treue Hand kommt. Mir ist jetzt mehr bange, wie sich das Mädchen tauglich macht für ihre Aufgabe; denn der Abstand zwischen einem jungen Mädchenleben in Tübingen, in unserem schönen, liederreichen Schwaben:

Wo dir ein ew'ger Garten,
Die deutsche Au entgegenlacht:
Der Hügel weinumkränzte Warten,
Der Täler wechselvolle Pracht;
Wo volle, satte Ströme gießen
Die reichen Adern weltmeerwärts,
Wo hundert Bäche lieblich fließen,
Sieh, das ist Schwaben, Deutschlands Herz. — (W. Zimmermann.)

und zwischen den Leben einer Pfarrfrau in Ostfriesland, dem flachen, bergelosen, einsam unter ihren Kühen und plattdeutsch redenden Bauern — das ist doch ein gar großer Unterschied. Aber sie haben die Elemente in sich zu dem inneren Glück, das jede Heimat schön und sonnig machen kann; Gott helfe ihnen, sie in rechter Weise zu benützen!

Die Gedanken der süddeutschen Patriotin Wildermuth zum deutsch-deutschen Krieg von 1866 (der als Entscheidungskampf um die Vormachtstellung in Deutschland vordergründig um das vorher gemeinsam besetzte Schleswig-Holstein zwischen Preußen und Österreich ausgebrochen war, zu dem vor allem die süddeutschen Staaten hielten) sollten hier nicht fehlen:

Politisieren, mein lieber, verehrter Freund, das können wir nicht miteinander. Alle Liebe und allen Respekt für so viel Preußen, die ich schriftlich oder persönlich kenne; aber Verständigung ist mit keinem Preußen möglich über die Dinge; ich sehe dies an unserem lieben Professor Cosak, der, sonst der billigste Mann, in seiner Ansprache an seine Gemeinde doch auch von den Schwaben (bei denen er wahrhaftig viel Liebe erfahren), mit herabsehendem Wohlwollen spricht, wie wir etwa von einem Eskimovolk, unter das uns das Mißgeschick geführt.

Nicht Sieg für Österreich haben wir gewollt; aber keinen Bruderkrieg, Recht und Wahrheit haben wir gewollt und nicht, daß unter dem falschen Banner der deutschen Einheit, die Herrn von Bismarck gestohlen werden kann, der nicht ein großes Deutschland, sondern ein großes Preußen will – Hunderttausende unschuldig hingeschlachtet werden. Und wenn jetzt mit dem beginnenden Frühling wieder drohend die Kriegswolke aufzieht, wenn alle Verhältnisse wieder wankend sind, das Mark des Landes wieder in den Kriegspfuhl geworfen wird; wenn wir unsere Söhne aufziehen müssen, um sie vor die Kanone zu stellen; wenn die höchste und beste Erfindung jetzt die ist, wer die beste Mordwaffe findet – wem haben wir das zu danken als Preußen, das zuerst die flammende Kriegsfackel in friedliche Länder geworfen?

Ach, ich sollte gar nicht darüber reden, weil auch die besten Preußen von ihrer Siegesglorie so geblendet sind, daß sie nicht mehr klar sehen können; aber man muß doch bei Freunden offen sein Herz aussprechen. Wenn uns nur Gott jetzt den Frieden erhielte, ich wollte mich ja schicken ins Unvermeidliche und Preußen meinetwegen seine Länder und seine Millionen lassen. Ich lege Ihnen noch ein paar Strophen bei, in denen ich vorigen Sommer mein überlaufend Herz ausgegossen und will dann stille sein. Lege Ihrer lieben Frau auch noch das Hochzeitsgedicht für meine Agnes bei, das ich für unsere Freunde drucken ließ.

Und nun leben Sie wohl, alle beisammen, meine lieben Freunde! Cosaks, besonders auch Ulrich, tragen mir ihre herzlichen Grüße auf, auch mein Mann grüßt Sie herzlich, jetzt endlich hat er seine Riesenarbeit, die Geschichte des Rechnens aller Zeiten und Völker beendet; ob's eine dankbare Arbeit ist, weiß ich nicht.

Trotz aller Politik in herzlicher Freundschaft

Ihre Ottilie Wildermuth.

Nach einem Besuch bei der Tochter Agnes in Meldorf im Sommer 1867 zieht Ottilie Wildermuth interessante Vergleiche zwischen dem nördlichen Deutschland und der schwäbischen Heimat:

Es war das erstemal, daß ich nach Norddeutschland kam, das erstemal, daß ich flaches Land sah, unsere lieblichen Hügel und Täler und Flüsse vermißt man da freilich; Meldorf ist eine Stadt, sehr reinlich gepflastert, fast lauter kleine Häuser, mit den schönsten Blumen vor allen Fenstern, an der Vorderwand mit grünem Laub, wilden Reben, blühenden Rosen bewachsen, von schönen, gut gepflegten Gärten umgeben, äußerst still und ruhig, kein Straßenlärm, kein Singen und Johlen; als wäre es dem Meere entstiegen. Vor der Stadt aber dehnt sich weit und unermeßlich die Ebene, nur unterbrochen von Windmühlen oder den stattlichen Bauernhöfen, die wie Inseln, reich mit Bäumen umpflanzt, in der Ebene schwimmen; gut angebaute reiche Felder, grüne Wiesen mit weidendem Vieh und munteren Füllen, aber keine Bäume und nur fern am Horizont etwas Wald. Eine halbe Stunde ist's bis zum Seehafen und eine Stunde bis an die weite offene See. Agnes hat ein wohnliches, behagliches Haus, einen netten Garten mit hübschen Rasen- und Blumenplätzchen und schattigen Bosketten; sie hat einen netten, gebildeten Umgangskreis und viel freundliches Entgegenkommen gefunden und fühlt sich wohl und zufrieden in der neuen Heimat.

Warmblütiger, lebensvoller dünkt mir unser Schwabenvolk, wenns auch da und dort vielleicht mehr rohe Auswüchse gibt. Auch mehr religiöses Leben ist bei uns; sie haben dort keine Sekten wie wir, aber die Kirchen sind leer. Politisch fand ich im allgemeinen das Volk ruhig, müde gehetzt, nach Frieden verlangend, weit nicht so aufgeregt und empört, wie ich's in Göttingen, wo ich einige Tage verweilte, erlebt.

Mein Mann hätte wohl nicht in die lange, lange Trennung gewilligt, wenn er nicht gehofft hätte, die frische Seeluft solle mich gesund machen. Denn leider bin ich noch immer nicht recht wohl und bin doch sonst mein Lebenlang so gesund und kräftig gewesen, habe nie von Nerven oder Ohnmachten und dergleichen gewußt! Die frische Seeluft, das ruhige Leben in Meldorf haben mit gut getan, ganz geholfen auch nicht. Ruhe verordneten mir alle Ärzte, aber das ist hier schwer einzuhalten. Weiß nicht, ob nicht mein letztes Buch, das schon lange vorbereitet war, mein letztes bleibt. …

Eine amüsante Schilderung, wie eine besorgte Verwandtschaft sich damals selbst um eine mit der Bahn reisende Familie kümmerte, entnehmen wir einem Schreiben an den Freund vom Dezember 1868:

Am 20. August hatten wir die unaussprechliche Freude, unsere Agnes mit ihren zwei herzigen Kindern zum erstenmal wieder in der Heimat zu begrüßen. Ich hätte nie gewagt, ihr zu der weiten beschwerlichen Reise mit zwei so kleinen Kindern zuzureden; bei ihr aber war der Drang unwiderstehlich, und sie hat's mit Gottes Hilfe guten Muts vollendet.

Das war nun eine nette Zeit, zwar voll Geschäft und Unruhe — denn wir sind lange nicht mehr auf kleine Kinder eingerichtet — aber auch voll großer Freude. Der kleine Bernhard mit schneeweißen Härchen und himmelblauen Äuglein war bald heimisch bei uns und bekannt mit allen, auch beim Großpapa, der kein besonderes Talent zum Verkehr mit ganz kleinen Kindern hat, wurde die gegenseitige Zuneigung sehr groß und „Opapa Füdük holen" war dem Kleinen alle Morgen das höchste Vergnügen. Das Mägdlein, Leonore nach der Urgroßmama genannt, scheint kräftiger angelegt als der Bub, hat schöne dunkelblaue Augen und ist auch eine herzige, kleine Kreatur. Unsere Agnes war doch ein wenig schmal und etwas bleich geworden, wir haben sie aber ordentlich herausgepflegt. Adelheid schlief bei ihr, um ihr die nächtliche Mühe mit den Kindern abzunehmen, das Mädelein war der Pflegling meiner lieben Mutter, die ihr Urenkelchen noch so gut versorgte wie einst ihre eigenen

Kinder. Agnes durfte mit ihren Jugendgespielen wieder ganz jung und mädchenhaft werden, ihre Kindlein wurden mit freundlichen Gaben von allen Seiten überhäuft, sind auch, Gott sei Dank, beide gesund geblieben. Zehn Wochen waren die lieben Gäste bei uns — bei einer so weiten und teuren Reise muß man schon auch bleiben, daß es der Mühe wert ist. — Der arme Willms mußte freilich lange allein ausharren, aber — warum hat er mir auch mein Kind so weit fortgenommen. Er kam zu unserer großen Freude und Beruhigung selbst, um die Seinen abzuholen, und war 14 Tage mit ihnen hier. Am 5. November reisten sie ab, und es war ein schwerer Tag und eine trübselige Zeit, bis der Abschied und das erste Heimweh überwunden war. Die Reise ging glücklich vorbei, ich hatte sie nicht ohne viel Sorge ziehen lassen, doch wurden sie überall freundlich geleitet. Auf dem Bahnhof zu Eßlingen wartete eine Base mit Milch für die Kleinen und Schokolade für die Großen, in Unter-Türkheim war mein Bruder Pfarrer und seine Frau mit einem Traubenkorb, in Stuttgart hatte Frau Krabbe schon das Mittagessen bestellt, in Bietigheim kam mein anderer Bruder mit Spielzeug und Bonbons für die Kindlein; in Heidelberg eine Freundin von mir mit Kaffee und Spielsachen, so daß sie den Segen kaum mehr fassen konnten; noch in Kassel hatte eine freundliche Dame ihnen das Zimmer bestellt und holte sie mit dem Dienstmädchen ab.

Nach so viel genossener Liebe und Freude fand meine Agnes zuerst den Norden etwas kühl und das Eingewöhnen schwer, jetzt ist sie wieder glücklich daheim in ihrer Häuslichkeit."

Daß sich auch eine sonst doch eher besonnene und gemütvolle Frau wie unsere Autorin dem Zeitgeist mit seinen Tiraden gegen den ‚französischen Erbfeind' nicht ganz entziehen konnte, zeigt der folgende Auszug aus einem Brief vom März 1871:

... Wie lang, wie unendlich lang ist uns nicht dieser Krieg erschienen, der — wie das ja nicht anders sein kann — neben allen

Sieges- und Triumphposten so viel Jammer und Herzeleid gebracht. Jetzt, nun so Großes gewonnen ist und die goldene Friedenskunde durch alle Lande dringt, jetzt kommt es uns doch wieder wunderbar schnell, wie im Traum vor, daß alles das erreicht sein soll.

Nun, der Herr gebe seinen Segen dazu, einen steten, goldigen Sonnenschein zu gesundem Reifen für die Saat, die so rasch aufgegangen im glühenden Dampfe der Kriegswetter!

Ich bin nicht mehr jung genug, um jubeln und schwärmen zu können für unsere Siege, für das neue Kaiserreich und all seine Herrlichkeit, wie ich wohl in früheren Tagen getan hätte, das tut unsere Jugend hinlänglich. Adelheid und Hermann besonders, der ganz Feuer und Flamme ist für deutsches Reich und deutschen Kaiser, aber ich gehöre auch nicht zu denen, die gleich wieder mit Mäkeln kommen, mit Besorgnissen und mit Bedenken. Wie ich Gott von Herzen danken konnte für den Schutz, den er uns gewährt, so kann ich auch beten von ganzer Seele um seinen Segen, der das gute Werk, das ja nicht ohne ihn begonnen worden, möge vollenden helfen.

Wir kommen jetzt auch von einer Siegesfeier in die andere; heute nacht erwarten wir unseren Hermann zurück, der die prachtvolle Festillumination in Stuttgart mit ansehen wollte; wir Alten sind zufrieden mit dem, was unsere Tübinger aufwenden konnten. Hermann wäre gar zu gern mitgezogen, doch war es nicht seine Jugend allein, sondern ein kleiner Fehler (den man ihm nicht ansieht, denn er ist ein stattlicher Bursche, der einen tüchtigen Gardegrenadier gäbe) was ihn zum Militärdienst nicht tüchtig macht. Er hat sich mit unserer Einwilligung zum Sanitätsdienst gemeldet, wurde aber wegen zu großem Andrang nicht im Feld verwendet. Doch hat er während der Ferienzeit jetzt Dienst als Gehilfe im hiesigen Lazarett getan. Jetzt ist er recht mit Eifer an seinen medizinischen Studien, wenn auch seine und seines Papas Begriffe von Fleiß hie und da etwas verschieden sind.

Ich habe mehrere Korrespondenten im Elsaß und mußte so auch die neuste Geschichte vom Gesichtspunkte des Feindes aus ansehen. Das aber ist mir klar geworden wie Ihnen, es mußte so kommen über dieses Volk.

Es ist mir oft bange geworden, ob unter diesen fast wunderbaren Siegen unser Volk auch demütig bleibe; ich habe nie ertragen können, wenn, wie bei uns in Dank- und Siegespredigten so oft geschah, wir Deutsche als lauter leibhaftige Erzengel und die Franzosen als lauter Ungeheuer dargestellt wurden, aber das dürfen wir doch, mit Grund die Wahrheit sagen; manches, was dieses Volk zu grunde richten mußte, wäre bei uns nicht möglich gewesen: nicht diese Lügenhaftigkeit; die noch mit brechendem Munde Unwahrheiten ausstößt, dieser ungebrochene Trotz; nicht die stille Würde, die sich im Unterliegen noch bewährt, nein, der Trotz eines unartigen Schulknaben, die sittliche Gesunkenheit und geistige Verwahrlosung ganzer Provinzen — das alles mußte das Volk zu Fall bringen.

Möge nur Deutschland seine hohe Aufgabe recht erfassen, vorzuleuchten durch Wort und Beispiel und alles zu tun, was zum Frieden dient!

An den Schluß dieser Auszüge sei ein Brief aus dem Jahre 1873 gesetzt, in dem wir einen Einblick in einen der mit den steigenden Jahren immer notwendigeren Erholungsaufenthalte der Dichterin erhalten:

... Sehr leid tut es uns, daß es mit ihrer Gesundheit, verehrter Freund, nicht gut steht. Auch ich hatte im letzten Sommer viel Sorge um meinen Mann, und er war weder durch meine, noch des Doktors Bitten zu bewegen, vor Anfang der Ferien Urlaub zu nehmen. Von allen edlen Gaben auf der Welt ist meinem lieben Schatz eine gar nicht verliehen: das Talent, sich's wohl sein zu lassen. Bergauf, immer nur bergauf! so auf unseren Spaziergängen, so im Beruf und Leben; wenn ihn der liebe Gott in ein sanftes, ebenes Tal führt, so guckt er gleich, ob nicht rechts oder links doch ein steiler Rain wäre, an dem er hinaufklettern könnte. Ich sage oft, es gehe ihm wie jenem sterbenden Tagelöhner, der meinte, er werde im Paradies noch müssen donnern helfen. Meine Adel kam letzten Frühling von einer kleinen Rundreise zu Verwandten und Freunden zurück. „Nun, wie steht's in Heilbronn und in Hedelfingen, in Eßlingen und Stuttgart?" – „Überall gut, nur heißt's an jedem Orte: ‚Ach der Vater ist gegenwärtig immer so verstimmt! Man sollte eine Kuranstalt für verstimmte Väter errichten.'" Ich meine, für müde, abgeschaffte Väter dürfte es eher heißen.

Möchten Sie, verehrter Freund, nur das rechte Plätzchen für Ihre Erholung finden und sich fein schonen lernen! Ein Familienvater kann ja gar nichts Besseres sparen, als sich selbst für die Seinen.

Bei uns war diesen Sommer ein wahrer Strom von Gästen aus Nord und Süd, von der Schweiz, aus Kopenhagen, Jütland und Schleswig (die Kinder nicht), dazwischen die Uhlandfeier, die schön und erhebend war, aber auch eine Masse Gäste und Passanten brachte. Waren mir alle einzelnen lieb und wert, aber zuletzt war ich durch lauter Liebe und Freundschaft abgespannt und ausgezupft. Auf dringliches Zureden der Meinen ging ich am 12. September auf die Einladung einer noch nie gesehenen Freundin, Frau Grunelius, zu dieser, die eine reizende Villa in Baden-Baden besitzt und bewohnt. Das war nun in meinen alten Tagen fast wie ein Stück Feenmärchen. Die Frau, eine Witwe, und ihre Tochter konnte ich so herzlich achten und liebgewinnen, daß ich ohne Skrupel ihre gastliche Güte annehmen durfte; so habe ich in diesem lieblichen Feenschlößchen in allem Behagen, das großer Reichtum geben kann, wenn er mit Geschmack und gediegener Bildung vereint ist, reichlich vierzehn Tage verlebt, die fast wie ein anmutiger Traum erscheinen. Mein Liebster war auch eingeladen, der wollte natürlich nicht und ging zuerst in sein Heimatdorf zu seiner alten Schwester; ich aber habe ihn doch bewogen, noch nach Baden zu kommen, habe ihm versprochen, wenn's ihm nicht zusage, so geh' ich gleich mit ihm auf den Schwarzwald. 's hat ihm aber gefallen, und die hohe Bildung, der durch viel Leiden geläuterte Charakter der Dame vom Hause hat ihn sehr angesprochen. Da bewohnten wir denn ein schönes Zimmer mit herrlichem Ausblick auf die reiche Gegend; vormittags schrieb ich fleißig Briefe und Kindergeschichten in einem reizenden Pavillon beim Plätschern des Springbrunnens auf der Terrasse, von Reben umrankt und von Blumen umblüht, die grünen, waldigen Berge und das belebte Tal zu meinen Füßen; der Herr konnte sich ergehen in den unerschöpflichen Schätzen der reichen Bibliothek und Kunstsammlung; der Mittag und die Abendstunden vereinten uns mit der liebenswür-

Das Rathaus in Tübingen

digen Familie, die durch zwei muntere Enkeltöchterlein vermehrt war, und nachmittags machten wir Ausflüge auf die romantischen Höhen und in die prächtigen Wälder der Gegend. Acht Tage lang hat's mein Liebster ausgehalten, sich's so wohl sein zu lassen, länger litt's ihn nicht mehr, es hat ihm aber auf lange gutgetan. Ich blieb noch eine Woche länger, und es ist kein Mißlaut in die reine Harmonie dieses Aufenthalts gekommen, wo ich unter anderen schönen Dingen auch das Glück genoß, daß ich eine Weile vergessen durfte, daß es Geld in der Welt gibt.

Die „Frau Hüttenverwalter“ aus Dresden: Margarete Nicolaus

Als „Frau Hüttenverwalter“ stellt sich uns in ihren 1914 erschienenen biographischen Erzählungen „Sonnenkind“ und „Sonnenkinds Ehejahre“ Margarete Nicolaus (mit geringfügiger Verfremdung von Namen und Orten) als 1827 in Dresden geborene Tochter eines Grabmal-Bildhauers vor. Sie heiratet einen aus Mecklenburg stammenden Hüttenschreiber, der 1855 zum Hüttenmeister einer in gräflichem Besitz befindlichen Eisengießerei bestellt wird. In ihren Aufzeichnungen werden Aufgaben und Leben einer Frau aus dem mittleren Bürgertum deutlich; von den Gedanken und Lebensumständen der Frauen aus dieser Schicht sind sonst nicht allzuviele authentische Äußerungen bekannt. Hier stehen keine großen Ideale und Ideen oder Kämpfe im Vordergrund, sondern es gilt, den vorgegebenen Lebensrahmen auszufüllen, Kinder großzuziehen, dem Ehemann emotionale Stütze zu sein und ein offenes Ohr für die Probleme der Arbeiterfamilien des Hüttenwerks zu haben.

Das „Sonnenkind“ erlebt jedoch, daß das Gebundensein an das Leben des Ehemannes nicht immer nach Wunsch verläuft. So muß sie sich in die Beförderungen des Mannes, die mit einem Ortswechsel verbunden sind, ob sie will oder nicht dreinschicken und akzeptieren, daß sie die ihr vertraute und liebgewordene Umgebung verlassen muß.

... Wenn gar noch dazu berühmte Größen wie Daniel Rauch nach Heidehammer zu Besuch kamen, wenn ich bei Hüttenmeisters mit unserem alten Freund und Hausgenossen Rietschel zusammentraf oder neben Professor August Kiß auf dem Kanapee sitzen durfte, dann bildete ich mir nicht wenig ein und dachte: „Welch bevorzugter Winkel ist doch unser Heidehammer!“

Ich war deshalb sehr erschrocken, als mein guter Mann mir eines Abends die Nachricht mit nach Hause brachte: „Wir sollen von Heidehammer fort! In Rieselwitz tritt ein Wechsel ein, und der Herr Graf hat mir eine Beförderung zugedacht.“

Betrübt eilte ich mit der Nachricht zu Lotte. Sie hatte schon längst gewußt, was im Werke war, aber sie hatte mir nicht vor der Zeit das Herz schwer machen wollen. Nun versuchte sie, mich damit zu trösten, daß ich in Rieselwitz die „Frau Hüttenverwalter" sein würde.

Ach, was sollte mit der neue Titel nützen?

„Rieselwitz ist doch eine Abwechselung", fuhr sie fort, „wenn es auch noch nicht gerade die große Welt ist, und wenn du dort auch ebenso wie hier nur einmal in der Woche frische Frühstückssemmeln bekommen wirst. Im übrigen soll in Rieselwitz das Leben ‚gar lieblich eingehen', auch verläuft sich eher einmal ein Fremder dorthin, als zu uns."

„Ach, Lotte", sagte ich, „zu was brauche ich die Fremden! Wenn ihr mitgingt, du und Karl! Weißt du was: ihr macht eine Eingabe und laßt euch auch versetzen!" Aber meine Schwester lachte mich aus. Was sollte ihr Karl in Rieselwitz? Da gab es gar keine Kunstwerkstätten; die Modelle für die Geländer und Öfen, die dort gegossen wurden, gingen alle von Heidehammer aus hin. Bei den Kunstgüssen in Heidehammer, da brauchten sie den Karl notwendig, weil er sich so schön eingearbeitet hatte. (...)

Es half also nichts, es hieß sich dreinschicken, und ich mußte mich damit trösten, daß es gerade nach dem idyllischen Rieselwitz ging, das auf meiner ersten Reise dem schüchternen Kinde so liebevolle Gastfreundschaft gewährt hatte. In meiner Erinnerung sah ich Palmmiezchen über Himmelschlüsselwiesen und klaren Wasserläuften wehen und aus den weißgestrichenen Häusern freundliche Gesichter grüßen.

Die lieblichen Bilder, die sich meiner Erinnerung eingeprägt hatten, trogen nicht. War's doch beinahe, als wohnten in der gesegneten Fruchtkammer in und um Rieselwitz nur glückliche, liebreiche Menschen. Vom Herrn Oberfaktor herab bis zu den Gießern in der Hütte lebten alle in bestem Einvernehmen. Man sagte auch, Rieselwitz sei des Herrn Grafen Lieblingskind. Sowie die schwarzgelben Westen seiner Kutscher in der Ferne sichtbar wurden, ging eine freudige Bewegung durch das Werk; die Kinder, unter denen er seine besonderen Lieblinge hatte, kamen aus allen Ecken gelaufen. Erst standen sie scheu, den Finger im Munde, bald aber wurden sie zutraulich und drängten sich an seine Kniee.

Sie hatten es aber auch gar zu gut, die kleinen Werkssprossen. Schöne Bänke und Büsche standen auf den breiten Plätzen zwischen der Hütte und den sauberen Wohnhäusern, an denen die behaglich rauschende Röder vorüberfloß. Auf den frischen Rasenplätzen durften sich die Kinder tummeln, wenn sie nur nicht gerade auf die Bleichwäsche trappelten. Allerdings — Wäsche war immer in Rieselwitz; Luft, Wasser und Sonne umflutete diese glückliche Insel. (...)

Besonders reizend war natürlich der Sommer, aber auch der Winter war in Rieselwitz kein harter Mann. Schien es nicht beinahe, als ließe er seine rauhen Winde hier nicht so heftig wehen als anderswo? Ich war ihm dafür besonders dankbar, da mein lieber Mann oft viele Stunden im Freien bei der Waage stehen mußte. Mußten die Kinder im Stübchen bleiben, dann richteten wir uns recht traulich ein und freuten uns den ganzen Tag auf den Abend. Wenn es finster wurde, hockten die Knaben auf der Fensterbank. Wer würde zuerst den zitternden Lichtschimmer sehen, der über den Rödersteig näher kam? Das war des Vaters Öllampe, die er behutsam am Messinggriffe aus dem Kontor mit nach Hause brachte, damit sie für den nächsten Tag schön geputzt würde. Sie durfte nicht unterwegs verlöschen, Väterchen wußte ja, was der Lichtschimmer für uns bedeutete. War er dann herein, kamen ihm die Knaben nicht wieder von den Knieen, und Theodor murmelte noch, wenn ihm schon die Augen zufielen: „Was soll ich denn im Bette, ich will doch meinen Vater noch genießen."

Ein Mittelpunkt der Rieselwitzer Geselligkeit wurde das Missionskränzchen, das der Herr Kandidat vom Nachbarschlosse für uns Frauen ins Leben rief. So etwas kannte man bis dahin noch nicht — und wir nähten mit großer Lust. Erst für die armen Heiden, von denen uns der Herr Kandidat so viel vorzulesen wußte; später aber wanderte das meiste nach Schreiberhan und anderen Rettungsanstalten, die so notwendig Unterstützung brauchten. Auf unserem Eisenwerk war keine Not, da sorgte schon der Herr Graf. Er war ja wie ein Vater.

Und doch kam ein Tag, an dem ich bitterböse auf ihn war. Es war im Herbst des Jahres 1855, als Väterchen eine große Neuigkeit mit nach Hause brachte. Der Herr Graf hatte vor kurzem an der Elbe ein großes Eisenwerk gekauft, und dort zeigten sich unerwartete Schwierigkeiten.

„Liebner", hatte nun der Herr Graf zu meinem Mann gesagt, „dort müssen Sie als Hüttenmeister hin, und zwar sobald als möglich. Besprechen Sie es mit ihrer lieben Frau, aber lassen Sie sich nicht dreinreden." Das nannte er nun „besprechen", wenn der armen, lieben Frau gar keine Wahl blieb!

Ihr Mann hatte sich für diese Beförderung dadurch empfohlen, daß es ihm gelungen war, im Kontor des Hüttenwerks gegen den Willen des Grafen den freien Sonntag einzuführen:

Über die Versetzung an das große Eisenwerk war er in freudigster Aufregung. Er reckte seine Glieder, der neue Wirkungskreis lockte ihn mächtig. Aber er war in Rieselwitz der einzige, der sich über die Neuigkeit freute. Der Herr Oberfaktor ließ ihn nicht gern fort, seine holden Töchter, die mich und die Knaben durch Liebe und fröhliche Unterhaltung verwöhnt hatten, konnten sich den Abschied gar nicht möglich denken, und die alten Suppenweiblein stimmten das lauteste Lamento an.

Ich kam mir recht undankbar vor. Ich freute mich ja sonst immer so gern auf alles, aber diesmal wollte es nicht glücken. Der Dampfhammer und die anderen Ungeheuer, die rasselnden und klappernden Scheren aus dem Walzwerk waren mir keine verlockende Aussicht. Und – war es der trübe Oktoberhimmel, oder was bedrückte mich sonst? Ich ging den neuen, unruhevollen Verhältnissen, den vielen fremden Menschen, mit denen ich auf der großen Eisenhütte leben sollte, mit einer ungewohnten Bangigkeit entgegen.

Wirklich war der Empfang öde und frostig. Kein freundliches „Willkommen“ ertönte. Beinahe schien es, als sähe man dem neuen Hüttenmeister mit Furcht und Mißtrauen entgegen. Kahl und unfreundlich erschien in der Abenddämmerung die baumlose Umgebung. Welcher Unterschied gegen unser freundliches Rieselwitz! Aber über alles hinweg half mir die ruhige, getroste Zuversicht meines geliebten Gatten.

„Gott hat uns eine neue Hütte gebaut“, sagte er, „möge es eine ‚Friedenshütte‘ für uns werden, in der wir ihm dienen in Freude und treuer Arbeit.“

Auch von der „großen Geschichte“ bleibt sie nicht verschont:

Am 15. Juni [1866] erfolgte die Kriegserklärung Preußens an Österreich und der nächste Morgen brachte uns ein Extrablatt des Dresdner Journals mit einem Aufruf König Johanns „An meine getreuen Sachsen.“ Er erklärte, daß ein Angriff ihn nötige, zu den Waffen zu greifen, und bat sein Volk, ihm weiter zu vertrauen, wie er selbst das festeste Vertrauen zur Liebe und Treue seiner Sachsen habe. Aus dem angefügten Schriftwechsel zwischen der „königlichen preußischen und der königlichen sächsischen Regierung“ war zu ersehen, daß der König sich nicht entschließen konnte, dem alten deutschen Bunde, den er „nach dessen Grundgesetzen“ als unauflöslich ansah, die Treue zu brechen und seiner Bundespflicht entgegen zu handeln.

Am Schlusse des Extrablattes stand zu lesen: „Nachdem der Königlich preußische Gesandte seiner bevorstehenden Note gestern abend noch eine förmliche Kriegserklärung hat folgen lassen, auch in verflossener Nacht die preußischen Truppen bei

Strehla über die Elbe gerückt sind, haben Seine Majestät der König sich heute Morgen zur Armee begeben. In der Begleitung Seiner Majestät befinden sich die Staatsminister Freiherr von Beust und von Rabenhorst."

So war es also nun entschieden: Sachsen marschierte mit Österreich gegen Preußen, gegen unsere nächsten Nachbarn! Die besten Freunde, die liebsten Verwandten konnten sich auf dem Schlachtfeld gegenübergestellt werden! (...)

Der herrliche Juniabend war so feierlich und strahlend, als gäbe es in der Welt keinen Kampf und kein Blutvergießen.

Aber gegen acht Uhr sahen wir plötzlich die Brücke auflodern. Unsere liebe Holzbrücke! Jeden Morgen hatte uns der Fünf-Uhr-Zug geweckt, wenn er donnernd über ihre Planken rollte. Nun flogen diese als feurige Garben gegen den Abendhimmel auf, um dann verglühend in die wogenden Ährenfelder am Ufer zu versinken. Es war ein schauerlicher Anblick, den ich niemals vergessen werde.

Nach Vollendung ihres Zerstörungswerkes bestiegen die Pioniere ein bereitstehendes Dampfschiff und fuhren elbaufwärts nach Dresden. Und da mit einem Male sahen wir am jenseitigen Ufer einen Trupp preußischer schwarzer Husaren. Sie zeigten aufgeregt nach der brennenden Brücke, sie schrieen durcheinander. Wahrscheinlich verlangten sie nach einer Fähre, — aber wo war die Fähre? Sie sprengten in rasender Eile die Straße nach Strehla zurück. (...)

Der Truppendurchmarsch begann; unaufhörlich ging er die ganze Nacht hindurch auf der Straße unter unseren Fenstern vorbei.

Gegen Morgen krachten starke Kolbenschläge an unsere Haustüre, die feindliche Einquartierung war da. Auf uns entfielen zwei Offiziere und ein Bursche. Der Hauptmann war ein finsterer, unfreundlicher Mann, der Oberleutnant ein feiner, junger Rheinländer, der uns rücksichtsvoll behandelte.

Mannschaften aus den Rheinlanden lagerten in unserem lieben Rosengarten.

Der Hauptmann wollte in unserem Waschkessel das Abkochen für die Kompagnie einrichten, doch als er sah, daß wir einen kupfernen Kessel hatten, besann er sich zum Glück anders. Aber er hatte merkwürdige Begriffe. Er verlangte von uns Speckseiten für die ganze Kompagnie, und mein Mann mußte ihm energisch erklären, er befinde sich in einem städtischen Haushalte ohne Viebbestand.

Die Verteilung der Mannschaften und Pferde brachte viele erregte Verhandlungen mit sich. Die Pferde sollten in der Hütte untergebracht werden. Da aber gearbeitet wurde, so wurden sie in der Stadt und auf die umliegenden Dörfer verteilt, auch unsere Herrschaft wurde nicht verschont.

Als aber die nächste Nachtschicht beginnen sollte, kam der Befehl, die Arbeit einzustellen.

Fritz, den ich nach der fieberhaften Unruhe der letzten Tage endlich durch ein Glas Rotwein zum Schlafe gebracht hatte, fuhr plötzlich in die Höhe: „Horch mal, Mutter, der Hammer ist still!" Fast beängstigend wirkte dies ungewohnte Schweigen.

Meine preußische Stütze beobachtete mit begieriger Spannung alle Bewegungen ihrer landsmännischen Offiziere. Am seelenruhigsten war Jette. Ihr machte die Sache Spaß, und der Küchenzettel für die ungebetenen Gäste erschien ihr als das Wichtigste. Daß dem Burschen ihre Eierkuchen so herrlich schmeckten, erfüllte sie mit stolzer Freude, und sie hätte lieber für zehn Burschen Eierkuchen gebacken. Der Bursche war ein Pommer, ein blutjunger, treuherziger Bauernsohn. Der arme Kerl! Ganz erschöpft saß er am Vormittag auf unserer Gartenbank, den strohblonden Kopf, von dessen weißer Stirn die sonnverbrannten Backen seltsam abstachen, gegen die harte Lehne der Bank gedrückt. Weil mich dies dauerte, schob ich ihm ein Kissen unter den Kopf. Da blinzelten seine wasserblauen Augen schläfrig gegen die Sonne, und er sagte dankbar:

„Wenn dat doch gliek min Mudding wüßt, dat ich dor buten mang den Fiend so ne gaude lewe Mudder funnen heww."

„Ihr Mudding bangt wohl sehr um Sie?"

„O je, o je, min Mudding!" seufzte er. „De denkt wull gar, dor is all enne Slacht slagen un ehr Bengel liggt all unnern gräunen Rasen." (...)

In banger Sorge verging uns der folgende Tag. Es hatte sich das Gerücht verbreitet, bei Meißen werde nun ganz bestimmt eine Schlacht geschlagen werden. Eine feindliche Batterie rückte bei uns ein, schonungslos wurden die Kanonen in die herrlichen Weizenfelder gezogen. Aber am Abend zogen die Preußen wieder ab, und wir atmeten auf, wie von einem Alp befreit.

Inzwischen war aus Dresden bestimmte Nachricht eingetroffen. Die sächsischen Truppen und das Königshaus hatten das Land verlassen, und der Kriegsschauplatz wurde nach Böhmen verlegt. In Eilmärschen rückten die Preußen nach dem schönen blühenden Lande ab, das der Verwüstung entgegen ging. (...)

Den deutsch-französischen Krieg von 1870/71 muß sie als Mutter der eingezogenen Söhne Wilhelm und Fritz von daheim aus bangend mitverfolgen!

An der Seine hatte sich ein Wetter zusammengezogen. Volkshaufen durchzogen die Straßen von Paris und schrieen: „à Berlin! à Berlin! à bas les Prussiens!" (...)

Am Montag, 20. Juli 1870, hatte ich in meinem Tagebuch notiert:

„Die Kriegserklärung ist erfolgt. Gestern hat Graf Otto von Bismarck sie im Reichstag verlesen.

Alle Soldaten marschieren nach Frankreich. Auch Theodor muß mit. Morgen kommt er noch einmal nach Hause — zum Abschiednehmen."

Am 6. September traf die erste Verlustliste ein — Theodor Bippach, der bei den Jägern stand, war bei Sedan gefallen.

Mit zitternden Gliedern eilte ich zu meiner guten Bippach hinüber. Sie saß allein in ihrer Stube, ohne Tränen starrte sie verzweifelnd vor sich hin. Als ich eintrat, stand sie hastig auf.

„Mußte gerade mir das geschehen, Frau Hüttenmeister? Bin ich nicht immer fromm und gottesfürchtig gewesen? Sie wissen es."

Ich streichelte ihre Hand. „Der Herr hat's gegeben, der Herr hat's genommen", sagte ich leise.

„Aber warum, warum?" rief sie. „Es war dem Herrn doch ein Leichtes, meinen Theodor zu beschützen. Warum hat er mir den Sohn gegeben, wenn er ihn so bald wieder nehmen wollte? Mochte er doch den Schulze nehmen, den schlechten Kerl, der seinen Eltern bloß Sorge und Herzeleid macht! Oder den Noske, den Feigling, der sich krank gestellt hat und nun zu Hause sitzt und sich ins Fäustchen lacht." (...)

Als sie im Dezember dann meinen Jungen aus dem Wagen hoben, bleich und abgezehrt, in der schlotternden Uniform, ihn, der so stattlich, blühend und frisch ins Feld gezogen war, da gab es mir einen Stich durchs Herz. Doch Gott sei Dank, wir hatten ihn wieder!

Wilhelm aber, sein treuer Pfleger, wie sah der aus! Und wie fieberhaft und ängstlich, wie hastig und verworren erschien sein Benehmen um Theodor! Wie sahen es mit Erschrecken: Wilhelm war krank, schwer krank. Er hatte aus dem Lazarett den Typhus mitgebracht. (...)

Endlich, endlich wurde im März [1871] der Friede geschlossen.

Der Jubel in Deutschland war unbeschreiblich. Wer unter uns Alten könnte jene Tage vergessen? Überall wurden Friedensfeste gefeiert. Meine Vaterstadt Dresden erstrahlte in einem Lichtmeer; ein großer Künstlerfestzug, Konzerte und patriotische Kundgebungen reihten sich aneinander. Auch unsere Provinzialstadt bot das Äußerste auf, und ein rührend unbeholfenes Briefchen von meinem jüngsten Schwestersohn aus Heidehammer gab den Beweis, wie man auch dort der Begeisterung Genüge zu tun wußte.

„Ja, ja, lieber Vetter Fritz", schrieb der kleine Mann, „so ändern sich die Zeiten! Vorm Jahre hatte ich im März einen dicken

Backen, und jetzt feiern wir Friedensfeste. Und wie! Habt ihr es auch so großartig begangen? Ich zweifle. So was Feines wie unser Friedensfest is noch nich dagewesen. Es wurden drei neie Fahnen genäht und wurden auch richdig zur rechten Zeit ferdig. Auf dem Gasthof schwarzweiß, auf dem Offiziandenhause schwarzweißrot und auf der Ziselörwerkstadt sogar schwarzrotgold. Du siehst, es war alles vertreten, und wenn sie weheten, schrieen wir Jungen wie besessen: ‚Hurrahh!' Das erhabenste war die Ölluminazion. Sämmtliche öffendliche Gebäude waren mit Hilfe von 4500 Dalgnäpfchen von Licht fermlich iewersät. Auf dem Obeliskenplatz mußt du dir eine Kaiserkrone vorstellen aus Gasrohren zusammengebogen, die Edelsteine durch buntes Glas versinnlicht, und am Gasthof eine Inschrift:

‚Nach dem Frieden schmeckt das Bier
Doppelt gut, probiert es hier.'

Ich winschte bloß, Du hättest es alles sehen können! Der Herr von Wettengel ferlas eine offizielle Debesche vom Kaiser und hielt eine furchtbar lange Rede, die mit einem feirigen Hoch auf des Kaisers Majestät auslief. Auf einmal fing der Gesangverein an:

‚Nun danket Alle Gott!'

und das ganze Folk fiel mit nich wenich Begeisterung ein. Wir Jungens haben nadierlich am lautesten gebrillt."

Nachschrift. „In meiner ganzen Armmee von Pappsoldaten habe ich schleinigst die Sachsen un die Eestreicher in Franzosen umgewandelt." In einer zweiten Nachschrift bat der Kleine unseren Fritz, ob er ihm nicht einen Knopf von einem Turko oder Zuaven verschaffen könne, da sich nach Heidehammer „keiner von die schwarzen Kärle" verlaufen hätte.

Kämpferin für die Emanzipation: Hedwig Dohm

Hedwig Dohm – am 20. September 1833 in Berlin geboren, seit 1855 mit dem Satiriker Ernst Dohm verheiratet und am 4. Juni 1919 ebenfalls in Berlin gestorben – ist vor allem als Aktivistin mit der Feder für die Rechte von Frauen eingetreten. Oft als „radikale Feministin" tituliert, hat sie sich als eine der ersten überhaupt öffentlich für das Frauenwahlrecht eingesetzt, nämlich in ihrem Buch „Der Jesuitismus im Hausstande" aus dem Jahr 1873. Weitere heiße Themen hat sie in „Die wissenschaftliche Emanzipation der Frau" (1874) angepackt, als sie sich vehement gegen die schlechte Aufklärung von Frauen in sexuellen Dingen wandte und für die Zulassung weiblicher Studenten im Fach Medizin eintrat.

Im folgenden erzählt sie vom alltäglichen Leben in ihrer Berliner Kinderzeit um die Mitte des 19. Jahrhunderts.

Das heiße, leidenschaftliche Tempo, in dem die Zivilisation in den letzten fünfzig Jahren förmlich mit Siebenmeilenstiefeln vorwärtsrast, grenzt ans Wunderbare. Es gab aber auch Zeitperioden des Beharrens, wo die Zeit sehr viel Zeit hatte, wo es schien, als partizipiere sie an Eigenschaften lebendiger Wesen, als bedürfe sie des Ausruhens nach außerordentlichen Kraftausgaben.

Auf die stürmischen Husarenritte der großen Französischen Revolution, der Welt- und Befreiungskriege, der Entdeckung der Dampfkraft und ihrer Verwertung folgte eine Erschöpfungspause, eine lange Ruhe zum Sammeln neuer Kräfte.

In ein solches Zeitalter bin ich hineingeboren. Eine sachte, zahme Zeit, eine Zeit ohne Jugend, ohne Rausch. Eine Zeit wie für alte Leute.

Weit, weit zurück liegen meine Erinnerungen an die Kinderjahre, zurück bis zu den Zeiten, wo es noch keine Omnibusse gab; selbst in den kühnsten Phantasien tauchte noch nicht der Schatten eines Autos auf. Aber klapperige Droschken gab's, die für fünf Groschen die weitesten Strecken auf holperigem Pflaster durchrasselten. Sie wurden wenig benutzt. Fahren war Luxus. Es ließ sich ja auch so gemächlich schlendern über die stillen Straßen und Dämme; keine Gefahr, gerädert zu werden. (...)

Die Telephone waren noch nicht einmal Luftschlösser, mit der Tendenz, sich zur Erde niederzulassen. Dagegen gab es Rinnsteine — übelriechenden Angedenkens —, aber keine Wasserleitung. Wenn wir Kinder sonnabends gebadet wurden — hoffentlich nicht alle sechzehn in demselben Wasser — mußte das kalte Wasser eimerweis (klingt legendenhaft) aus dem Hofbrunnen geholt werden. In großen Kesseln wurde es auf dem Herd heiß gemacht.

Zwar waren die Kienfackeln längst erloschen, das Talglicht brannte nur noch in den Hütten der Armen, aber kein Gas, keine Elektrizität spendeten ihre gloriosen Lichtfluten: Abend- und Nachtsonnen gleichsam, die nordischer Winter Trübnisse fortstrahlen, freilich auch das üppige Nachtleben Berlins begünstigen.

Selbst die Petroleumquellen hatten sich noch nicht geöffnet. Mit Öllampen fristete man spärlich seine abendliche Existenz; Lampen, die man füglich Nägel zum Sarge der Dienstboten nennen konnte, so schwierig war ihre Instandhaltung.

Gar nicht aufzuzählen, was es damals alles nicht gab. Nicht einmal Feuerbestattungen (die noch den Vorteil haben, daß man sich im Grabe nicht umzudrehen braucht, wenn da oben Gräßliches geschieht) und keine Massage, der Rettungsanker zu beleibter Weltdamen.

Und — werdet ihr's glauben? — keine Blusen! Heut' für Haus und Reise das unentbehrlichste Kleidungsstück. Vor ungefähr fünfzig Jahren heckte die kühne Phantasie eines sensationslüsternen Schneiders die ersten Blusen aus. Feuerrote Flanellblusen waren's. Garibaldiblusen nannte man sie.

Vor dem Potsdamer Tor hörte die Stadt so ziemlich auf. Ein wirkliches Tor, mit gewaltigen eisernen Flügeln, vor denen Leute mit Körben oder Taschen, die von draußen kamen, nach Konterbande von Mehl oder Fleisch (zu verzollende Waren) inquiriert oder gar visitiert wurden.

In dem ersten Teil der Potsdamer Straße standen in Zwischenräumen unansehnliche Häuser, jenseits des Landwehrgrabens (jetzt Kanal) nichts.

Sandflächen wechselten mit Wiesengründen und spärlichem Baumwuchs ab, teilweise benetzt und begrenzt von den altersmüden Gewässern des Landwehrgrabens.

In nächster Nähe des Wassers lagen die beliebten Gartenlokale von Moritzhof und Albrechtshof. An schönen Sommer- oder sonnigen Wintertagen machte der Berliner dahin Ausflüge.

Im Winter lief man auf dem Graben Schlittschuh und labte sich nachher in den kleinen dunstigen Stuben von Moritzhof an heißem Kaffee und Kuchen. Im Sommer schleckte man in den Gärten saure Milch, schön dick mit geriebenem Brot und viel Zucker bestreut. Diese liebe, alte, süße, saure Milch scheint nun auch im Rang heruntergekommen aufs Land verzogen. Vielfach wird sie von der modernen, hygienisch geschulten Welt durch ein medizinartiges Präparat aus gegorenen Milchbestandteilen ersetzt.

Ich möchte hier auch wehmütig des Bratapfels gedenken, dem die Berlinerin nachtrauert, da ihm die neuzeitlichen Heizkörper die Ofenröhren gesperrt haben.

Vergnügungsreisen im Frühjahr oder Herbst, an die Riviera, an die italienischen Seen oder nach Meran waren Abenteuer, Übermut. Japan oder Indien — jetzt schickstes Reiseziel — lagen für die Menschheit noch gleichsam im Monde.

Der Harz, Thüringen, die Sächsische Schweiz oder Swinemünde genügten der Reiselust des seßhaften Berliners.

Die Kinder blieben hübsch zu Hause. Vermögende Familien leisteten sich aber Sommerwohnungen in Schöneberg, Charlottenburg oder im Tiergarten. Auch im Tiergarten? Jawohl. Die Tiergartenstraße hatte noch einen ländlichen Vorortscharakter. (...)

Auch wir bezogen drei Jahre hintereinander eine Sommerwohnung im Tiergarten. Das kleine Haus befand sich ungefähr da, wo heute die Regentenstraße in den Tiergarten mündet. Auf dem weiten ungepflegten Terrain, das sich bis zum Graben ausdehnte, standen noch drei oder vier andre Sommerhäuschen. (...)

Die Sommerwohnung hatte ihre Schattenseiten. Wir Kinder mußten — auch bei glühender Hitze — viermal täglich den weiten Weg vom Tiergarten bis zur Kochstraße machen. (Der Unterricht dauerte von acht bis zwölf und von zwei bis vier Uhr.) Man war damals nicht sentimental mit den Kindern. Vielleicht waren die Strapazen auch für uns Mädchen ganz zuträglich; andere Gelegenheiten für körperliche Exerzitien boten sich uns nicht. Die Knaben schwammen, die Mädchen nicht. Die Knaben ruderten, die Mädchen nicht.

Ich war vielleicht zwölf Jahre alt, als zur staunenden Bewunderung Berlins und zur Entrüstung etlicher Spießbürger die erste Schlittschuhläuferin auf dem Graben erschien. (Die Bahn an der Rousseauinsel und der neue See waren für den Eislauf noch nicht aufgetan.) Die Bahnbrecherin war die Tochter eines berühmten Arztes.

Das Leben der Mädchen verlief ganz anders als das der Jungen.

Meine acht Brüder schlitterten auf dem zugefrorenen Rinnstein, schneeballten sich, keilten sich gräßlich untereinander, waren faul in der Schule und wuschen sich am liebsten gar nicht. Mir war dieser Teil der Schöpfung durchaus unsympathisch.

Die Mädchen, die saßen möglichst still, sittsam, machten Handarbeiten in den Feierstunden, von der mühsamen Perlen- und Petit-point-Stickerei bis zum ekligen Strumpfstopfen herunter.

Man ist jetzt so fabelhaft besorgt, daß die Studien — obwohl ihnen die Sports ein Gegengewicht bieten — die körperliche Tauglichkeit des Weibes für die spätere Mutterschaft beeinträchtigen könnten. Damals dachte niemand daran, in dem Mangel körperlicher Entwicklung eine Gefahr für diese Tauglichkeit zu fürchten. Das Familienleben mag damals intimer gewesen sein, inniger die Zusammengehörigkeit von Mutter und Tochter. Saß man doch Abend für Abend an dem runden Familientisch – heut bevorzugt man den ovalen –, die Finger fleißig rührend.

Die Welt der Frau war klein, engbegrenzt. Mütter und Töchter hatten die gleichen Interessen, die gleiche Lebensführung, die gleichen Ziele. Daher die Ähnlichkeit in ihrer geistigen Physiognomie. Im Äußern aber wurden die Altersstufen durch die Kleidung nachdrücklich betont. Das Alter wurde gewissermaßen den Frauen auf den Leib geschrieben.

Als ich heiratete, war eben erst die Sitte im Entschwinden, die die verheirateten Frauen, auch die jüngsten, zum Tragen von Hauben oder Häubchen verpflichtete. Daher heute noch die Redensart: unter die Haube kommen. (...)

Das Familienleben in einem bürgerlichen Haushalt der damaligen Zeit folgte geregelten Bahnen ...

So heute wie gestern, so morgen wie heute. Alles schien niet- und nagelfest. Ein förmlich auswendig gelerntes Menschentum. Weltanschauungen, Meinungen, Lebenseinrichtungen waren fix und fertig zu beziehen. Das Naturgesetz vom Fließen aller Dinge schien aufgehoben. Ein sachtes Sickern war's.

Die Mechanisierung der Lebensformen erstreckte sich auch auf Wohnung, Ernährung, Kleidung.

Meine Eltern waren nach damaligen Begriffen reich, heute würde ihr Einkommen für eine so unaussprechlich zahlreiche Familie – wir waren achtzehn Kinder – nur zwei starben ganz jung – kaum ausreichen.

Die Einrichtung unserer Wohnung – vornehmer ausgedrückt: die Innendekoration unserer Räume – entsprach den üblichen Einrichtungen aller andern gutsituierten Bürgerfamilien. Von

Hygiene und Ästhetik oder gar von Kunst im Leben des Kindes spürtest du keinen Hauch. Da gab's ein Zimmer von rotem Plüsch und eines von grünem Plüsch – konnte auch Rips sein. Und zwei Lehnstühle und einige andre Sitzgelegenheiten gruppierten sich symmetrisch um den festen, runden, soliden Tisch, der vor dem tüchtigen Sofa stand. Die mondäne Chaiselongue kam erst mit dem Salon auf. In meiner Jugendzeit war der Salon eine simple Wohnstube mit weißen Gardinen von broschiertem Musselin oder Tüll vor den Fenstern. Die Stunde der stilvollen, dunkelschweren Vorhänge und Portieren hatte noch nicht geschlagen.

Unerläßlich war die gute Stube, die nur, wenn Besuch kam, benutzt und geheizt wurde. (...)

Bescheiden waren die Leute in ihren Ansprüchen an Luft und Duft. Vorsichtig pflegte man zur Abwehr jedes Lufteindringlings jede verdächtige Ritze der Fensterrahmen mit Moos oder Stoffstückchen zu verstopfen. In weiten Zukunftsfernen lagen die Naturheilanstalten, die Wintersports.

Es wimmelte in den Zimmern noch nicht von blumengefüllten Vasen. Allenfalls verstieg man sich zu ein paar Blumentöpfen vor den Fenstern. Mitunter brachten auch ein Kanarienvogel oder Goldfischchen in großen Glasbehältern einen anheimelnden Gemütston in die plüschene Nüchternheit.

Dennoch – trotz ihrer Physiognomielosigkeit bargen unsre Wohnräume intime Reize – wenigstens für uns Kinder. Da waren die kristallenen Kronleuchter mit den zahllosen Bommelchen, die so melodisch bimmelten, wenn ein Wind ging, beinahe wie Äolsharfen, und trafen sie Sonnenstrahlen, so funkelten sie auf, märchenschön, in diamantnem Feuer.

Da war in der guten Stube die „Servante" (längst zum alten Eisen geworfen. In Museen, als Glasvitrine, zur Aufbewahrung historischer Raritäten, sieht man noch ihresgleichen.) Ein mäßig großer viereckiger Schrank war's; die Wände von Glas, zur einladenden Schau der Familienkostbarkeiten: Erbstücke, Taufbestecke, seltene Tassen und Gläser, Andenken, von Reisen heimgebracht usw. Und wurde ein Kind getauft – was alljährlich bei uns geschah –, so entnahm die Mutter dem Reliquienschrank etliche Prachtstücke zur Benutzung und zu Ehren der festlichen Okkasion.

Die Mode war vom „Charakter des Notdürftigen" gekennzeichnet.

Ein unermeßlicher Abstand ist zwischen den damaligen Trachten von schlichter Geschmacklosigkeit und der schwungvollen Phantastik, der künstlerischen Berauschtheit der heutigen Poiretkleider. Die Mode heischte spitz zulaufende Schneppentaillen, steife Schnürbrüste mit Metallstangen, lange, enge Ärmel, weite Röcke ohne jede verschönernde Zutat. Nur in langen Zwischenräumen wechselten die Moden. (...)

Die heutigen Haartrachten mit ihrem phantastischen, gepufften, gekräuselten, indianerhaften Getürm (einmal hielt ich so eine Haaraufmachung für eine Pelzmütze), das oftmals aus den Mähnen längst feuerbestatteter Köpfe hergestellt wird („Coiffeur für penible Damen" steht auf einem Firmenschild am Kurfürstendamm), bilden den Gegensatz zu den Frisuren von Anno dazumal: glatt über die Ohren gestrichene Scheitel, oder Frisuren à la chinoise, die Haarmassen nach hinten stramm über den Kopf gezogen, am Hinterkopf in einer festen Flechte verknotet. Ältere Damen gestatteten sich auch wohl ein abgezirkeltes, wie auf Draht gezogenes Lockenarrangement, im Volksmund Pfropfenzieher. (...)

Auch die Ernährung war einfach:

Gut? kaum. Wußten etwa die Hausfrauen etwas von dem Nährwert der Nahrungsmittel, von ihrer chemischen Zusammensetzung oder Verdaulichkeit? „Wenn man nur satt wird."

Hedwig Dohm, geboren 1833 in Berlin
als elftes Kind des jüdischen Tabakfabrikanten Schleh

Das war der Hausfrauen Prinzip. Wovon — das war gleichgültig. Hätte ein Arzt meiner Mutter geraten, einem Kinde mehr Eiweißstoffe zuzuführen, sie hätte wahrscheinlich geantwortet: „Aber die Eier sind jetzt so teuer, auch selten ganz frisch."

Die Kinder mußten essen, was die Kelle gab, ob es ihnen schmeckte oder nicht. Das war Erziehung. Längst schon zwingt man die Kinder nicht mehr herunterzuwürgen, was ihnen — vielleicht aus einem richtigen Instinkt — widersteht.

An bestimmten Tagen wiederholten sich bestimmte Gerichte. Sonntags wechselten — wie in unsrer Familie, wohl auch in den meisten bürgerlichen Küchen — Kalbs- und Rinderbraten ab, aber ein durch und durch gebratenes wackeres Rind; seine Umwertung in blutiges Roastbeef war noch nicht vollzogen. Mitunter unterbrach ein Hase oder eine Gans die Reihenfolge. Eine gutgebratene Gans mit recht knusperiger Haut war und ist vielleicht auch heute noch ein kulinarischer Hochgenuß des richtigen Berliners. Fasan oder Poularde hatten noch einen millionärischen Nimbus, wie ja auch der Millionär selbst (heute eine Massenerscheinung) wie ein Geschöpf aus Tausendundeiner Nacht anmutete.

Montags gab's Bouletten (von dem Suppenfleisch, das sonntags nicht auf den Tisch kam) und Milchreis. Donnerstags Erbsen und Pöckelfleisch. Sonnabends Brühkartoffeln (Bouillon sagte man nicht) oder Kartoffelklöse in der Brühe.

Ein Mittagessen ohne Suppe war nicht denkbar. Süße Suppen, Schokoladen-, Bier- oder Mehlsuppen waren an der Tagesordnung. Und wenn Wasch- oder Scheuerfrauen das Familienmenü herabdrückten, griff man ohne Scham zu einer Kesselbouillon (hier gebrauchte man das Wort „Bouillon" spöttisch). Heißes Wasser, ganz wenig Butter, Zucker und Semmelscheiben, und die „Bouillon" war fertig.

Auch eine längst verschollene Painadensuppe (aus Brotresten) brachten sparsame Hausfrauen gern auf den Tisch.

Five-o'clock-Tees? Kein Gedanke. Dem Tee haftete noch etwas Exklusiv-Aristokratisches an, er konnte mit dem Kaffee nicht konkurrieren, am wenigsten mit dem urgemütlichen Nachmittagsfamilienkaffee. Der war freilich dünn, gesundheitlich mit dem koffeinfreien von heute ebenbürtig. Und eine trockene Semmel gab's dazu, über die heute das kleinste Küchenmädchen, wenn man sie ihm zumutete, bedeutend die Stirn runzeln würde — in Berlin. Selbst das Wort „Semmel" hat sich bis in die Sem-

Beliebte Ausflugsziele: „Böhms Gasthaus“ in Treptow …

melklöse zurückgezogen. Auch die Worte gehen und kommen, oft im Laufschritt.

In ästhetisch gestimmten Familien, oder wenn Gäste zum Abendessen kamen, reichte man wohl Tee. Im allgemeinen mißte der Mann ungern seine „Weiße“, womöglich in dem großen Tulpenglase. Der säuerliche Labetrunk mag wohl noch hier und da in Destillen oder Bürowinkeln eine dürftige Existenz fristen.

Am meisten mochte Hedwig die Fahrten aufs Land in den Sommermonaten.

In großen Kremsern ging's nach Tegel, den Pichelsbergen, Charlottenburg, Treptow, wo die Mamas wahr und wahrhaftig den Kaffee selbst kochten. Aus den großen, braunen Bunzlauer Kaffeekannen duftete es viel verlockender, als aus der Kaffeemaschine

und Tegel mit dem Humboldt-Schlößchen.

daheim, und der gediegene, rosinenreiche Napfkuchen — natürlich auch ein mitgebrachter — gab ihm die festliche Weihe. (...)

Sehr nett waren unter den Jugendvergnügungen auch die Familienspaziergänge im Tiergarten. Am Goldfischteich fütterte man die Goldfischchen, an der Rousseauinsel die Schwäne. Wir hatten da immer das Geschau; kamen wir doch gleich in Scharen einhergezogen, und alle gleich gekleidet, reizvoll und originell. Meine Mutter war ein Toilettengenie, die ungeniert über die Stränge der spießigen Mode schlug.

Das alles klingt vergnüglich, nicht wahr? Und doch — ich habe keine Freude an meinen persönlichen Kindheitserinnerungen. Ich war ein leidenschaftlich unglückliches Kind, ein verkanntes, ein Kind ohne Mutterliebe. Einsam unter siebzehn Geschwistern.

Es wäre größenwahnsinnig, wollte ich sagen: ein Schwan im Ententeich, so sage ich denn: ein Kuckucksei im fremden Nest.

Zehn von ihren achtzehn Kindern nährte die Mutter selbst. Ich war das erste ihrer Ammenkinder. Darum mochte sie mich nicht. Ich weiß es von ihr selbst. Daß ich — ein Säugling — immer nur nach der Amme, nicht nach ihr verlangte — hielt sie für frühzeitige Charaktertücke. Dazu kam, wie sich bald zeigte, der denkbar schroffste Gegensatz unserer Naturen. Meine Mutter, rasch, resolut, aufbrausend, herrschsüchtig. Eine robuste Frau mit wunderschönen weißen Händen. Sie war der Herr im Hause. Eine erstklassige Hausfrau von stupender Leistungsfähigkeit. Ich, still, versonnen, furchtsam, schüchtern. Ich fürchtete mich vor meiner Mutter, vor ihren Gewaltsamkeiten. Herzhaft und mit gutem Gewissen wurde damals geprügelt. Die Kindermädchen knufften mit. Prügel und Erziehung waren beinah identisch.

Wie es im Reich noch keine Konstitution gab, so war auch in der Familie alles absolut. Absolut die Herrschaft der Eltern über ihre Kinder, der Hausfrau über die Dienstboten. Ein Nachklang noch der Zeit, in der die Kinder „Sie" zu ihren Eltern sagten. Ich tat es meiner Mutter, meiner Großmutter gegenüber. Heute wäre eher das Umgekehrte möglich, daß die Eltern ihre Kinder siezten.

VI
Die Frauen ganz unten und der Einsatz für sie

Die Exekutive des ersten österreichischen Frauenreichskomitees; hinten rechts Adelheid Popp

In der Volksküche

Vorbemerkung

Wenn es im 19. Jahrhundert um die Lage der Frauen aus der Unterschicht geht, so kann und darf man für diesen Komplex auch den Einsatz von Frauen aus dem Bürgertum oder Adel nicht einfach außer acht lassen. Zwar kennen wir heute einiges an persönlichen Erzählungen und Aufzeichnungen von Dienstbotinnen, Mägden und Arbeiterinnen, doch die überwiegende Mehrheit dieser in ärmlichen Verhältnissen lebenden „Arbeitsbienen" hat sich nie selbst geäußert, hatte auch nicht die Möglichkeit dazu. Statt dessen haben andere für sie das Wort ergriffen. Erstmals setzen sich in diesem Zeitraum Frauen aus dem Mittelstand und der Oberschicht für die unteren Klassen und die Verbesserung von deren Lebensbedingungen ein. Und sie beschränken sich nicht mehr nur darauf, durch Wohltätigkeitsveranstaltungen Kleidung für einige wenige zu beschaffen oder in der Armenfürsorge mit, bildlich gesprochen, tätschelnder Hand milde Gaben unters Volk zu bringen, nein, sie gehen offensiv die allgemeinen Zustände an.

Da wir uns auch in dieser Hinsicht beschränken mußten, haben wir uns entschieden, hier zwei ganz unterschiedliche, in ihrer Art einzigartige Frauen dieses Typs aus den höheren Kreisen vorzustellen: Bettina von Arnim, die sich in den vierziger Jahren als eine der ersten überhaupt dieser Problematik zuwandte, und Lily Braun, eine aktive Kämpferin der Frauenbewegung, die mit ihren Vorstellungen sogar den eigenen Genossinnen zu weit vorpirschte.

Im Vogtland – eine Illustration von Arnims nachfolgendem Text

Für die Armen des Königs: Bettina von Arnim

Elisabeth, genannt Bettina, wird am 4. April 1785 als Tochter des Großkaufmanns Brentano in Frankfurt am Main geboren. Nach dem Tod ihrer beiden Eltern wächst sie abwechselnd bei ihrer Großmutter Sophie La Roche in Offenbach und bei anderen Verwandten in Marburg und Frankfurt auf. Vor allem ihre Großmutter läßt ihr eine aufgeklärte Erziehung angedeihen, die auch auf soziale Gegebenheiten hinweist. Über die romantischen Dichter lernt sie Achim von Arnim kennen und heiratet ihn 1811; sie bekommt in rascher Folge sieben Kinder. Seit 1819/20 lebt sie zumeist mit den Kindern in Berlin, während Achim von Arnim (der 1831 stirbt) sein ererbtes Gut Wilpersdorf bei Jüterbog verwaltet. Mit „Goethes Briefwechsel mit einem Kinde“ tritt sie 1835 erstmals selbst an die literarische Öffentlichkeit; 1840 folgt der Briefroman „Die Günderode“ und 1845 „Frühlingskranz“. Zur gleichen Zeit arbeitet sie am ersten Band von „Dies Buch gehört dem König“, in dem sie die Lebensumstände der Unterschicht in Berlin untersucht. Die öffentliche Reaktion ist vernichtend, sie wird als „Kommunistin“ gebrandmarkt. 1848 meldet sie sich erneut zu Wort und appelliert an die preußische Nationalversammlung, das Selbstbestimmungsrecht der Polen zu akzeptieren. Seit den vierziger Jahren unterhält sie in Berlin zudem einen vielbesuchten und vielbetratschten Salon. Bettina stirbt am 20. Januar 1859 in Berlin.

Bettina von Arnim, diese empfindungs- und ausdrucksstarke Persönlichkeit, hat sich nicht nur damit begnügt, an der Seite eines Dichters und in der Welt der Literaten zu leben, sondern für sich das Recht beansprucht, zu den Zuständen ihrer Zeit unaufgefordert Stellung zu nehmen.

Der folgende Auszug aus „Dies Buch gehört dem König“, über das Ursula Linhoff urteilt: „Aufgrund dieses Werkes … kann Bettina als erste sozialkritische Autorin des 19. Jahrhunderts bezeichnet werden“, zeigt sie von einer Seite, die heute kaum mehr zur Kenntnis genommen wird.

Vor dem Hamburger Tore [in Berlin], im sogenannten Vogtland, hat sich eine förmliche Armenkolonie gebildet. Man lauert sonst jeder unschuldigen Verbindung auf. Das aber scheint gleichgültig zu sein, daß die Ärmsten in eine große Gesellschaft zusammengedrängt werden, sich immer mehr abgrenzen gegen die übrige Bevölkerung und zu einem furchtbaren Gegengewichte anwachsen. Am leichtesten übersieht man einen Teil der Armengesellschaft in den sogenannten „Familienhäusern“. Sie sind in viele kleine Stuben abgeteilt, von welchen jede einer Familie zum Erwerb, zum Schlafen und Küche dient. In vierhundert Gemächern wohnen zweitausendfünfhundert Menschen. Ich besuchte daselbst viele Familien und verschaffte mir Einsicht in ihre Lebensumstände.

In der Kellerstube Nr. 3 traf ich einen Holzhacker mit einem kranken Bein. Als ich eintrat, nahm die Frau schnell die Erdäpfelhäute vom Tische, und eine sechzehnjährige Tochter zog sich verlegen in einen Winkel des Zimmers zurück, da mir ihr Vater zu erzählen anfing. Dieser wurde arbeitsunfähig beim Bau der neuen Bauschule. Sein Gesuch um Unterstützung blieb lange Zeit unberücksichtigt. Erst als er ökonomisch völlig ruiniert war, wurden ihm monatlich fünfzehn Silbergroschen zuteil. Er mußte sich ins Familienhaus zurückziehen, weil er die Miete für eine Wohnung in der Stadt nicht mehr bestreiten konnte. Jetzt erhält er von der Armendirektion zwei Taler monatlich. In Zeiten, wo es die unheilbare Krankheit des Beines gestattet, verdient er einen Taler monatlich; die Frau verdient das Doppelte, die Tochter erübrigt anderthalben Taler. Die Gesamteinnahme beträgt also sechseinhalb Taler im Monat. Dagegen kostet die Wohnung zwei Taler; eine „Mahlzeit Kartoffeln“ einen Silbergroschen neun Pfennig; auf zwei tägliche Mahlzeiten berechnet, beträgt die Ausgabe für das Hauptnahrungsmittel dreieinhalb Taler im Monat. Es bleibt also noch ein Taler übrig zum Ankaufe des Holzes und alles dessen, was eine Familie neben rohen Kartoffeln zum Unterhalte bedarf.

Und sie zählt weiter Stube auf Stube auf ...

92 a, Stube Nr. 35. Tischler Krellenberg. – Ich mußte einigemal anklopfen, bis die Stube aufgeschlossen wurde. Die Frau entschuldigte sich damit, daß sie ihre dürftige Lage vor den Leuten im Hause geheimhalten möchte. Es ist leider jetzt so, daß sich die Armen, anstatt der Reichen, der Armut schämen. Die außergewöhnliche Reinlichkeit überraschte mich angenehm: der Fußboden war frisch gescheuert, das Küchengeschirr blank, die hellen Fenster machten das Zimmer freundlich. – In der Wiege lag ein Kind von zwei Jahren, an der Gehirnentzündung krank. Die Mutter pflegte es mit der größten Zärtlichkeit. Ich zog sie nicht gerne ab von ihrem Geschäfte, mußte es aber doch, weil Krellenberg nicht zu Hause war. Ich erfuhr, daß dieser von 1822 bis 1841 als Tischlergeselle bei einem Meister gearbeitet habe, und sah aus dem schriftlichen Zeugnis, daß er wegen Mangel an Arbeit entlassen werden mußte. Seit zwei Jahren wohnt er im Familienhause. Tischlerarbeit kam ihm wenig zu. Überdies sieht er nicht mehr gut, so daß er keine feinen Arbeiten annehmen kann. Seit acht Tagen arbeitet er im Taglohn als Farbenreiber. Diese Arbeit strengt ihn sehr an, denn er ist schon vierundfünfzig Jahr alt und durch Alter und Mangel geschwächt. Im letzten Winter kam er wegen Mangel an Verdienst so weit ökonomisch zurück, daß er Kleider, Betten und Werkzeug verkaufen mußte. Es stehen drei Bettgestelle im Zimmer; in allen ist nichts als Stroh, beim einen nicht einmal mit einem Tuche bedeckt. Von acht Kindern leben sieben. Eine achtzehnjährige Tochter und ein dreizehnjähriger Knabe lagen achtzehn Wochen krank am Nervenfieber. Ein siebzehnjähriger Sohn lernt das Tischlerhandwerk. Gestern hat er dem Vater fünfzehn Silbergroschen geschickt; die er aus Trinkgeldern zusammengespart hatte, um auf Ostern eine neue Weste zu kaufen. Vier Kinder von vier bis zehn Jahren besuchen die Schule. Alle sehen gescheit und hübsch aus und sind ordentlich gekleidet. Die Mutter hat bis auf

einen Rock alles zur Bekleidung der Kinder hergegeben. — Weinend sagte mir diese, wie oft die Kleinen umsonst nach Brot rufen und daß der Vater diesen Morgen hungrig an die schwere Arbeit gegangen sei; der Hauswirt wolle bezahlt sein; sooft sie am Komptoir des Verwalters vorbei zum Brunnen gehe, werde sie an die vier Taler Miete erinnert; jeden Tag könne man die ganze Familie aus dem Hause werfen. — K. habe sich zweimal um Unterstützung beworben bei der Armendirektion und zur Stunde noch nichts empfangen als die Armensuppe, die oft für die ganze Familie das einzige Nahrungsmittel gewesen sei. (...)

92 b, Nr. 68. Der Schlossergeselle Bettin, eines Vergehens gegen einen Beamten verdächtig, sitzt schon einundeinhalbes Jahr in Spandau gefangen. Seine des Ernährers beraubte Familie ist dem größten Elende preisgegeben. Die Armendirektion bestimmte nur für ein Kind ein Pflegegeld von monatlich eineinviertel Taler. Die Mutter konnte als Wäscherin nur wenig verdienen, weil sie durch die Verpflegung der Kinder an der Arbeit gehindert war. Vor einigen Tagen kam sie wieder in die Wochen. Da sich niemand ihrer annehmen wollte, wurde sie vom Hausverwalter nach der Charité befördert. Um die zurückgelassenen Kinder bekümmert sich keine Behörde. Der Hausverwalter hat sie der armen Witwe Lynhold übergeben und läßt dieser jene eineinviertel Taler zukommen. Da Frau Bettin vier Taler Miete schuldig ist, hat man sie ausgeklagt und die Hausgerätschaften weggenommen. Kommt sie nach einigen Tagen aus der Charité zurück, so ist sie mit ihren Kindern auf der Gasse und muß ins Arbeitshaus gebracht werden.

Ich hätte die Untersuchungen gerne noch weiter fortgesetzt. Sowie es aber bekannt war, daß ich das Gesehene notiere und mitunter einige Groschen schenke, verfolgten mich Weiber und Kinder und wollten mich in ihre Wohnung führen. Um nicht das ganze Vogtland in Auflauf zu bringen, blieb ich weg. Es sind indessen die angeführten Beispiele weder ausgesucht noch ausgemalt, so daß sich leicht auf die übrigen Bewohner der Familienhäuser schließen läßt; und für einmal ist deutlich genug nachgewiesen, wie man die Leute durch alle Stufen des Elendes in den Zustand hinabsinken läßt, aus welchem sie sich, selbst mit erlaubten Mitteln, nicht wieder herausarbeiten können; und daß mit den als Almosen hingeworfenen Zinsen der Armengüter keinem aufgeholfen wird.

In den Familienhäusern traf ich auch auf Schulstuben. Ein Privatverein hat daselbst eine Kleinkinderschule, ein anderer drei Primarschulen, zwei für Knaben und eine für Mädchen, gestiftet und bis jetzt unterhalten. Die Zahl der Kinder wird sich auf zirka dreihundertundfünfzig belaufen. Sie sehen im Durchschnitt recht gut aus; viele scheinen mit schönen Anlagen reichlich begabt. In der Kleinkinderschule sind gegen hundertundvierzig Knaben und Mädchen von zwei bis sechs Jahren unter der Leitung eines alten Ehepaars täglich sechs bis acht Stunden beisammen. Solchen, deren Eltern den ganzen Tag abwesend sind, gibt der Lehrer ein Mittagbrot für sechs Pfennig. Die äußere Einrichtung der Schule ist zweckmäßig, die innere hat mich unangenehm überrascht. Die armen Kleinen werden schon mit Schulkenntnissen abgequält, und dies auf die traurigste Weise. Die Haare standen mir zu Berg, als die Kinder folgende Fragen im Chor und taktmäßig beantworteten: Wie heißt das Buch, in welchem Gott mit uns spricht? Was für Teile hat die Bibel? Womit beginnt das Alte, das Neue Testament? Was ist Taufe? Wovon handelt das achte, vierte, sechste, das siebente Gebot? Was für Lehranstalten sind in Berlin? Was für Beamtete? Was für Königreiche sind in Europa? Was für Flüsse in Deutschland, Frankreich, Spanien? — Die vierjährigen Buben und Mädchen, die vom Ehebruch sprachen, kommen mir zeitlebens nicht aus dem Gedächtnis. — Die untere Mädchenschule, wo Kinder von sechs bis zehn Jahren unterrichtet werden, versetzte mich ganz in eine Dorfschule des verflossenen Jahrhunderts. Dreiundvierzig Schüler buchstabierten miteinander aus Hornungs Leselernbüchlein, und der Lehrer schlug mit dem Stock den Takt dazu. Zum

Schlusse der Stunde wurden die heiligen zehn Gebote im Chor aufgesagt und einige schwere Lieder auswendig aufs jämmerlichste abgesungen.

Bettina von Arnim,
Porträt von Ludwig Emil Grimm aus dem Jahre 1809

Vom Leben eines Dienstmädchens: Marie Sans-Gène

Dank ihres Durchsetzungsvermögens und vielseitiger Tüchtigkeit fand die Autorin des nachfolgenden Berichts erheblich bessere Stellungen als die meisten ihrer Berufsgenossinnen. Durch ihre Heirat mit einem Kunstkritiker übersprang sie später sozusagen zwei Stufen der Gesellschaftshierarchie und bewährte sich auch in ihrer neuen „Position" mit Witz, Charme und Gewandtheit. Ihre Schilderung spielt um die Jahre 1872/73.

... Nach der Abreise des Rechnungsrats konnte mich die Frau Kassierer nicht länger behalten als das laufende halbe Jahr, und ich sah mich nach einer anderen Stelle um. Nun kam aber ein neuer Herr an die Bank, ein früherer Offizier, der mit seiner Schwester, einem älteren Fräulein von ca. fünfundvierzig Jahren, seine eigene Wirtschaft führen wollte und daher ein Mädchen brauchte. Die Schwester war auch sehr erfreut, als ich mich bereit erklärte, bei ihr in Dienst zu treten, und mir und den Kindern meiner alten Herrschaft war es lieb, daß wir wenigstens zusammen in demselben Hause blieben. Anfangs ging auch alles sehr schön. Von den acht großen Zimmern, die der Rechnungsrat alle so schön möbliert bewohnt hatte, konnte meine neue Herrschaft nur die Hälfte möblieren. So bekam ich eine frühere große Badestube für mich, die an den Wänden mit hübschen Malereien geschmückt war; wenn der Mond in mein Fenster schien, glaubte ich oft, Nymphen und Grazien tanzen und Amoretten ihr Spiel treiben zu sehen. Es war im Hause russische Wasserheizung, die Stubenöfen waren zwar da, wurden aber nie geheizt. In der Küche, die sehr groß und hübsch war, befand sich ein mächtig großer Feuerherd, den wir drei aber wenig ausnutzen konnten. Da mein Fräulein trotz ihres Alters nur sehr wenig von der Wirtschaft verstand, so kochte ich anfangs allein, kaufte auch alles ein; das machte mir Spaß, und ich gab mir alle Mühe, gutes Essen herzustellen. Der Herr war damit auch sehr zufrieden und des Lobes voll, aber seine Schwester meinte bald, daß ich doch zu teuer koche, und fing selbst an einzukaufen und zu kochen. Von da an war das Essen fast ungenießbar. Sie kaufte z. B. Kalbskeule zu 30 Pfennig das Pfund, legte zu diesem elenden Fleisch statt der Butter amerikanisches Schmalz, nahm keinen Speck noch Sahne dazu, und der Braten wurde nicht einmal ordentlich braun. Außerdem kochte sie so knapp, daß ich wieder Hunger leiden mußte. (...)

Mein ganzes Essen war auf den ganzen Tag gerechnet höchstens 30 Pfennig wert und dazu noch sehr schlecht. Ich ersuchte sie wiederholt um besseres, als aber nichts half, ging ich eines Tages, mit meinem gesamten Essen vom Tage vorher, das ich nicht angerührt, sondern mir aufgehoben hatte, auf die Polizei und zeigte es dem Inspektor vor. Dieser schickte auch sogleich einen Polizisten zu meinem Fräulein, der sagte ihr: „Das Essen für ein Mädchen auf einen Tag muß 75 Pfennig an Wert betragen, morgens 10 Pfennig, zweites Frühstück 10 Pfennig, Mittag 30, Vesperbrot 10, abends 15. Also richten Sie sich danach!" Als der Polizist fort war, kommt sie wie eine geheizte Maschine in die Küche gesaust, schreit mich an: „Sie dumme, eingebildete Pute, Sie gehen mich auf der Polizei beklatschen! Denken Sie, das wird Ihnen etwas helfen?" — „Na, ich will doch stark hoffen!" bemerkte ich. Als nun das Abendbrot herankommt, klingelt sie, ich soll mir mein Essen holen. Der Herr sitzt am Tisch, weiß von nichts; ich halte mein Teebrett hin, sie spickt mir erst mein Stückchen Schmalzenbrot wie für einen Hund hin, auch schiebt sie ein ganz kleines Gläschen mit Bier, halb voll, hinauf und sagt voller Verachtung: „Da!" (...)

Ich hatte mir von Anfang an nur einen Teil der Wäsche übernommen, die größeren Stücke sollten außer dem Hause gewaschen werden. Dann aber hatten Bruder und Schwester mir leid getan, sie hatten, wie ich bald heraushörte, auch nicht viel übrig, die Möbel hatten sie auf Pump genommen oder, wie wir in Danzig sagten, geheuert, nur wenige gekauft, und so dachte ich: „Du

Der Markt in Danzig

hast ja am Ende die Zeit, übernimm die ganze Wäsche!" So tat ich auch und packte mir freiwillig die schwere Arbeit auf. Das Stubenmädchen von Direktors, ein älteres, verständiges Mädchen, sagte mir gleich: „Das hätten Sie nicht tun sollen! Wer selbst nicht zu arbeiten versteht, der versteht auch nicht, eines anderen Arbeit zu schätzen; Sie werden keinen Dank dafür haben." Es war auch so gekommen. Mein Fräulein hatte mir allmählich mehr und mehr Wäsche aufgepackt, ich mußte ihre Wollkleider alle trennen und waschen, desgleichen ihre Blusen, selbst Anzüge vom Herrn usw., und sie schnauzte mich noch an, wenn sie die Schneiderin für den nächsten Tag bestellt hatte und ich nicht damit fertig war. Dem Faulen wird bekanntlich nicht gern etwas aufgepackt, der tut ja doch nichts, aber dem Fleißigen, ohne den freilich die Welt nicht bestehen könnte, packt man gern noch immer mehr auf und hetzt ihn herum. So tat auch dieses Fräulein, aber ich dachte jetzt in meinem Sinn: „Warte nur das Ende ab, bringe nur immer mehr, bis ich mit einem Male halt mache." Ich bat sie nun noch einmal um meine Entlassung zu Ende des Monats — wir waren im März — aber sie sagte: „Nein, sie müssen Ihr Jahr aushalten. Morgen werden Sie alles waschen, auch die Gardinen aus dem Saal, diesmal werden Sie sie kremen, auch sind da noch sehr viele Wollsachen von meinem Bruder, auch habe ich noch sehr viel vergilbte Wäsche von meinen guten Eltern im Spinde." Ich sagte: „Na, denn bringen Sie man alles an, ich werde alles auf einmal schnell fertig machen!" Am widerlichsten für mich zu waschen waren ihre Taschentücher, da sie an einem ewig fließenden, sehr übelriechenden Schnupfen litt. Weder ich noch irgendein anderer, wenn er ein bißchen eklig war, konnte sie mit der Hand waschen. Ich nahm die Tücher daher gewöhnlich nach unten auf den Hof, warf sie des Abends in eine alte Tonne mit aufgefangenem Regenwasser, nahm einen alten Strauchbesen, stuckte sie tüchtig mehrere Male durch, und dann erst behandelte ich sie wie die andere Wäsche. Ich hatte es immer hinter ihrem Rücken getan, dieses Mal aber sah sie von oben aus dem Fenster herunter, sah meine Bewegung und rief: „Was machen Sie denn da?" Ich antwortete: „Na, Fräuleinchen, ich stucke die Taschentücher mit Inhalt von Ihnen." Sie schimpfte herunter: „Sie dumme Gans, scheren Sie sich gleich nach oben, da werden wir uns sprechen!" Es war gerade Vesperzeit und mehrere Herren von der Bank auf dem Hofe, die alles zuhörten. Ich ärgerte und schämte mich des Schimpfwortes wegen, ging nun erst recht nicht, sondern sagte: „Mit den Händen ist doch so etwas nicht möglich zu hantieren, vor Ekel muß man ja das Gallenfieber kriegen." (...)

„Ich war zehn Jahre alt und sollte in die Arbeit gehen ...“ – Adelheid Popp

Adelheid Popp wurde 1869 in Inzersdorf bei Wien als fünfzehntes Kind des Webers Dwořak geboren. Bereits mit zehn Jahren muß sie den Schulbesuch aufgeben und Geld verdienen. Mit Vierzehn arbeitet sie in der Fabrik; durch die Zeitung „Gleichheit“, die sie eifrig liest, wandelt sie sich mit siebzehn Jahren zur Sozialdemokratin. Vier Jahre später fängt sie an, sich politisch zu betätigen. Im Oktober 1892 wird sie Mitbegründerin der „Arbeiterinnen-Zeitung“, die sie auch redigiert und die die Plattform der proletarischen Frauenbewegung in Österreich wird. 1895 wird sie wegen Verunglimpfung der Ehe in ihrem Artikel „Die Frau und das Eigentum“ zu vierzehn Tagen Haft verurteilt. Daneben bekommt sie nach ihrer Heirat im Jahr 1894 mit Popp, dem Besitzer der „Arbeiter-Zeitung“, zwei Kinder. Nach 1918 ist sie im Vorstand der Sozialdemokratischen Partei Österreichs und bis zu ihrem Tod im Jahr 1939 noch ständig politisch tätig.

Im folgenden schildert sie die selbst durchlebten Erfahrungen mit der Kinderarbeit.

Ich war nun (1879/80) zehn Jahre und fünf Monate alt und sollte nicht mehr in die Schule, sondern in eine Arbeit gehen. (...)

Wir zogen in die Stadt (Wien) zu einem alten Ehepaar in eine kleine Kammer, wo in einem Bett das Ehepaar, im andern meine Mutter und ich schliefen. Ich wurde in einer Werkstätte aufgenommen, wo ich Tücher häkeln lernte; bei zwölfstündiger fleißiger Arbeit verdiente ich 20 bis 25 Kreuzer im Tage. Wenn ich noch Arbeit für die Nacht nach Hause mitnahm, so wurden es einige Kreuzer mehr. Wenn ich frühmorgens um sechs Uhr in die Arbeit laufen mußte, dann schliefen andere Kinder meines Alters noch. Und wenn ich um acht Uhr abends nach Hause eilte, dann gingen die anderen gut genährt und gepflegt zu Bette.

Während ich gebückt bei meiner Arbeit saß und Masche an Masche reihte, spielten sie, gingen spazieren oder sie saßen in der Schule. (...)

Ein Jahr blieb ich Schafwollhäklerin und lernte eine ganze Anzahl Werkstätten kennen; denn wenn wir hörten, anderswo werde auch nur um einen Kreuzer für das Tuch mehr bezahlt, so mußte ich dorthin gehen. So kam ich immer in eine andere Umgebung und unter andere Menschen und konnte mich an keinem Ort recht eingewöhnen. Dadurch erhielt ich Einblick in viele Familienverhältnisse. Der Ertrag der Ausbeutung so vieler junger Mädchen war überall die Grundlage der Existenz ganzer Familien. Ich arbeitete wiederholt bei Beamtengattinnen oder bei Angestellten kaufmännischer Berufe, wo die standesgemäße Lebensweise nach außen nur möglich war durch die Ausnützung unserer Arbeitskraft. Ich war überall die Jüngste von allen, und um nicht mit Rücksicht auf meine Jugend noch schlechter bezahlt zu werden, gab ich ein höheres Alter an, was ich ganz gut konnte, da ich über mein Alter groß war und weil mich mein ernstes Wesen auch älter erscheinen ließ. Zudem mußte ich als älter gelten, damit nicht jemand verraten konnte, daß ich eigentlich die Schule besuchen sollte.

Ich war im zwölften Jahr, als sich meine Mutter entschloß, mich in eine Lehre zu geben. Ich sollte einen Beruf erlernen, von dem noch angenommen wurde, daß ein besserer Verdienst bei Fleiß und Geschicklichkeit zu erzielen sei, das Posamenteriegewerbe. Natürlich konnte ich wieder, meines schulpflichtigen Alters wegen, nur zu einer Zwischenmeisterin kommen. Zwölf Stunden im Tage mußte ich aus Perlen und Seidenschnüren Aufputz für Damenkonfektion herstellen. Ich erhielt keinen fixen Lohn, sondern jeder neue Artikel wurde genau berechnet, wieviel davon in einer Stunde zu machen sei und dafür wurden fünf Kreuzer bezahlt. (...)

Zwei Jahre blieb ich in der Lehre und erfuhr in dieser Zeit viele Kränkung, Härte und Herzlosigkeit. Man benützte mich als eine Art Aschenputtel. Ich mußte oft an Samstagen die großen Reinigungsarbeiten machen und noch heute fühle ich die Empörung wie damals, wenn ich daran denke, was man mir alles zumutete und wie man mich behandelte. Von dem ziemlich weit entfernten öffentlichen Brunnen mußte ich in einem schweren Holzgefäß das Wasser bringen. Die Wasserleitung im Hause hatte man damals noch nicht und ich ließ mir nicht träumen, daß es einmal eine solche Annehmlichkeit geben könnte. Oft erbarmten sich fremde Menschen meiner und halfen mir tragen. Meine Lehrfrau nahm den Standpunkt ein, ich müßte mich an alles gewöhnen, „denn eine gnädige Frau wirst du ja doch nicht werden“, meinte sie. (...)

Einmal, ich war etwas über dreizehn Jahre alt und sah fast erwachsen aus, kam ich auf meiner Suche nach Arbeit in das Kontor eines Bronzewarenfabrikanten. Ein kleiner alter Herr, es war der Chef selbst, fragte mich nach meinem Alter, Namen und Familienverhältnissen und bestellte mich für den nächsten Montag. Ich erhielt einen Platz inmitten von zwölf jungen Mädchen und war endlich wieder in einem warm geheizten Raum. Ich wurde unterwiesen, wie man Kettenglieder aneinanderreiht und eignete mir bald Geschicklichkeit an. Der Chef nahm sich meiner wohlwollend an. Ich war auch hier die jüngste Arbeiterin, verdiente aber bald mehr, als ich in der Lehre bekommen hatte. Diese wurde nun ganz aufgegeben, da sich der neue Beruf als einträglicher herausstellte. Zehn Monate arbeitete ich ununterbrochen in der Bronzefabrik. Ich erhielt nun, für meine damaligen Begriffe, schöne Kleider, durfte mir hübsche Schuhe kaufen und auch sonst manches, was jungen Mädchen Freude macht. (...)

Nach einigen Monaten wurde mir eine andere Arbeit zugewiesen, die besser bezahlt wurde. Sie war aber anstrengender. Ich mußte bei einem mit Gas betriebenen Blasebalg löten, was mir nicht gut zu tun schien. Meine Wangen wurden immer bleicher, eine große unbezwingliche Müdigkeit bemächtigte sich meiner, ich bekam Schwindelanfälle und mußte oft plötzlich eine Stütze suchen. (...)

Ihre Mutter bringt sie daraufhin in eine Klinik, in der man überzeugt ist, ihre Krankheit sei durch den Alkoholkonsum des Vaters mitverschuldet, und Unterernährung und Anämie diagnostiziert. Langsam erholt sie sich etwas.

In der Bronzefabrik hatte ich nicht bleiben dürfen, weil die Arbeit meine Gesundheit untergrub, jetzt arbeitete ich in einer Metalldruckerei, wo ich eine Presse zu bedienen hatte und wo ich als zuletzt gekommene Arbeiterin das Brennmaterial vom Keller heraufschleppen mußte, immer von der Angst gepeinigt, beim Gehen über die schlechte Stiege von einer Ohnmacht befallen zu werden. Ich blieb nur einige Tage dort und fand dann Arbeit in einer Patronenfabrik. Als ich die dritte Woche dort war und mittags auf der Straße ging, wurde ich von Passanten gestützt, als ich zu wanken begann und wieder ohnmächtig wurde. Als die Ohnmacht vorüber war, führte man mich nach Hause, zum Entsetzen meiner Mutter. Ich bat sie, mich in das Krankenhaus zu bringen, davon hoffte ich Genesung, wenn sie überhaupt möglich war. (...) Dort blieb ich vier Wochen, dann wurde ich als gesund entlassen.

Die Suche nach Arbeit begann von neuem. Ich lief am frühen Morgen schon von zu Hause fort, um als Erste bei den Toren zu sein, aber immer vergebens.

Meine Mutter war seit meinem Kranksein ungemein zärtlich gegen mich geworden und nannte mich oft ihr armes unglückliches Kind. Meine Liebkosungen, die sie früher immer abgewiesen hatte, nahm sie jetzt gerührt hin. Früher wies sie sie nicht aus Lieblosigkeit, sondern von der Auffassung diktiert, daß Schmeicheleien Falschheit bedeuten, zurück. Jetzt wurde sie aber wieder unwillig, weil ich solange nichts verdiente. Sie mußte sich ja so sehr plagen. Tag für Tag, ohne Rast ohne Ruh arbeitete sie. Sie arbeitete in einer Weberei. Von den giftigen Farben der Wolle hatte sie Wunden an den Fingern bekommen, am Arm entstanden schmerzende eitrige Geschwüre, sie aber überwand jeden Schmerz und verrichtete ihr mühevolles schlecht bezahltes Tagewerk. Und sie war keine junge Frau mehr. Im Alter von siebenundvierzig Jahren hatte sie mich als fünfzehntes Kind geboren, sie war also schon einundsechzig Jahre und hatte in ihrem ganzen Leben noch keinen Ruhetag gehabt. Wenn sie keine Arbeit hatte, ging sie mit Seife oder Obst hausieren, um unsern Lebensunterhalt zu verdienen. Es war ihr Ehrgeiz, weder die Miete noch irgend etwas anderes schuldig zu bleiben. Das war ein besonderer Charakterzug an ihr, von niemandem abhängig sein zu wollen. Und nun hatte sie ein großes Mädel, das ihr eine Stütze hätte sein sollen und dieses Mädel verdiente nichts. Sie machte mir schwere Vorwürfe und schalt mich; weil sie selber immer verstanden hatte zu verdienen, sollte auch ich es können. Ich fand ja verschiedene Arbeit. In einer Kartonagenfabrik, bei einem Schuhfabrikanten, bei einer Fransenknüpferin, in einer Werkstätte, wo auf türkische Schals grüne Farben aufgetragen wurden, und noch bei vielen anderen Berufen versuchte ich es. Für eine Arbeit fand man nach einigen Stunden entweder mich nicht geschickt genug oder ich hörte mittlerweile von einer anderen besseren Arbeit und versuchte es dort.

Lily Braun, geboren 1865 in Halberstadt als Lily von Kretschmann

Der politische Kampf für die Rechte der Frau: Lily Braun

Die am 2. Juli 1865 in Halberstadt geborene Offizierstochter Lily von Kretschmann erhält in ihrer Kindheit und Jugend die für eine Adlige standesgemäße Erziehung, zu der auch ein Aufenthalt bei der Tante in Augsburg gehört, wo sie „gesellschaftsfähig“ werden soll. Hier wird sie erstmals mit der Not der unteren Schichten konfrontiert — wenn auch nur durch Wohltätigkeitsveranstaltungen. Ins Elternhaus zurückgekehrt, versucht sie durch Handarbeiten die Finanznöte der Familie zu lindern (der Vater hatte 1890 seinen Abschied erhalten). Heiratsanträge, deren Annahme ihr das sorgenfreie Leben einer adligen Dame gesichert hätten, schlägt sie aus; statt dessen verehelicht sie sich 1893 mit dem körperlich behinderten Berliner Nationalökonomen und „Kathedersozialisten“ Professor Georg von Gizycki. Durch ihn beeinflußt, nähert sie sich der Sozialdemokratie; auch wird sie ein Jahr lang Mitherausgeberin der radikal-feministischen Zeitung „Frauenbewegung“. Lily lernt Clara Zetkin kennen und tritt in die SPD ein, erhält aber für ihre Anliegen — wie eine Untersuchung der Frauenarbeit und eine Dienstbotinnenvereinigung — von dieser Seite nur wenig Unterstützung. Dann — Gizycki ist mittlerweile verstorben — trifft sie den noch verheirateten Heinrich Braun und gerät wegen ihrer Heirat nach dessen Scheidung noch mehr unter den Beschuß ihrer Mitstreiterinnen. Daneben verschärfen sich die Auseinandersetzungen über die künftige Richtung der SPD; Lily und Heinrich Braun neigen dem „revisionistischen“ Flügel zu. Lily Braun glaubt immer weniger an eine Revolution von unten und hofft auf eine Erneuerung durch die bürgerlichen Schichten. Die dauernden Kämpfe führen dazu, daß sie sich immer stärker aus dem politischen Alltagsgeschäft zurückzieht und vermehrt dem Verfassen von Novellen und Romanen zuwendet. In der Meinung, der Erste Weltkrieg könne wie ein Katalysator eine gesellschaftlich-politische Wende auslösen, begibt sie sich auf Vortragsreisen, bei denen sie Begeisterung für den Krieg zu wecken versucht. Nachdem eine Nierenerkrankung sie bereits schwer beeinträchtigt hat, stirbt sie am 8. August 1916.

Lily Braun hat sich mit ihren Zielen zwischen alle Stühle gesetzt. Einerseits hat sie durch ihre Hinwendung zur Sozialdemokratie und Frauenbewegung die Adelsschicht, aus der sie stammte, verschreckt; zum anderen gingen ihre Ideen, wie die Organisierung der Dienstbotinnen, den noch in hierarchischem Denken verhafteten Bürgerinnen der Frauenbewegung entschieden zu weit.

In ihren Memoiren vermittelt sie ein anschauliches Bild davon, gegen welche Hürden die sozialdemokratischen Frauen nach außen und innen anzukämpfen hatten.

Die sozialdemokratische Frauenbewegung stand damals noch immer im Zeichen des Köller-Kurses. Ihre Bildungsvereine waren unter den nichtigsten Vorwänden aufgelöst worden; ihre Vorkämpferinnen mußten sich wiederholt polizeilichen Haussuchungen unterwerfen, jede Korrespondenz mit Gesinnungsgenossinnen, die man auffand, genügte, um sie als staatsgefährliche Verbrecher hinter Schloß und Riegel zu setzen. An der Frauenbewegung blieb daher der Charakter revolutionären Geheimbündlertums, den die Partei als solche mehr und mehr abstreifte, noch lange haften. Für die Zusammenkünfte, die notwendig waren, bedurfte es der größten Vorsichtsmaßregeln, und nur ein kleiner Kreis vertrauenswürdiger Frauen wurde dazu eingeladen. Die Sitzung, zu der wir gingen, Frau Orbin und ich, fand bei einem kleinen Parteibudiker in der Linienstraße statt. Wir vermieden es, durch das Lokal zu gehen – „hier gibt's überall Spitzel", meinte meine Gefährtin –, und bogen in den dunklen Torweg ein, stiegen vorsichtig tastend eine stockfinstere Treppe hinauf und standen einen Augenblick zögernd vor einer Tür, durch deren Schlüsselloch ein schwacher Lichtschein drang. Ich bemühte mich, hindurch zu sehen. „Drinnen ist niemand", sagte ich, „eine Photographie hängt an der Wand, – ein Mann mit schwarzem Bart und weißen Locken." – „Marx!" rief Wanda

Orbin, „so sind wir richtig." Wir durchquerten den fensterlosen Raum, dessen stickige Luft mir den Atem benahm, und traten in die niedrige Stube, die daneben lag. (...) Die Frauen, die um den langen Tisch in der Mitte saßen, schwitzten. Ich wurde vorgestellt. Mein verbindliches Lächeln begegnete unfreundlich-neugierigen Blicken. Erst als Wanda Orbin mit ungewöhnlicher Wärme von mir sprach, meinen Entschluß, dem Kongreß eine Erklärung abzugeben, statt den angekündigten Vortrag zu halten, mit großem Nachdruck herausstrich, klärten die Mienen sich auf. Eine kleine runde Frau, die neben mir saß, streckte mir die arbeitsharte Hand entgegen: „Na, sehen Sie mal, det is scheen von Ihnen!" sagte sie laut mit feucht schimmernden Äuglein. „Ruhe, Genossin Wengs!" rief die Bartels vom Tischende hinunter und trommelte mit den Fingerknöcheln auf den Tisch. Man versuchte parlamentarisch zu verhandeln, aber es entspannen sich immer wieder Privatunterhaltungen. (...)

Immer drückender wurde die Luft. Das Fenster durfte nicht geöffnet werden, man hätte uns vom Hof aus hören können. Ich erstickte fast in dieser Atmosphäre. Die anderen schienen an sie gewöhnt zu sein, niemand beklagte sich. „Wir müssen unbedingt die beiden Hauptpunkte unserer Tagesordnung heute noch erledigen," erklärte schließlich Wanda Orbin, nachdem man sich schon zwei Stunden um lauter persönliche Dinge hin- und hergezankt hatte. (...) „Wir sind in der vorigen Sitzung mit unserer Besprechung zu keinem Abschluß gekommen. Ich frage die Genossinnen, ob sie sich meinen Antrag, in die Diskussionen des Kongresses einzugreifen, überlegt haben, und wie sie sich dazu stellen?" Mit dieser mich nicht wenig überraschenden Frage, schloß sie ihre Rede. Alles blieb still. Martha Bartels sah erwartungsvoll von einer zu anderen. „Wir sind wohl alle einer Meinung", meinte sie dann, „und können ohne weiteres zur Abstimmung schreiten." Ich hatte bisher mit keinem Wort in die Debatte eingegriffen. Man sah mich mißbilligend an, als ich mich jetzt meldete. Wanda Orbin runzelte die Stirne. „Ich habe der Sitzung nicht beigewohnt, in der Sie, scheint's, die Angelegenheit schon hinreichend besprochen haben", sagte ich, „mir fehlen daher, um zu einem sicheren Urteil zu kommen, Ihre Gründe. Ich möchte mir deshalb nur die Frage erlauben, ob es nicht eine Inkonsequenz ist, die Beteiligung am Kongreß abzulehnen und die Teilnahme an der Diskussion zu beschließen?" Allgemeines, stummes Erstaunen. Nur Ida Wiemer, die neben mir saß, stieß mich unter dem Tisch heimlich an und warf mir einen aufmunternden Blick zu. Mit endlosem Wortschwall suchte Wanda Orbin, vom Beifallsgemurmel der Anwesenden begleitet, die grundsätzliche Verschiedenheit beider Arten der Beteiligung auseinander zu setzen. „Es hieße das Prinzip des Klassenkampfes preisgeben", sagte sie, „wenn wir mit bürgerlichen Elementen irgend etwas gemeinsam unternehmen wollten, aber es gehört zum Klassenkampf, daß wir in der Debatte ihnen geschlossen gegenübertreten." „Niemand hinderte uns, in selbständiger Rede dasselbe zu tun –", warf ich noch einmal ein. Meine Worte gingen im allgemeinen Geschwätz, das wieder entfesselt war, verloren. Wanda Orbin hatte alle Stimmen auf ihrer Seite, – auch Ida Wiemer. „Wenn man nicht mittut, wird man gehenkt –", flüsterte sie mir sich entschuldigend zu. Ich enthielt mich der Abstimmung. (...)

„Nach anderer Richtung jedoch drohen uns Kämpfe: es liegen Anträge vor, die die Schaffung einer besonderen Arbeiterinnenzeitung bezwecken. Ihre Verfasser sind mit unserer ‚Freiheit' unzufrieden. Es ist notwendig, daß die Berliner Genossinnen klipp und klar dazu Stellung nehmen." Nun entwickelte sich etwas wie eine Diskussion. Ein paar Frauen, Martha Bartels voran, lobten die „Freiheit" in allen Tönen, Frau Wiemer allein sprach mit dem Wunsch nach etwas populäreren Artikeln zugleich einen leisen Tadel aus, den Frau Orbin dadurch entkräftete, daß sie erklärte, die „Freiheit" sei gar nicht für die Massen bestimmt, sondern nur für die Führerinnen. Man war danach ausnahmslos entschlossen, jede Änderung ihres Inhalts und jeden

Plan eines Konkurrenzunternehmens abzulehnen. Als ich bemerkte, man möge wenigstens dafür sorgen, daß, als wichtiges Mittel unserer Agitation, die allgemeine Parteipresse der Frauenfrage einen breiten Raum gewähre, lachte alles. „Da kennen Se unsere Männer schlecht“, meinte die dicke Frau Wengs neben mir, „die wollen von uns rein ja nischt wissen.“ „Die mehrschten erlooben den Frauen nich, daß se in ’ne Versammlung jehn oder in ’nen Verein. Daheem sollen se sitzen un Strümpe stoppen“, rief eine andere, und ein allgemeines Klagelied über die Männer hub an; erst die energische Stimme der Orbin stellte die Ruhe wieder her: „Es ist zwölf Uhr, — wir müssen zu Ende kommen.“ „Nun aber schnell zur Abstimmung, — wir versäumen ja noch die Pferdebahn! — Ich denke, wir bleiben bei unseren Vorschlägen —“ Niemand widersprach, aber kaum war die Sitzung geschlossen, als die allgemeine Unzufriedenheit sich in lauter Unterhaltung wieder Luft machte. Man ging in kleinen Gruppen auseinander, — lauter feindliche Lager, wie mir schien.

Lily ist deprimiert. Das Ganze verläuft ihr zu undemokratisch.

In jenen Tagen erklärte Wanda Orbin in der „Freiheit“, daß die Genossinnen verpflichtet seien, sich der Dienstbotenbewegung anzunehmen. Wenn sie schon ohne besonderen Beschluß immer häufiger in den Versammlungen erschienen, so war dies das Signal zur Änderung ihrer Stellung der ganzen Sache gegenüber. Die Veranstaltung selbständiger Versammlungen wurde beschlossen, und zur Rednerin wurde ich bestimmt. Und ich sprach. Die Empörung in der Öffentlichkeit wuchs mit jeder Versammlung. Mit einer gewissen Ostentation zogen sich die Menschen von mir zurück. Aber die Bewegung war im Fluß und durch nichts mehr aufzuhalten. Wäre ich weise genug gewesen, der sachliche Erfolg allein hätte mich befriedigt. Aber noch war ich zu jung, war zu sehr Weib, um den Menschen und den Ereignissen mit der kühlen Objektivität reifer Politiker gegenüberstehen zu können. Im Grunde sehnte ich mich nach einem warmen, aufmunternden Wort seitens meiner Kampfgefährten, nach ein wenig freundlicher Anerkennung. Statt dessen begegneten sie mir stets mit gleicher Kühle, mit gleicher Zurückhaltung. Zu keiner einzigen entstand ein persönliches Verhältnis; je länger ich mit ihnen arbeitete, desto fremder schien ich ihnen zu werden.

„Ich bin aus Liebe zu euch gekommen, mit vollem Herzen und ganzer Kraft", hätte ich sagen mögen, „warum stoßt ihr mich zurück?"

Ich kämpfte oft mit den Tränen, wenn ihr Mißtrauen mir immer wieder begegnete. Und nachher hörte ich, daß man über meinen Hochmut, meine Unnahbarkeit schalt.

Auch im privaten Kreis wird viel über die Frauenfrage diskutiert.

„Was kümmerst du dich um die Weiber!" meinte mein Mann ärgerlich, als ich ihm klagte. Und Ignaz Auer, der uns an einem schönen Septembersonntag besuchte, wiederholte dasselbe.

„Glauben Sie mir altem Knaster", meinte er, und sein schönes blasses Gesicht nahm jenen rätselvollen Ausdruck an, der aus Sarkasmus und Melancholie zusammengesetzt war, „glauben Sie mir: Solange ich denken kann, war bei den Frauen stets derselbe Krakeel, und wenn ich schon lange modere, wird's ebenso sein. Sie haben alle Untugenden der Unterdrückten in konzentriertester Form, und schwingt man nicht, wie die Wanda, ständig die Knute, so hat man verspielt. Seien Sie versichert: schon Ihr Aussehen vergeben Ihnen die Weiber nie."

„Und doch sind Sie als Sozialdemokrat für die Gleichberechtigung der Geschlechter?" wandte ich ein. Er wehrte ab, mit einer vollendet geformten starken Männerhand, die aber durch ihre Blutleere an die eines Toten gemahnte. „Ich werd's ja, gottlob, nicht erleben!" sagte er. „Nach der Richtung hat die Wanda recht, wenn sie den Auer mit dem Bernstein, den Schippel und den Heine in einen Topf wirft: ich bin mehr für die Bewegung als für das Endziel." So waren wir wieder bei dem Thema angelangt, in das jede Unterhaltung zwischen Parteigenossen zu münden pflegte.

„Übrigens fehlt es ja der Frauenbewegung noch an jedem Programm, weil es ihren Problemen an der wissenschaftlichen Formulierung fehlt."

„Das wäre eine Aufgabe, die Sie lösen müßten", meinte Romberg lebhaft.

„Damit würdest du dir und anderen zur Klarheit verhelfen —" fügte Heinrich rasch hinzu, „ein Buch über die Frauenfrage, das von einer Darstellung der tatsächlichen Verhältnisse ausgehen müßte, das die wirtschaftliche, die soziale und die rechtliche Lage der Frauen zu behandeln hätte ..."

„In Ihnen regt sich doch sofort der Redakteur", unterbrach ihn Romberg. „Die vage angedeutete Idee ist unter Ihren Händen zur Disposition eines ganzen Werkes geworden."

Das Herz klopfte mir vor Erregung. Der Gedanke an diese Arbeit packte mich gerade durch seine Selbstverständlichkeit. Ein zusammenfassendes, grundlegendes Werk der Art gab es noch nicht. Es fehlte nicht nur mir, es fehlte der ganzen Bewegung, die auch darum so unsicher hin- und hertastete.

„Ich habe, fürchte ich, die nötigen Vorkenntnisse nicht", meinte ich schließlich zaghaft.

„Dafür haben Sie ja einen Nationalökonomen zum Mann", antwortete Romberg.

Während des Abends, den wir im Theater verbrachten, dachte ich nur an den Plan der Arbeit, die ich entschlossen war auszuführen. Erst auf Rombergs wiederholtes: „Sehen Sie nur!" sah ich mich um. In der Reihe vor uns erschienen zwei seidenrauschende Damen mit goldroten Haaren, feuchtschimmernden Augen und unnatürlich glühenden Lippen. „Wird für diese in Ihrem Zukunftsstaat kein Platz sein?" flüsterte Romberg. „Ich hoffe nicht!" sagte ich. „Schade!" antwortete er lächelnd. In der

Bewunderung für derlei Erscheinungen ist er wie ein Onkel aus der Provinz, dachte ich ärgerlich. Als wir aber nachher, seiner Gewohnheit gemäß, die die Nacht gern zum Tage machte, noch lange bei uns zusammensaßen, kam er auf die Begegnung zurück: „Können Sie sich wirklich eine Welt als wünschenswert vorstellen, in der alle Frauen Berufsphilister werden, wie es heut schon alle Männer sind, in der sie keine Zeit mehr haben, ihre Schönheit zu pflegen, kurz, in der alle duftenden Luxusgärten in Kartoffelfelder verwandelt werden?"

„Ich würde solch eine Welt zerstören und nicht schaffen helfen! Aber Frauen wie jene, auf die Sie anspielen, gehören nicht zu den duftenden Blumen, zu den an sich unnützen, aber unentbehrlichen Reizen des Lebens, — sie sind verdorbene Speisen für verdorbene Gaumen."

„Sie mögen in dem Einzelfall recht haben; unumstößlich aber bleibt für mich das Eine: nicht die Berufsarbeiterin, nicht die, nach ihren Begriffen freie, emanzipierte Frau wird der Kultur höchste Blüte sein, sondern die femme amante." Er sah mich kampflustig an, er liebte den Widerspruch und erwartete ihn; der Typus einer Frauenrechtlerin stand für ihn ein für allemal fest, und er glaubte immer wieder, ihn in mir vor sich zu haben.

„Sie hoffen umsonst auf meine sittliche Empörung", spottete ich, „meine Meinung stimmt fast überein mit der Ihren, nur daß ich die Existenz der femme amante leugne, so lange nicht die wahrhaft freie Frau ihre Voraussetzung ist ..."

Als Romberg uns verlassen hatte, zog mein Liebster mich in seine Arme und flüsterte mir ins Ohr: „Hätte ich nicht meinem dummen Katzel widersprechen müssen, das die femme amante wegdisputieren will und selbst nichts anderes ist?" „Und nichts anderes sein will", sagte ich leise und gab ihm seinen Kuß zurück.

Ich lag noch lange wach und grübelte. Ob ich ihm anvertrauen könnte, was mich bewegte? Schon in der kurzen Zeit meiner Ehe war mir klar geworden, was ich vorher nicht verstanden und darum nur verurteilt hatte: warum Staat und Kirche nicht die Liebe, sondern die Pflicht zur Grundlage der Ehe gemacht haben, warum nach ihnen die Zeugung, Erhaltung und Erziehung der Nachkommenschaft ihre Hauptaufgabe ist. Die Ehe kam mir vor wie eine moralische alte Jungfer, die der jungen unbändigen Liebesleidenschaft durch ihre Predigten das Leben ständig vergällt. Die Liebe braucht Festtagsstimmung, die Ehe braucht den Alltag. Vor jedem rauhen Luftzug, den die Ehe erzeugt, läßt die zarte Blume der Liebe die Blätter hängen. Die Liebe ist ein Rausch, die Ehe ist nüchtern. Lodern auf dem Altar der Liebe die Flammen, so schämen sich die Opfernden wie arme Sünder, wenn die Ehe sie plötzlich ertappt. Eins aber vor allem wurde mir täglich gewisser: die Liebe fordert Freiheit, die Ehe Abhängigkeit. Eines muß sich dem anderen unterordnen, wenn der Frieden des Hauses gewahrt sein soll, wo aber in der Liebe Unterordnung anfängt, flieht sie selbst.

So türmten sich die Probleme der Frauenfrage, — meiner Frauenfrage. Wahrlich, es war eine große Aufgabe, sie zu lösen.

Ich stürzte mich mit Feuereifer in die Vorstudien meiner Arbeit; daß sie mich ans Haus, an den Schreibtisch fesselte, war eine willkommene Begleiterscheinung. Als der Vortragsaufforderungen gar zu viele wurden, — und es blieb nicht bei bloßen Aufforderungen, deren Annahme oder Ablehnung der Entscheidung des einzelnen überlassen blieb, die Genossinnen verfügten vielmehr, ohne viel zu fragen, über meine Arbeitskraft —, erzählte ich von dem Buch, das ich vorbereitete, und das mir gewisse Beschränkungen auferlegte. Ich war nicht wenig erstaunt, daß dieselben Menschen, die der Wissenschaft eine fast unbegrenzte Bedeutung zumaßen, über meine Mitteilung die Nase rümpften und sie nur als einen Vorwand ansahen, um mich von der Agitation zurückzuziehen. (...)

Nur eine Idee erwähnte ich noch, die ich kürzlich als den gesunden Kern aus der ungenießbaren Schale einer französischen Broschüre herausgeschält hatte: die einer staatlichen Mutterschafts-Versicherung. Ich wollte ihr eine fest umrissene Gestalt geben und sie in den Mittelpunkt meines Buches stellen. Die Mutter schützen, solange sie das Kind unter dem Herzen trägt, sie dem Kinde erhalten, solange es der Pflege und Ernährung durch sie bedürftig ist, — das schien mir aber auch ein Ziel, würdig einer starken Bewegung, es zu erreichen. Ich schlug vor, in unseren Versammlungen die Frage zur Erörterung zu bringen. Aber seltsam: um unseren Sitzungstisch saßen die früh gealterten, abgehärmten Mütter, und kein Wort, keine Miene verriet, daß der Gedanke sie zu erwärmen vermöchte. Alles Neue galt ihnen zunächst als etwas Feindliches. Diese Revolutionärinnen hatten schon eine Tradition und waren darum vielfach reaktionär.

Von dem Plan meines Werkes sprach ich mit ihnen nicht mehr. Aber ich beschloß, alle Zeit, die mir blieb, ihm zu widmen.

Lily Braun geht weiter auf Vortragsreisen; doch dann versagt ihr eines Tages die Stimme. Sie reist zur Kur und setzt sich in deren Verlauf mit dem bis dahin Erreichten kritisch auseinander.

Das Erbe der Großmutter befreite mich von einem gut Teil äußerer Sorgen. Und jetzt erst, da die Not, dieser Sklavenhalter, nicht mehr hinter mir stand, fühlte ich alle Striemen, mit denen ihre Peitschenschläge meinen Körper gezeichnet hatten. Ich sah die Blässe meiner Wangen, die Falten um meinen Mund, die müden Augen. Und doch wollte ich nicht alt sein, denn noch lag ein Leben vor mir, und ich wollte nicht häßlich sein, denn eine tiefe, tiefe Sehnsucht trieb mir heißes Blut durch die Adern.

Ich ging in ein Sanatorium in die Nähe von Dresden, um gesund zu werden. Unter dem Menschenschwarm aus der alten und neuen Welt, der sich dort ein Stelldichein zu geben schien, traf ich auch einen Bekannten: Hessenstein. Meinen alten Tänzer, einen der glänzendsten Kavaliere der Westfälischen Gesellschaft, hätte ich in dem grauhaarigen Mann mit dem gebeugten Rücken kaum wiedererkannt.

Wir sahen einander oft, und es tat mir wohl, einem teilnehmenden Menschen von meinem Leben zu erzählen. An einem kühlen Herbsttag, — dem letzten vor meiner Abreise, wanderten wir auf die Heide hinaus. „Ich liebe sie", sagte Hessenstein, „sie geht mit so stiller Würde dem Winter entgegen, ohne sich durch überflüssige Stürme über die Hoffnungslosigkeit der Situation aufzuregen."

„Nun weiß ich endlich, warum ich sie nicht liebe", antwortete ich, „diese Ergebung in das Schicksal wird mir immer fremd sein. Ich würde mich an den Sommer klammern, wenn es Winter werden wollte."

Er sah mich kopfschüttelnd an: „Nach all Ihren Erfahrungen diese Lebenskraft?! Nachdem all Ihre Opfer nutzlos waren?!"

Ich schwieg betroffen still. Die Frage, ob ich genutzt hatte oder nicht, hatte ich mir selbst nie gestellt. Ich überlegte: all die Reformen, für die ich in hartem Kampf gegen die Genossen eingetreten war, kamen mir jetzt, aus der Vogelperspektive, nicht mehr so welterschütternd vor. Aber immerhin; sie hatten sich durchgesetzt. Die Dienstbotenbewegung war im Gang, die Mutterschaftsversicherung war zur Forderung der Partei geworden; die Haushaltungsgenossenschaft stand wenigstens auf dem Diskussionsprogramm; selbst jene Zentralstelle der Arbeiterinnenbewegung, deren Forderung mir fast den Hals gekostet hatte, war vor ein paar Jahren geschaffen worden und funktionierte vortrefflich. Und wie viele mochte ich dem Sozialismus gewonnen haben? Ich sah wieder glänzende Augen auf mich gerichtet, fühlte den Druck schwieliger Hände, hörte den Siegesjubel mich umbrausen —.

„Nein", sagte ich hell und laut, „meine Arbeit ist nicht nutzlos gewesen! Es gibt kein Wort, das nicht die Luft in Schwingung versetzt, keinen Gedanken, der sich nicht weiterpflanzt! — Und daß ich in der Partei aushalte?! Meinen Sie denn, es würde an meiner Überzeugung irgend etwas geändert werden, wenn ich ihr nicht offiziell angehörte, oder wenn sie, — was ich nicht für unmöglich halte, — mich noch einmal gehen hieße? Gewiß, ich zweifle an der Richtigkeit mancher ihrer Programmforderungen, ich halte ihre Taktik sehr oft für falsch, ich sehe, daß sie von hundert Schönheitsfehlern behaftet ist, — aber all das vermag die Hauptsache nicht zu erschüttern. Der Sozialismus ist das einzige Mittel, um die Menschheit aus dem Zustand der Barbarei auf die erste Stufe der Kultur zu erheben —"

Er legte beschwichtigend seine schmale, blaugeäderte Hand auf die meine. „Sie sind in keiner Volksversammlung", sagte er; „sie brauchen nicht so starke Farben aufzutragen —"

„Ich trage sie nicht auf. Ich spreche in ruhigster Überlegung", fuhr ich fort. „Oder ist es etwa keine Barbarei, daß die überwiegende Masse der Menschheit, daß Millionen, viele Millionen, von Kindheit an bis zum Greisenalter zu härtestem Frondienst verurteilt sind, daß sie von dem einzigen Sinn des Lebens, der Entfaltung der Persönlichkeit zur höchsten Potenz ihrer Leistungs- und Genußkraft, durch den Zufall der Geburt und des Besitzes ausgeschlossen sind?! Die Befreiung des Menschen von den blinden Gesetzen des Schicksals, die vollkommene Unterjochung der Materie unter den Geist, — das ist uns das Ziel; einer fernen Zukunft aber wird es zweifellos erst als der Anfang der Menschheitsentwicklung erscheinen."

Die kleine Weberin: Anna Meyenberg

Von Anna Meyenbergs Leben ist uns nichts Genaueres bekannt. Sie steht hier stellvertretend für das Heer des in ärmlichen Umständen lebenden Landvolks, das in der zweiten Hälfte des 19. Jahrhunderts in der Landwirtschaft kein ausreichendes Auskommen mehr findet und sich andere Erwerbsquellen – wie etwa die Arbeit in einer Fabrik in der Stadt – suchen muß. Das gilt genauso für die Kinder, die auf dem Lande schon in jungen Jahren – mit schlecht bezahlter Heimarbeit – Geld verdienen müssen. Eine Kindheit nach unserem heutigen Verständnis kannte der bäuerliche Nachwuchs damals nicht. Die Töchter werden, sobald sie laufen können, in Haushaltsführung und Gelderwerb eingespannt und helfen häufig bis zur körperlichen Erschöpfung mit.

Anna Meyenberg erzählt im Anschluß, wie sie neben dem Schulbesuch versuchte, zum Unterhalt der Familie mit Webarbeiten beizutragen.

An Regentagen oder zur Winterzeit betrieb der Bruder die Weberei, und Gustchen und ich mußten ihm die Spulen für das Schiffchen machen. Der Faden lief immer zwischen Daumen und Zeigefinger und hatte mir allmählich eine tiefe Furche in die Haut geschliffen. Und wenn das Garn etwas hart war, scheuerte es die dünne Haut ganz durch, und das Blut lief mir auf die Spulen. Vor der Schulzeit mußte Vorrat für die Schulstunden gespult werden, und wenn die Schule aus war, ging es gleich wieder dabei.

Da blieb nicht viel Zeit für Heimarbeiten, und oft mußte ich die Aufgaben unter der Schulbank machen. Das war zwar nicht so leicht, denn der Lehrer paßte scharf auf, aber es wurde doch gemacht, und leise glitt der Griffel über die Schiefertafel. (...)

Die Jahre der Überarbeitung machten sich bemerkbar und rächten sich furchtbar, denn die Mutter wurde leberkrank und litt zuweilen entsetzliche Schmerzen. Die älteste Schwester, die seit Jahren in der Fabrik gearbeitet hatte und wußte, wie wenig

verlockend das Landleben mit seinen kargen Einnahmen war, wollte nicht nach Hause kommen und ließ alle Arbeiten von fremden Leuten machen. Wenn die Ernte kam, wurden die Früchte des Feldes nicht mehr wie sonst in die Scheune gefahren, sondern gleich auf dem Felde mit einer Dreschmaschine, die für einige Tage gemietet wurde, ausgedroschen. Von dort aus gingen die Säcke voll Getreide gleich zur Stadt, und von dem Erlös wurden die Hypothekenzinsen und Arbeitskosten bezahlt.

Für Mutter und mich blieb nichts mehr übrig, denn die Schwester klagte immer noch, daß sie noch Verlust bei der ganzen Sache habe. Sie verkaufte allmählich das Vieh bis auf eine Ziege, die uns noch die Kaffeemilch lieferte, und wir nährten sie von dem wenigen, was auf den Feldern übrigblieb. Ich merkte gar bald, daß dieses Leben der Mutter zu trostlos war, denn wenn sie auch in den letzten zehn Jahren gerade nicht ins Volle hatte greifen können, so hatte sie doch immer Einnahmen gehabt, die jetzt ganz wegfielen. Ich grübelte, ob ich ihr nicht auf irgendeine Weise helfen könnte, und kam zu dem Entschluß, es einmal auf dem Webstuhl zu versuchen.

Wie oft hatte ich dem Bruder zugesehen und ihm Faden knüpfen helfen — warum sollte es mir da nicht gelingen, die ganze Arbeit zu vollbringen?

Als ich mit meinem Plan zur Mutter kam, war sie ganz gerührt und lachte und weinte, nannte mich ihr bestes Kind und lobte meinen Mut.

Frohgemut ging ich dann andern Tages nach der Schulzeit zur Stadt und fragte bei einer Ausgabestelle für Heimarbeit nach und erhielt auch welche ...

Der Mann, der die Waren ausgab, fragte mich: „Na du kleines Dingelchen, was willst du denn hier?"

„Ich möchte gerne Arbeit haben."

„Doch nicht etwa für dich?" Und da sagte ich schnell in meiner Angst, daß mir mein Plan mißlingen könnte: „Nein, für meinen großen Bruder."

Da gab man mir eine große Kugel aus lauter feinen Fäden und dazu einen ganzen Sack voll Garn, daß ich meine Not hatte, alles auf den Tragekorb zu heben. Eine Frau half mir den schweren Korb auf den Rücken zu nehmen, und ich schwankte davon. Bis hinaus in die Vorstadt mußte ich die schwere Bürde tragen, denn dort hielt in einer Ausspannwirtschaft der Milch- oder Bäckerwagen des Dorfes und nahm für geringe Vergütung dergleichen Gepäck mit.

Ich schwitzte und keuchte unter der Last, mein kleines Herz zappelte vor Anstrengung und konnte doch die Zeit nicht erwarten, um der Mutter die frohe Botschaft zu bringen.

Das war eine Freude, ein Nachdenken und Versuchen, als ich die hundertachtzig Ellen lange „Kette" auf den Webebaum bringen mußte, aber das Abheben war noch schwerer. Die Fußschemel waren immer und immer noch zu tief, obgleich ich sie so hoch als möglich gebunden hatte — oder waren meine Beine noch zu kurz? —

So trat ich denn mit den Zehenspitzen zu und reckte und

streckte mich und freute mich täglich mehr über meine Kunst.

Leider nahm mir die Schule die beste Tageszeit weg, und wenn ich etwas leisten wollte, mußte ich schon die Nacht zu Hilfe nehmen. Ein Petroleumlämpchen, auf das ein grüner Schirm geschoben war, der das Licht auf die Fäden und den Schatten auf die Augen warf, erhellte nur spärlich die genaue, mühsame Arbeit. Und ich „Dreikäsehoch" saß zwischen den tausendfachen Fäden und arbeitete im Takte mit Händen, Füßen und Augen — ja, sogar die Gedanken mußten alle dabei sein, denn wenn es ein vielfarbiges Muster zu weben gab, mußten die Fäden fortwährend gezählt werden. Aber wehe mir Armer, wenn die Fäden aus schlechtem Material hergestellt waren, sich rauh webten und oft rissen, da lag ich dann stundenlang über dem harten Webebaum und suchte und knüpfte die Fäden zusammen.

Bis zehn oder elf Uhr abends saß ich zuckend und zappelnd bei der Arbeit — und am frühen Morgen vor der Schulstunde ging es wieder ein Stündchen dabei.

Und wenn die Woche um war, konnte ich mich freuen, wenn mein Einkommen drei Mark und dreißig Pfennig betrug.

Aber ich freute mich jedesmal, wenn ich das Wenige der Mutter geben konnte, denn wir hatten doch nur Kartoffeln und Rüben im Hause, und wo die Ziegenmilch nicht hinreichte, mußten wir auch Milch kaufen. So gewährte uns die kleine Einnahme doch manches, was wir sonst hätten entbehren müssen.

Ein Stück Fleisch konnten wir nur selten kaufen, aber wir vermißten es nicht so sehr, denn wir hatten nie viel Fleisch zu essen bekommen.

Das Obst, das in beiden Gärten auf den alten knorrigen Bäumen wuchs, holte ich alles zusammen, denn ich konnte klettern wie ein Eichkätzchen, und Mutter kochte schönes Mus davon ein, da hatten wir den ganzen Winter etwas aufs Brot zu streichen.

In der Weihnachtswoche versucht sie durch vermehrte Arbeit noch zusätzlich Geld zu verdienen, um der Mutter ein schönes Fest ausrichten zu können. Doch sie kommt nur langsam mit dem komplizierten Webmuster voran.

Am Donnerstagabend war ich so müde, daß Mutter heimlich zur Nachbarin ging und deren Tochter, die auch weben konnte, bat, mich für ein Stündchen abzulösen, damit ich etwas schlafen könne.

Das Mädchen kam. Ich stieg vom Webstuhl, und das Mädchen setzte sich an meinen Platz. Ich hatte wohl eine gute halbe Stunde nebenan gelegen, als ich wieder munter wurde und im Halbschlaf immer dem Takte der wechselnden Schiffchen lauschte. Da wurde mir auf einmal ganz merkwürdig zu Sinn, zuerst zählte ich die wechselnden Fäden mit und mir schien, daß das, was ich eine Woche lang gewebt hatte, plötzlich aus dem Takte gekommen sei.

Ich sprang auf, lief zum Webstuhl und sah zu meinem größten Schrecken, daß das Mädchen ein ganz verkehrtes Muster gewebt hatte. Ich fing an zu weinen, das Mädchen verließ den Platz, und ich sprang verzweifelt auf den Sitz und begann das Gewebe aufzutrennen.

Es war ein schlechtes Stück Arbeit, und als ich nach langer Zeit ungefähr eine Handbreit die Fäden vorsichtig herausgezogen hatte, sah ich ein, daß mein Vorhaben nutzlos war. Wollte ich wirklich das lange Stück auftrennen, würden am Ende die Fäden so rauh und verarbeitet sein, daß an ein Überweben nicht zu denken war.

Was sollte ich tun?

In Verzweiflung die Hände vors Gesicht schlagen und jammern? Damit käme ich sicher nicht weiter — und so machte ich mich entschlossen daran und webte mein richtiges Muster wieder an das falsche.

Dieser Zwischenfall hatte mich um ein gutes Stück zurückgebracht und mir noch dazu meinen frohen Mut genommen.

Wenn ich den Preis für diesen Fehler bezahlen sollte, dann reichte mein ganzer Verdienst längst nicht hin, denn die Vorschrift war, daß bei solchen Vorkommnissen die Ware nicht abgenommen wurde. Der Weber konnte sie behalten und privat verkaufen, mußte aber sofort den vollen Betrag — pro Meter eine Mark — bezahlen.

Am Freitagabend hatte ich noch so viel auf dem Webebaum, daß mir die Hoffnung fast schwand, denn ich war so müde — ach so müde …

Um zwölf Uhr Mitternacht kochte die Mutter einen guten Kaffee, ich aß und trank und webte wieder weiter.

Die ganze Nacht brannte das Öllämpchen — und das Klappern und Klippern drang weit hinaus in die nächtliche Stille des Dörfchens. Als am Morgen die Glocke zur Schule läutete, saß ich noch immer und webte. Nun wußte ich, daß ich bestimmt fertig würde, wenn ich nicht zur Schule gehen würde. Ich sprach es mit der Mutter durch, und die ging gleich zum Fenster, rief ein kleines Mädchen an, das mit den Büchern vorüberging, und sagte:

„Du, Minchen, sage bitte dem Herrn Lehrer, Annchen könnte nicht zur Schule kommen, sie hätte Kopfschmerzen."

„Ja, Tante", sagte das Mädchen und lief weiter.

Nach einigen Minuten hörte ich die Kinder den Morgensegen singen und hatte das Gefühl, als müßten sie und auch der Lehrer nun meinen Webstuhl klappern hören. Als in der Pause das Mädchen wieder vorüberkam, rief ihm die Mutter entgegen: „Was hat denn der Lehrer gesagt?"

„Ach, er sagte nur: ‚Ja, das glaub' ich, wenn man die ganze Nacht auf dem Webstuhl sitzt, daß man den nächsten Morgen Kopfschmerzen hat.'"

Kurz nach ein Uhr hatte ich gesiegt.

Schnell zog ich die Ware herunter, legte sie schön zusammen, indem ich immer die falsch gewebte Stelle so gut wie möglich zu verstecken suchte.

Während ich mich dann anzog, band meine Mutter die zwei „Schock" auf den Tragkorb, dann trabte ich los damit.

Für Erwachsene war der Weg zum Bahnhof eine gute halbe Stunde zu Fuß, aber für ein Kind, mit so schwerer Ladung, war es eine endlose Strecke.

Der Tag war kalt und die Schneeflocken wimmelten, aber ich fror nicht. Keuchend und schwitzend kam ich am Bahnhof an, als der Zug gerade einfuhr. Die eine Minute Aufenthalt reichte für mich kaum hin, ins Abteil zu klettern. Ich fühlte, wie jemand hinten am Korbe nachschob, und eine Stimme, die ich nur zu gut kannte, fragte: „Hast du das alles allein gewebt, Annchen? Du armes Kind." Es war mein Lehrer, der wohl zur Stadt fuhr …

Als ich endlich im Abteil den schweren Korb abgesetzt hatte, sah ich mich um nach meinem Lehrer und war froh, daß er nicht darin war, denn ich schämte mich wegen der Notlüge am Morgen. Auf der Ablieferung war es an diesem Tage besonders überfüllt, und ich wartete in Angst und Zagen, bis ich an die Reihe kam. Der „Meister", ein kleines Männchen, dem die Brille immer auf der Nasenspitze saß, nahm Stück für Stück, rollte es im hellsten Lichte auseinander und gab es, wenn es gut war, weiter zum Lagerraum.

Endlich kamen auch meine beiden an die Reihe. Um das fehlerhafte Stück hatte ich einen roten Bindfaden gebunden, damit ich genau wußte, wann die Angst vorüber war. Er aber nahm zuerst das mit dem grauen Bindfaden und schob es bald zur Seite. Höher und höher stieg meine Angst, als er den roten Bindfaden zerschnitt. Er legte es genau so auseinander wie die andern Stücke, dann schob er es langsam in den Lagerraum …

Nur einmal blickte er über die Brille zu mir herüber, und mir sank dabei das Herz so tief — so tief.

Und als er mir später meinen Lohn, sechs Mark und vierzig Pfennig, aushändigte, da sah er mich wieder so eigen über die Brille hinweg an und wünschte mir: „Fröhliche Weihnachten!" Mich überkam ein unendliches Gefühl der Dankbarkeit gegen das alte Männchen, das wohl schon längst wußte, wer all die Sachen webte — und das vorhin vielleicht aus Mitleid anstatt durch die Brille auf die Ware — darüber weg zu mir herübersah …

Froh, daß alles gut abgelaufen war, eilte ich nun, meine Besorgungen zu machen. Und einige Stunden später fuhr ich wieder mit neuer Arbeit in dem alten, kalten, klapprigen Bäckerwagen dem kleinen Dörfchen zu …

Die blutjunge Bauernmagd: Maria Gremel

Maria Gremel, um 1901 in Niederösterreich geboren, wird als Kind armer Leute bereits mit knapp zehn Jahren zu einem Bauern in den Dienst als Magd gesteckt. Sie muß sich also schon im Kindesalter alleine durchbringen. Wie sie selbst berichtet, ist ihr Schicksal als Kind aus der ländlichen Unterschicht keineswegs als ungewöhnlich zu betrachten.

Über das Leben und ihre Aufgaben auf dem Bauernhof erzählt sie:

Am 15. Juli 1911 ging das Schuljahr zu Ende, die Ferien begannen und dauerten bis zum 15. September. (...)

Gleich in den ersten Tagen der Ferien sagten mir meine Eltern, daß ich nun in den Dienst gehen müsse. Neuneinhalb Jahre war ich alt und ich mußte fort von daheim. Mein Bruder aber durfte im Elternhaus bleiben. Er war beinahe zwei Jahre älter als ich, er war im Haushalt sehr geschickt, konnte einfache Speisen kochen, die Strümpfe und Socken stopfen und sogar stricken konnte er. (...)

Der Tag kam heran, wo ich den Weg antreten mußte. Es mußten ja damals alle Kinder von armen Leuten in einen Dienst bei den Bauern eintreten. Die Zeit um zehn Jahre herum, wo man das liebe Nest verlassen mußte, war gar nicht so früh. Mein Vater mußte schon mit vier Jahren zu einem Bauern, um die Schafe zu hüten, und durfte auch keine Schule besuchen. So redete man mir zu, wie gut ich es an meinem neuen Posten haben werde, ich brauche keine Kühe zu hüten. Ich brauchte es auch tatsächlich nicht, dazu hatten sie ungarische Hüterbuben, die bekamen aber ganz schönen Lohn und mußten nicht nur das Vieh hüten, sondern wurden auch zu anderen Arbeiten tüchtig eingespannt. (...)

Arbeit, die auch ein Kind tun kann, gab es stets genug auf einem Bauernhof. Dreimal täglich mußte ich das Geschirr abwaschen und die Stuben kehren. Das mußte ich auch dann machen, als wieder Schule war, ehe ich fortgehen durfte. Früh aufstehen war vom ersten Tag an die Parole. Es wurde mir zur Lebensgewohnheit. — Früh auf und spät nieder, iß schnell und geh' wieder. —

Hühner wollten ihr Futter, die Eier waren zu suchen, der Hof zu kehren, wo die Kühe beim Aus- und Heimtrieb ihre Visitenkarte hinterließen. Streu mußte man in den Stall tragen, und viele Dinge mehr waren zu tun. Die Arbeit machte ich später von selbst, ohne daß sie mir jedesmal befohlen worden wäre. (...)

Die Eingewöhnung in die neue Umgebung fällt ihr nicht sonderlich schwer, nicht zuletzt weil auch der Bauernhof Gelegenheit für kindliche Freuden bietet und sie ständig dazulernen kann.

(...) So war es nun auch auf meinem Dienstplatz. An die Leute habe ich mich bald gewöhnt, es waren doch stets zehn bis zwölf Personen bei Tisch. Der Tisch mußte für so viele Leute sehr groß sein. Bei den Mahlzeiten stand in der Mitte die Schüssel, wo fast alles von allen gemeinsam aus der Schüssel gelöffelt wurde. Nur Fleisch mit Knödel, Braten mit Salat oder Gulasch wurden für je zwei Personen auf Teller herausgeteilt. Das gab es aber nicht oft, nur bei den Schlachtungen. Bei so vielen Personen am Tisch war das Fleisch natürlich bald aufgegessen.

Die üblichen Gerichte gab es am Montag: Knödel, Dienstag: Strudel aller Arten wie Grieß-, Rahm-, Apfel- oder Topfenstrudel. Grießstrudel wurden in Wasser gekocht, nur wenn die Kühe viel Milch gaben, auch in Milch. Mittwoch: Immer Sterz, ebenso abwechselnd wie Häferlsterz, Mohn, Bohnen, Erdäpfel eingemischt. Donnerstag: Das Nationalgericht Schöberl, im Juni, wenn der Hollunder blühte, vom gleichen Teig auch Strauben, mit Salat oder Kompott. Freitag gab es nur eine Fastenspeise wie Nudeln in Milch oder Milchreis mit Zimt und Butter, ebenso die Bohnensuppe, in der Fleckerl eingekocht wurden und noch geröstete Zwiebel dazu kam.

Samstag, jener Tag, der die meiste Arbeit brachte, das Haus mußte gereinigt werden, für das Vieh war auch das Sonntagsfutter zu richten, da gab es nur was Schnelles, das war der Kaiserschmarren mit Apfelkompott, im Winter Dörrobst.

In der Anbauzeit, Heuernte und Schnittzeit war kaum Zeit für die Reinigung, da galt der Spruch: „Der Waschel und der Sand, bringt kein Geld ins Land!"

Der Waschel war ein Strohgeflecht, der wurde selbst gemacht und auch zum Geschirrabwasch verwendet, denn Bürsten hätten Geld gekostet. Geschirr, Tisch, Bänke und Fußböden wurden nur mit feinem Sand gereinigt. Alles was man im Haus hatte. Seife wurde auch im Haus gemacht, anstatt Soda machte man eine Aschenlauge für die Wäsche.

Zucker wurde nur ganz wenig verwendet. Wenn es im Winter kalt war, beim Bach die Wäsche geschwemmt wurde, gab es für die Wäscherinnen zur Jause heißen Tee mit Zucker. Sonntag gab es zum Frühstück Kaffee. Der Schmarren oder Schöberl wurde nur obenauf ein wenig gezuckert. Zu Salat wurde nie welcher verwendet. (...)

Die Sonntagsspeise war meist Polsterzipf aus Germ- oder Mürbteig. Auf den Mürbteig wurde Rum mit Zucker aufgegossen, man wurde davon etwas berauscht, mit dem Germteig konnte man sich besser sattessen. Es war aber immer von allem genug da und es blieb auch noch etwas übrig. Geselchtes mit Kraut wurde auch sonntags gekocht, nicht aber in der Fastenzeit oder im Advent.

In den schweren Arbeitszeiten wurde zum Abendessen noch irgendeine Milchspeise, Topfen oder anderes gegeben. Sonst das ganze Jahr hindurch wurde früh und abends die traditionelle Milchsuppe gekocht. Sie schmeckte sehr gut, wenn Gerstenmehl mit Buttermilch vermengt in Salzwasser eingekocht wurde, bei Tisch noch Rahm eingerührt wurde und dann mit Brotbröcklein aus der Schüssel gelöffelt wurde. Das Brot wurde vom Bauern auf einen Blechteller aufgebröckelt und in die Suppe gegeben. (...)

Bei der Morgensuppe schnitt der Bauer auch für uns das Brot ab, welches wir in die Schule mitbekamen. Wenn es Obst gab, legte die Bäuerin noch ein paar Äpfel dazu. Es gab nie etwas anderes, kein bestrichenes Brot, nur Trockenbrot. Auch für alle anderen Leute gab es zur Jause am Feld oder daheim nur trockenes Brot und selbst gepreßten Apfelmost. Nur bei schwerer Arbeit wurde zum Brot noch Butter oder Speck gegeben. Da fiel aber auch für uns Kinder etwas ab. So wenig wurde nie hingestellt, daß nicht etwas übrigblieb und unser Brot wurde genau so bestrichen, wenn was da war. Wie gesagt, Hunger gab es nie, Reste waren immer da, die kamen dann ins Schweinefutter, wenn sie niemand mehr aß.

Zur starken Arbeit hatten sie immer noch fremde Leute. Das waren solche, die beim Bauern etwas angebaut hatten, Erdäpfel, Gerste oder Rüben, die mußten dies mit Arbeiten abdienen.

So lebte ich auf dem Bauernhof, es war eine große Familie, alle, die im Haus lebten, gehörten ihr an. Mit der Zeit gefiel es mir besser als bei meinen Eltern, wo alles doch viel dürftiger war. (...)

Im Winter 1913/14 vollendete ich mein zwölftes Lebensjahr. Die Schule war nun das rote Tuch der Bauersleute. Mit zwölf Jahren sollte man eben schon voll einsatzfähig sein und nicht mehr so viel Zeit der Schule widmen, wo es doch so viel Arbeit gab.

Merkwürdig, wie groß und stark man zur Arbeit schon war, aber ohne ein Recht, etwas dafür verlangen zu können. (...)

Im Herbst gab es die meiste Arbeit im Bauernhaus. Auf dem Acker Kartoffeln nachsammeln, das Kartoffelkraut zu Haufen tragen und verbrennen. Die Futterrüben ausnehmen helfen, die Erde davon abputzen und aufladen. Die Blätter werden erst abgeschnitten, wenn man sie Stück für Stück vom Wagen nimmt. Die Rüben in den Korb geben und in den Keller tragen. Das letztere geschah alles bei Laternenlicht. Im November wird es um fünf Uhr schon dunkel, da mußte viel bei Laternenlicht getan werden. Wann es auf dem Bauernhof später elektrisches Licht gab, weiß ich nicht mehr. Solange ich dort arbeitete, gab es keines.

Der Herbst ist auch die Zeit der Obsternte. Meist gab es nur Spätobst, das erst vor dem Einfrieren völlig abgeerntet wurde. Das Fallobst mußte natürlich bei Tageslicht in Körbe gesammelt werden. Verarbeitet wurde es ebenfalls erst bei Lampenlicht. Zu Maische verarbeitet und gepreßt ergibt es einen wohlschmeckenden Trunk. All diese Arbeit machte mir viel Freude, ich tat alles gerne, wann aber sollte ich eine Schulaufgabe machen? Die Stallarbeit mußte ja auch getan werden, das Vieh konnte ja ebenfalls nur bis zum Dunkelwerden auf der Weide bleiben. Vor dem Nachtmahl mußte das Vieh bedient und gemolken werden.

Längst war ich nicht mehr Kindermädchen, das Kind war bereits fast zwei Jahre alt und konnte nun schon allein spielen, in der Küche war immer jemand da. Ich aber mußte bereits melken lernen.

Leicht fiel mir das nicht, leichter lernte ich ackern als melken.

Den Beginn des Ersten Weltkrieges erlebt sie ebenfalls auf dem Lande mit.

Am 29. Juni wurde in Sarajewo der Thronfolger ermordet. Ein Schock für alle Leute in Stadt und Land. Zu Recht vermuteten die Leute, daß diese Tat einen Weltkrieg auslösen würde. Prompt erfolgte nur einen Monat später die Kriegserklärung.

Es war ein Sonntag, als der jüngste Bruder des Bauern erst vom Kirchgang heimkam, als das Mittagessen schon fast beendet war. Man sah das nicht gerne, wenn nicht alle rechtzeitig zum Essen kamen, ohne vorher gesagt zu haben, wo sie zu tun haben. Er zog seinen Rock aus, setzte sich an seinen Platz am Tisch und man brachte ihm das Essen. Doch dieses mußte warten, erst fing er an zu erzählen.

Als er noch auf dem Kirchhof mit anderen beisammen stand, wo immer die Meinungen ausgetauscht wurden, kamen die Extraausgaben auch in den kleinsten Ort, die über das ganze Land die Meldung brachten, daß der Krieg gegen Serbien erklärt worden war.

Nur diesen einen Satz hörte ich, mir blieb sofort der Bissen im Mund stecken, ich mußte hinausgehen um ihn auszuspucken, sonst wäre ich erstickt.

Dabei hatte ich keine bloße Ahnung, was ein Krieg überhaupt ist. Von Kriegen hörten wir in Geschichte, es gab einen Dreißigjährigen Krieg, doch das waren mehr Fehden, wie es aber im Krieg wirklich zuging, davon lernte man wenig.

Wir in Niederösterreich spürten vorerst in der Heimat wenig, außer jenen, die sofort zum Militär und an die Front mußten. Bald kamen auch genug Verwundete zurück und Tote wurden gemeldet.

Der Staat Österreich-Ungarn bestand zu jener Zeit noch aus dreiundzwanzig Kronländern, wo es viele Rassen und Sprachen der einzelnen Bundesländer gab.

In den anderssprachigen Gebieten gärte es schon viele Jahre vor Kriegsausbruch, nur wußte man das nicht. Im geheimen hatten sie die Sokolgemeinschaft, denn die Böhmen, Polen, Ruthenen, Slowaken, Serben, Ungarn und Slaven, arbeiteten darauf hin, ein eigenes Land zu haben. Daher konnte auch der Krieg für uns nicht gut ausgehen, waren doch die Deutschsprachigen weit in der Minderheit. Außerdem hatten diese Völker vom Ausland genug Hilfe, während man die Deutschen überall haßte. Diese wollte man aushungern, damit sie auch im Hinterland weniger wurden. In der Schule wurde uns das so erklärt und wie es um uns stand.

Bei uns im Bauernhof änderte sich vorerst wenig. Unser Brauner war der erste, der bei der Pferdemusterung für tauglich erklärt wurde und für Militärzwecke fort mußte. Wie weinten wir Kinder alle um ihn, auch die Nachbarskinder!

Ein Bruder des Bauern, er war Wirt in Schönau, mußte auch sofort an die serbische Front. Drei Wochen später war er schon wieder in Wien mit einer zersplitterten Ferse. Er war dreiunddreißig Jahre alt und blieb sein Leben lang ein Krüppel.

Als nächster mußte der jüngste Bruder des Bauern fort, erst einmal zur Ausbildung. Er war noch in Friedenszeit bei der Musterung für tauglich befunden worden und mußte im August einrücken. Das hätte er auch müssen, wenn kein Krieg ausgebrochen wäre. Die Mutter jammerte und hoffte, daß er nur nicht zu den Pferden käme. Er kam zum Dragonerregiment Nr. 3. Das waren die schönsten, mit blauer Jacke, roten Hosen und Kappen. Diese Uniform war nur in der Kaserne zu tragen, als sie im Oktober ins Feld mußten, trugen sie wie alle anderen das Feldgrau.

Zur Arbeit war nur ein Mann und ein Pferd weniger, und man spürte das auch bereits. Nach und nach wurden die Reservisten je nach Alter eingezogen. Dann kam der Landsturm und die jüngeren Jahrgänge. Bis die 1900-Geborenen drankamen, schrieb man 1918.

Serbien war in drei Wochen besiegt, aber inzwischen traten viele Staaten gegen Österreich in den Krieg ein. Vor allem das mächtige Rußland. Sofort nach Serbien wurden die meisten Truppen dorthin befördert. Als Verbündete waren nur Deutschland und die Türken Österreich zur Hilfe gekommen.

Zu Kriegsbeginn glaubte man, der Krieg würde schnell zu Ende gehen, wenn man den ersten Feind in so kurzer Zeit besiegte. Doch das Völkermorden ging noch mehr als vier Jahre weiter, immer mehr Staaten traten in den Krieg ein. Italien, das mit Österreich verbündet war, brach die Treue und kämpfte gegen Österreich. Im Westen hielten die Deutschen die Front, aber im Osten mußte Österreich Truppen abziehen und nach Italien befördern.

Als das Jahr 1914 zur Neige ging und vom Kriegsende keine Rede mehr war, mußte sich Jung und Alt umstellen und die schweren Anforderungen des Krieges auf sich nehmen. Die rüstigen Arbeitsleute waren bald alle im Krieg, obwohl sie viel lieber in der Heimat die schwere Arbeit getan hätten, mußten sie doch an der Front täglich ihr Leben einsetzen. In den Bauernhäusern spürte man das Fehlen der stärksten Arbeitskräfte um so mehr.

Mehr und schneller konnte zwar niemand arbeiten, es dauerte halt länger, bis alles unter Dach und Fach gebracht war. Bei so manchen, je nachdem wieviele Leute sie entbehren mußten, fror im Herbst der Acker ein und ein früher Schnee bedeckte die Felder, ehe noch die Kartoffel und Futterrüben hereingebracht werden konnten. Da hieß es dann eben den Viehstand verringern.

Zur Versorgung der Stadt und des Heeres mußte ohnehin ständig Vieh abgeliefert werden. Auch die Schweine wurden stets gezählt, man konnte das Vieh ja nicht irgendwo verstecken und wußte auch nicht, zu welcher Zeit sie requirieren kämen.

Für den Hausbedarf wurde vorgeschrieben, wie viel verbraucht werden darf. Schwarzschlachtungen wurden streng bestraft. Doch taten es viele Bauern, das Bewilligte war nur allzu karg bemessen. Hörten dann böse Nachbarn etwas, zeigte einer den anderen an. Auch Dienstboten taten es, wenn sie nicht gut gehalten wurden. Arbeit bekamen sie anderswo ja wieder leicht, wo soviele Arbeitskräfte fehlten.

Anmerkungen und Erläuterungen

Anna Louisa Karsch

Titul = Titel / Oheim = Onkel / karmoisin = hochrot / Leichencarmen = Leichengesang / Günther, Johann Christian (1695—1723), deutscher Dichter / Besser, Johann von (1654—1729), deutscher Dichter / Haller, Albrecht von (1708—1777), Schweizer Botaniker, Anatom, Arzt und Dichter / Gellert, Christian Fürchtegott (1715—1769), deutscher Dichter / des Engländers — Young, Edward (1683—1765), englischer Dichter / Friedrich II., der Große (1712—1786), seit 1740 König von Preußen / Horaz (Quintus Horatius Flaccus, 65—8 v. Chr.), römischer Dichter / Metrum—Versmaß / Plutarch (um 46— nach 120), griechischer Historiker und Philosoph / Uz, Johann Peter (1720—1796), deutscher Dichter

Caroline Herschel

Tubus = Fernrohr / interimistisch = provisorisch, vorübergehend / Lot = Gewicht (14,6 oder 12,7 g) / Arkebusade = Wundwasser / Charpie = Verbandstoff / Piazzi, Guiseppe (1746—1826), italienischer Astronom / Flamsteed, John (1646/1719), englischer Astronom, erstellte einen Sternenkatalog

Caroline Bauer

Tieck, Ludwig (1773—1853), deutscher Dichter / Lola Montez, eigentlich Maria Dolores Gilbert (1818—1861), aus Schottland (!) stammende Tänzerin, u. a. Geliebte Ludwigs II. / echauffiert = aufgeregt / vorchassiert = nach vorne tanzt / Oh, la bella … — Oh, die schöne Dame! Ich möchte sie kennenlernen! / Voilà mon protecteur (frz.) — Hier ist mein Beschützer / frappant = auffallend / Pas = Tanz-, Ballettschritte / Enfin! … — Endlich! Meine schöne Dame! Ich liebe Sie! Wir treten heute abend zusammen auf! Ich werde tanzen, Sie werden sprechen, das wird nett … / au revoir … — auf Wiedersehen, meine schöne Dame, bis heute abend, bis heute abend! / Räson = Vernunft / Non! … = Nein! Ich tanze nicht mehr! Man hat nicht applaudiert, als ich dies machte … ich tanze nicht mehr vor so einem Publikum … / Oh, ma bella … = Oh, meine schöne Dame! Oh! Diese hübschen kleinen Hunde! Oh! diese Juwelen ... aber ich tanze nicht mehr vor so einem unverständigen Publikum / Pos possible! = Nicht möglich! / Çe dancerais! ... = Ich werde tanzen! Ich werde tanzen! Welches Glück! Die hübschen Bouquets, Bänder, Verse — Ich werde tanzen! Ich werde tanzen! / Oh! que çe çuis ... = Oh, wie bin ich glücklich! Sehen Sie nur diese Blumen, diese Bänder und diese Verse! / Ida Hahn-Hahn (1805—1880), deutsche Schriftstellerin / Elbflorenz — Dresden / shoking (engl.) = schockierend / cher père (frz.) = lieber Papa / Dieffenbach, Johann Friedrich (1794—1847), Chirurg

Agnese Schebest

Satisfaktion = Befriedigung / Kunstprotektoren = Kunstförderer

Meta Klopstock

Klopstock, Friedrich Gottlieb (1724—1803), deutscher Dichter, am bekanntesten von ihm „Der Messias" (1748—1773) / Beiträger = Mitarbeiter an einem Presseorgan oder einem Almanach etc. / Grace = Grazie / Garnitüre = Besatz am Kleid / A vos amours ... (frz.) = Auf Ihre Lieben, Herr Klopstock, die sich augenblicklich durch die ganze Welt verbreiten (Klopstock galt in seiner Jugend als sehr „umtriebig") / Tour-de-gorge = Halspartie, Dekolleté / entretenieren = unterhalten / Hagedorn, Friedrich von (1708—1754), Rokokodichter / decontenancirt = aus der Fassung gebracht

Caroline Schlegel-Schelling

high treason (engl.) = Hochverrat / Custine, Adam Philippe Graf von (1740—1793), französischer General, besetzte 1792 u. a. Mainz / vivre libre ... (frz.) = frei leben oder sterben / des gueux ... (frz.) = Bettler und Elende / Insulten = Übergriffe, Beleidigungen / delabriert = verwahrlost / Forster, Johann Georg Adam (1754—1794), Professor der Naturgeschichte, Anhänger der Französischen Revolution / Sansculotte = Anhänger der Französischen Revolution / concert des puissances (frz.) = Konzert der Mächte; die Alliierten / Göschen, Georg Joachim (1752—1828), Leipziger Buchhändler und Verleger / mein Kleinod = die Tochter Auguste ist gestorben

Johanna Kinkel

carrière (frz.) = Galopp / akkompagnieren = begleiten / Blechen, Karl (1798—1840), Maler / Presbyterium = protestantisches Vorsteheramt

Clara Schumann

... in dem Trio = gemeint ist das Trio op. 17, das zu ihren besten Kompositionen gezählt / 10. und 22. Juni 1853 — Diese Komposition war ihre letzte, op. 23 / Felix, Ludwig, Julie = ihre Kinder / Reproduktion = Wiedergabe

Elise Averdieck

Konzession = behördliche Genehmigung / Courage = Mut / Interim = Zwischenzeit / Dr. Wichern, Johann Hinrich (1808—1881), evangelischer Theologe, rief 1848 zur „Inneren Mission" auf / Harms, Claus (1778—1855), evangelischer Theologe / Harms, Ludwig (Louis; 1808—1865), evangelischer Theologe, Gründer der Hermannsburger Mission / Michaelis = 29. September

Luise Aston

Administration = Verwaltung / Macchiavell — Niccolò Machiavelli (1469—1527), florentinischer Politiker, Verfasser von „Il Principe — Der Staat" / Proselyten = Überläufer, Neubekehrte / Immediat-Eingabe = direktes Gesuch / Gottschall, Rudolf von (1823—1909), deutscher Dichter / sanktionieren = bestätigen / George Sand = Aurore Dupin, verh. Baronin Dudevant (1804—1876), französische Schriftstellerin und „Früh"-Emanzipierte / Schleiermacher, Friedrich (1768—1834), Philosoph und protestantischer Theologe / Spinoza, Baruch de (1632—1677), niederländischer Philosoph / Hegel, Georg Wilhelm Friedrich (1770—1831), deutscher Philosoph / meine Façon = jeder nach seiner Façon, Äußerung Friedrichs des Großen zur Tolerierung aller Religionen / Inquisition = katholisches Kirchengericht, das Ketzertum und Hexerei bekämpfte

Mathilde Franziska Anneke

Sturmesglocken — die Februarrevolution 1848 in Paris; König Louis Philippe dankt ab; es beginnt die 2. Republik / Freiligrath, Ferdinand (1810—1876), deutscher Dichter / Hydra = Wasserschlange, vielköpfiges Ungeheuer / Neue Rheinische Zeitung = Presseorgan der fortschrittlichen Kräfte, deren Chefredakteur einige Zeit Karl Marx war / Longfellow, Henry Wadsworth (1807—1882), amerikanischer Dichter / Taylor, Bayard (1825—1878), amerikanischer Reisender und Schriftsteller / Omnibus = größerer Mietwagen / Rekogniszierungszug = Aufklärungsunternehmen

Franziska zu Reventlow

Catty = ihr jüngerer Bruder / Greis-Gang = Besuch beim Vater / Beruf = Berufung / Ibsen, Henrik (1828—1906), norwegischer Dichter / va banque (frz.) = es gilt die Bank / Fort comme la mort (frz.) = stark wie der Tod

Paula Modersohn-Becker

Degas, Edgar (1834—1917), französischer Maler, Graphiker und Plastiker / Grandseigneur (frz.) = weltgewandter Mann / protegiert = gefördert / Eleven = Schüler / Millet, Jean François (1814—1875), französischer Maler / Böcklin, Arnold (1827—1901), Schweizer Maler / Tanagrafiguren = bemalte Tonfiguren aus der Antike, die häufig junge Mädchen darstellen

Helmina von Chézy

überfirnist = verdeckt, überzieht / Ludwig XIII. (1601—1643), seit 1610 König von Frankreich / Ludwig XV. (1710—1774), seit 1715 König von Frankreich, bis 1723 unter Regentschaft / Lady Montague, Mary Pierrepont, Lady Wortly (1689—1762), englische Schriftstellerin / Chemise = Hemd-, Alltagskleid / Arabeske = arabische Verzierung / Brüder Boisserée, Sulpiz (1783—1854) und Melchior (1786—1851), Sammler und Gelehrte / Literatoren = Literaten / Königin Luise von Preußen (1776—1810), Gattin König Friedrich Wilhelms III. / König Ludwig I. (1786—1868), 1825—1848 König von Bayern / Saphir, Moritz Gottlieb

(1795—1858), scharfzüngiger Journalist / Ludwig Philipp = der „Bürgerkönig“ Louis Philippe (1773—1850), der 1830—1848 in Frankreich regierte / Kabale = Intrige

Elise von Bernstorff

König = Friedrich Wilhelm III. (1770—1840), seit 1797 König von Preußen / Kaiser Nikolaus = Zar Nikolaus I. (1796—1855), seit 1825 Zar von Rußland / Marabouts = Nischen / Toques = platte, oben faltige Samthüte mit schmaler Krempe / Sylphide = weiblicher Luftgeist / Liegnitz, Auguste, Fürstin von (1800—1873), zweite Ehefrau (zur linken Hand) Friedrich Wilhelms III. (seit 1826) / Redoute = Maskenfest / déjeuner dansant (frz.) = ein Frühstück, bei dem anschließend getanzt wird / Bandeau = Kranz / Solitär = größerer, einzeln gefaßter Edelstein, vor allem Diamant / Schneppe = schnabelförmige Spitze eines Kleides / figurierter Tanz = Figurentanz / blanche fleur (frz.) = weiße Blume / Parüre = Putz, Pracht

Sophie von Hahn

Balge = Rinne / Klunker = Klümpchen / eskamotieren = Taschenspielerkünste machen / Stof = Hohlmaß (2,42 l) / Kleete = Scheune / temporäres Campement = zeitweiliges Lager / Konsumption = Verbrauch

Paula von Bülow

machte Cercle = versammelte die Hofgesellschaft um sich / Prognostikum = Vorhersage / Usus = Gebrauch / englische Einrichtungen = Toiletten, WC's / soupiert = gespeist / Déjeuner (frz.) = Frühstück

Henriette Herz

Mendelssohn, Moses (1729—1786), deutscher Philosoph / Schlegel, Friedrich (1772—1829), Dichter und Theoretiker der Romantik / Friedländer, David (1750—1834), erster jüdischer Stadtrat Berlins / bel-esprit = schöngeistig / frugal = genügsam, spärlich / Notabilitäten = ausgesehene Personen / Maimon, Salomon (1754—1800), Philosoph / Bendavid, Lazarus (1762—1832), Philosoph und Mathematiker / Levin, Rahel (1771—1833), verh. Varnhagen von Ense, ihr Berliner Salon war Treff /

punkt von Philosophen und Literaten / Friedrich II., der Große (1712—1786), seit 1740 König von Preußen / Assembléen (frz.) = vornehmer Gesellschaftsabend / Pleureusen = „Trauerklöße"

Johanna Schopenhauer

Sammet = Samt / Alongeperücke = lange Perücke mit Locken / akkompagnieren = begleiten / Elegant (frz.) = Stutzer, herausgeputzter Herr / en aile de pigeon (frz.) = Frisur mit zwei großen toupierten Locken an beiden Seiten des Kopfes / Pantalons (frz.) = über die Stiefel reichende Hosen / Gilets (frz.) = ärmellose Westen / Jabots (frz.) = Hemdkrause / Anglaise (frz.) = englischer Tanz / Etiquette (frz.) = Etikette / Modifikationen = Umänderungen / Starost = polnischer Staatsbeamter / Chodowiecki, Daniel (1726—1801), Maler, Radierer und Zeichner / Let the little ... (engl.) = Laßt die kleinen Opfer spielen / Wieland, Christoph Martin (1733—1813), Dichter

Fanny Lewald

zirkulieren = im Umlauf sein / Heinrich = junger Theologe, in den sie sich in Breslau verliebt hatte

Ottilie Wildermuth

Kaiser Maximilian, ein Bruder des Kaisers Franz Josef von Österreich, auf Betreiben Napoleons III. 1864 zum Kaiser von Mexiko gekrönt und von den dortigen Republikanern 1867 in Queretaro erschossen / Platen = [August Graf von], deutscher Dichter (1796—1835) / Krabbe = Verleger der Wildermuth / Wingölf = Mitglieder der Studentenverbindung Wingolf / Indignation = Bestürzung / eingesetzt = verhaftet / tut mir ahnd = macht mich traurig, bewegt mich / Emanuel Geibel, deutscher Dichter (1815—1884) / Garibaldi, Giuseppe, italienischer Revolutionär (1807—1882), später General und Parlamentarier / Frisia non cantat = [In] Friesland singt [man] nicht / Superintendent = höherer evangelischer Geistlicher, Leiter eines Kirchenkreises (dem katholischen Dekan entsprechend)

Hedwig Dohm

Partizipiere = habe teil / Konterbande = Schmuggelware / inquiriert =

verhört / visitiert = durchsucht / Exerzitien = Übungen / petit-point-Stickerei = Feinstickerei / Bibelots = Nippsachen / Okkasion = Gelegenheit / attavistisch = primitiv / stupend = erstaunlich

Bettina von Arnim

Erdäpfelhäute = Kartoffelschalen / Komptoir = Büro / Charité = Berliner Krankenhaus

Marie Sans-Gène

Amoretten = kleine Liebesgötter

Lily Braun

Wana Orbin = Clara Zetkin / Budiker = Besitzer eines kleinen Ladengeschäfts / die Bartels = Ottilie Baader / ‚Freiheit' = Deckname für die Zeitschrift „Gleichheit" / Ostentation = Schaustellerei, Prahlsucht / Auer, Ignaz (1846—?), sozialdemokratischer Politiker / Bernstein, Eduard (1850—1932), sozialistischer Theoretiker, Mitglied des Reichstags / Heine, Heinrich (1797—1856), Dichter / femme amante (frz.) = liebende Frau

Maria Gremel

Sterz = Mehlspeise / Strauben = Schmalzgebäck /

Beim Böhlau-Verlag Wien dürfen wir uns bedanken für die Abdruckgenehmigung für einen Textauszug aus Maria Gremel, Mit neun Jahren im Dienst (2. Auflage 1983), beim Verlag J. H. W. Dietz Nachf. GmbH Bonn für die Zitiererlaubnis aus Adelheid Popp, Jugend einer Arbeiterin, 1983. Falls wir bei den übrigen Texten im einen oder anderen Ausnahmefall in bezug auf die Rechte einem Irrtum erlegen sein sollten, sichern wir Nachhonorierung im üblichen Rahmen ausdrücklich zu, sofern entsprechende Ansprüche gegenüber der Bücher-GmbH, Klinikumallee 11, D 8580 Bayreuth nachgewiesen werden.
Für einige der hier wiedergegebenen Porträts stand nur eine einzige Vorlage zur Verfügung, bei der von vornherein mit einem dürftigen Druckergebnis gerechnet werden mußte; trotz entsprechender Bedenken haben wir uns für deren Verwendung entschlossen, statt ganz auf eine Abbildung zu verzichten. Die Vorlagen für die Porträts von H. Herz, H. Dohm, C. Bauer und C. Schumann wurden uns zur Verfügung gestellt vom Archiv für Kunst und Geschichte, Hamburg, die für P. Modersohn-Becker, C. Herschel und L. Braun von Historia-Photo, Hamburg.